ジュール・ミシュレ

フランス史【中世】V

Jules Michelet
HISTOIRE DE FRANCE: LE MOYEN AGE

◎桐村泰次 訳

論創社

凡例

一、本書は、Jules Michelet『Histoire de France』のなかの「中世編」を全訳し、六巻に分けたうちの第五巻である。翻訳には一九八一年にRobert Laffont社から出版された一巻本、Michelet『Le Moyen Age』を用いたが、Flammarionの全集本（一九七四年刊）も参照した。

一、本巻では、英仏百年戦争の後半、フランスがイングランド軍に侵略され追いつめられるなかでのジャンヌ・ダルクの登場と、その劇的な死を扱った第十部、シャルル七世による対英戦勝利、フランスの再生を扱った第十一部、そしてブルゴーニュ公とシャルル七世の対立を扱った第十二部までが収められている。

一、第四巻でもお断りしたが「イギリス」という呼称を本書でもかなり頻繁に使っている。「イングランド」とすべきではないかというご意見もあろうかと思うが、明らかに「イングランド王国」「イングランド王」を指す場合を除いては日本人にとって馴染んでいる「イギリス」の呼称を用いた。

一、地名や人名の表記については現地で用いられている発音を優先した。とくに本書では本巻に限らずフランドル（現在のベルギー）の地名が頻出する。それらは、フラマン語式の呼び方をカッコして併記し、フランス語式の呼び方を用いたが、「アントワープ」のように英語式呼び方ではあるがすでに日本人に馴染んでいるものは、そのまま用いた。

一、登場人物のなかには、ミシュレの原著では「王太子」「ブルゴーニュ公」等、役職名しか記されていないのを、個人名を書き加えたものもある。

目次

フランス史［中世］V

第十部　ジャンヌ・ダルクの生と死

第一章　「キリストのまねび」

「《最も死せる死者 les plus mortes morts》が最も復活に近い最良の人々である」――ある賢人はこう言った。

喜びと恐れの交錯から逃れて、もはや期待せず、傲慢と欲望を捨てることは、一つの偉大な勇気である。このような死は、むしろ生である。

魂の活力に溢れたこの死は、その魂を静穏で大胆不敵なものにする。もはやこの世ならざる魂が何に怯えようか？　この世のあらゆる脅威も、精神に対し何ができるだろうか？

『福音書 l'Evangile』以来、最もすばらしいキリスト教の書である『キリストのまねび』（De Imitatione Christi）〔訳注・邦訳の題は『キリストにならいて』が一般的であるが、このあとの訳文の都合上、このようにした〕は、まさしく、キリスト自身と同じく、死の胎内から出てきたもので、その生の胚芽を運んできたのは古代世界の死、中世の死である。

この『キリストのまねび』の知られているかぎり最初の写本が現れたのは、十四世紀末か十五世紀初めのようである。一四二一年には、その写本は数え切れないほどになり、一つの修道院のなかだけで二十冊は見られた。さらに、印刷術が始まって最初に印刷されたのも『キリストにまねびて』であった。いま遺っている写本の数でも、ラテン語版が二千、フランス語版が千を超える。翻訳もフランス語のそれは六十種、イタリア語のそれは三十種にのぼる。

この書はキリスト教世界全体に広まり、各国民によってその国民の書物のように刊行され読まれてきた。フランス人たちは、そこに《ガリシスム gallicismes》〔訳注・フランス語特有の語法・表現〕を反映し、イタリア人たちは《イタリアニスム italianismes》〔訳注・イタリア語法〕を、ドイツ人たちは《ゲルマニスム germanismes》〔訳注・ドイツ語特有の語法〕を反映した。

聖職者たちもそれぞれの階層で《まねび》を競い合った。司祭たちは、ジャン・ジェルソンこそこの書の著者だと主張し、律修参事会員たちはトマ・ド・ケンペン（トマス・ア・ケンピス）だと言い張り、修道士たちはベネディクト会のジェルセンという修道士だと言った。そこには、あらゆる聖人、神学博士の影が見られるので、そのほかの人々も、それぞれに主張することができた。この闇に包まれた問題をよく見抜いていたのがサン＝フランソワ・ド・サール（1567-1621）で、彼は「この本を著したのは聖霊（Saint-Esprit）である」と言っている。

こうした著者や国の問題に劣らず、著された時期の問題も激しい論争の的になった。十三世紀と十四世紀、十五世紀が、この栄誉を競い合った。この本が広く民衆に知られるようになったのは、先に述べたように十五世紀であるが、そうした爆発的な普及には何世紀かにわたる準備期間があったはずだから、書かれたのはもっと遡る。

さもなければ、キリスト教はどうなっていたろうか？　キリスト教は、その原理において「キリストのまねび」以外のなにものでもない。イエス・キリストが降臨したのは、わたしたちを天の高みへ昇るよう励ますためで、彼は、その至高の手本を身をもって示してくれたのである。聖人たちの生き様も、「まねび」以外のなにものでもない。しかし、「まねび imitation」という言葉が使われるようになったのは、かなり時代が下ってからで、わたしたちがこのように呼んでいる本の多くの写本は、ずっと古い時代に遡ると考えられる『Livre de vie』（生の書）というタイトルが付けられている。

この「生（生命・生活）」とは、修道生活においては「規範 régle」の同義語で、この本は、最初は「諸規則の規範」（une régle des régles）すなわち、それぞれの規則が内包している、より規範となるものをまとめた書ではなかったろうか？　そこに刻印されていたのは、とりわけ聖ベネディクト修道会を特徴づけていた知恵と節度を重んじる精神であったと思われる。

内面的生命を体験したこれらの師たちは、魂を堅固にして二度と堕落することのない真実の完成の道へ導くためには、まだ体力のない弱い者には乳を、強壮な者にはパンを与えるのと同じように、精神的栄養を調合しなければならないことを感じていた。そのために考えられたのが、古代の昔から知られていた三つの段階で、この『まねび』の書でも「浄化の生活 vie purgative」と「啓示の生活 vie illuminative」、「合一の生活 vie unitive」に分けられている、この書のさまざまな写本に今も見られる多様なタイトルは、この三つの段階に対応したもののようである。タイトルの一つは『レフォルマティオ・ホミニス reformatio hominis』（人間の変革）となっているが、これは、わたしたちの内なる《古い人間》を脱皮すべきことを表している。ほかにも『コンソラティオ consolatio』（慰め）があり、これは、神の恩寵の親密な優しさを表している。最後に、こうして高められ神への信仰が確固たるものとなった段階で、神を手本として模倣し、これと一つになろうとすることを表明したのが『イミタティオ・クリスティ Imitatio Christi』すなわち「キリストのまねび」のタイトルである。

このように、目標は早くから明示されているのだが、この目標は、はじめのうちは、欲望の発動と過剰により、しばしば見失われる。

こうした《模倣》は、十三世紀、十四世紀のころはあまりにも即物的に受け止められるか、逆に、あまりにも神秘主義的に解釈された。聖人たちのなかでも最も熱狂的で、最も激しく神の愛に心を打たれた聖フランチェスコが模倣したのは《貧者としてのキリスト》であり、その行き着くところが、十字架にかけられた《血を流すキリスト》であり、その掌についた聖痕（スティグマ）であった。フランシスコ会士ウベルティーノ・ディ・カサーレ〔訳注・厳格派の代表。1259?-1329 主著『イエス・キリストが十字架にかけられた生命の樹』〕をはじめ、ルードルフス〔訳注・ザクセンの人。1295?-

1377　主著『イエス・キリストの生涯の瞑想』〕、タウラー〔訳注・シュトラスブルク生まれのドミニコ会士　1300?-1361〕などがわたしたちに提示しているのは、すべて、キリストの生涯の物質的情況の模倣である。彼らが文字を捨てて自らを精神へと高めたとき、または、愛によってそこから引き離されたとき、彼らは模倣を脱却して、人間と神との結合と合一を求めるにいたる。おそらく、それが魂のもっている傾向性であり、魂は、愛される対象より以上のものであってはならないために、自我としては消え失せることを求めるのである。しかも、もし魂がその目標である神との合一に到達しても、すべては、受難のために失われるであろう。というのは、合一のなかでは、愛のための場所はない。愛するためには、二つは別々のままでなくてはならないからである。

このようなのが、十三世紀、十四世紀のあらゆる神秘家たちが乗り上げた暗礁であった。偉大なルースブルーク〔訳注・ロイスブルーク、レイズブルークとも。1293-1381　主著『霊的婚礼の飾り』〕自身、神秘家たちを非難する文を書いている、

『まねびて』が今のような形になったのは一四〇〇年ごろであるが、それが強調しているのは節度と知恵である。魂は物質性と神秘性の二つの暗礁の間を縫って進む。仮にそれらに触れても、ぶつからないように通過し、単純性〔simplicité〕のなかへと突き進んでいく。注意しなければならないのは、この《単純性》は「素朴なまま」ということではないことである。それは、パスカルが学識のあとにやってくる無知を指して言っている「第二の無知 seconde ignorance」のように、知恵の

行き着くところであって、『まねびて』の第三書を特徴づけているのが、この「究極における単純性」である。

第一書で俗世から引き離された魂は、第二書の孤独のなかで強靱になる。そして第三書では、魂はもはや孤独ではなく、一人の伴侶、一人の友、一人の師、最も優しい万人を味方にもっている。こうして、（人間の）極度の弱さと（神の）善なる無限の力との間に一つの愛すべき平和的な戦い、優美な抗争が始まる。この魂の上下動の交互の繰り返し、美しい宗教的体操を感動をもって辿るすべての人の魂を、神は次のように慰める。

「わたしは、これまでどおり、常にお前を助けるために、ここにいる。――勇気を出しなさい。すべてを失うのではない。――お前は、しばしば悩まされ、試されていると感じるだろうが、それは『お前は人間であって神ではない。お前は生身の人間であって天使ではない』ということである。そのようなお前が常に徳を保っていることができようか？　天使すら天に留まっていることはできなかったし、最初の人（アダム）も楽園に留まっていることはできなかったのだから。」

人間の弱さと堕落への思いやりに溢れたこの教えは、キリスト教が長い間生き延びてくるなかで獲得した多くの経験と無限の寛容から生み出されたものである。人々は、この書のいたるところで、四季のなかの秋を思わせる力強い円熟味、豊かな味わいを感じる。そこには、若い情熱にありがちな辛辣さはない。ここまで到達するには、何度も愛されたり嫌われたり、また愛し直されたりすることが必要であった。これが「己を弁えた愛」であり、「すべてを知り尽くした上での愛」、もはや愛の狂気によって滅びることのない「調和ある愛」である。

最も激しいのが前者の愛であるかどうかは知らないが、最も深いのは、間違いなく後者の愛である。人生の半ばごろ、あらゆる情念とあらゆる思考が和合し、一つになってしまうことがよく見受けられる。このときは、さまざまな知識や見方を増やしてくれる学識も、情念がその像を無限に再生産し自身の反射像によって輝く多面型の鏡となる。賢者たちがゆっくり育む愛は人々には測深しようのない深く広大な情念であるが、それよりもさらに深みをもっているのが、この本に見出される情念である。それは、この本が探求している対象が偉大だからであり、それが決別した世界が偉大だからである。——世界？　——だが、その世界は滅びてしまった。この優しい至高の出逢いが行われるのは、この世界の廃墟、人類の墓の上においてであり、人類の滅亡を生き延びた二人は、ほかの全てを消し去って、ただ自分たちの愛をもって愛し合うのである。

外からの影響によるのでなくそれ自身でこの孤独に到達する宗教的情念は、人々にとって想像することさえむずかしい。むしろ人々は、魂がみずから俗世から完全に離脱するということは、世間から見捨てられることだと思うであろう。わたしがここで感じているのは、聖人の自発的な死のことだけではなく、以前の世界の死と、そこに取り残された我々の寂漠である。教会も祖国も、人間も資産も、その全体が消滅した一つの社会の空白を満たすために神は来られるのである。そのような無人地が現れるには、アトランティス大陸（Atlantide）のように世界が消滅する必要があった。

問題は、この《孤独》を奨励した本が、どうして民衆の本になったか、修道士の黙想について語りながら、どのようにして一般の人々に行動を取り戻させることに貢献したか、である。

それは、あらゆるものが減退し、死が迫っていたぎりぎりの時に、この偉大な本がその隠所から抜け出してきて、民衆自身の言葉で民衆を目覚めさせたということである。とくに民衆の間に広まったフランス語版は、素朴で大胆、霊感に満ちており、『内なる慰め Internelle consolacion』という当時の本当のタイトルで現れた。

この『慰め』は、民衆向けの実践的な本で、そこには、最後の段階である宗教的秘儀伝授、危険な『キリストのまねび』の第四書は含まれていない。「まねび」つまり模倣は、「節制」から「禁欲」「交流」、そして「合一」へと四つの段階を、ちょうど上り階段を辿るようにしていくものである。それに対して、『慰め』は、第二段の禁欲生活の甘美さから出発し神的交わりの中に力を求め、そこから節制（すなわち実践）へと下りる。『まねび』が始まったところで終わるのである。

《慰め》の全体的プランは、《まねび》のそれと同様、次第に進んでいく「通過儀礼 initiation」の高貴な性質はもっていないが、その形とスタイルは、ずっと高尚である。『まねび Imitatio』という俗ラテン語のなかに人々が求めた重々しい韻、粗野な調子は、フランス語版『慰め Consolation』では、ほとんど全く姿を消している。そのスタイルは、十五世紀の彫像に見られる優雅な「繊細さ」を示している。この繊細さが、フロワサールにあっては、「明晰さ」になるのだが、それは感動する魂のそれのように、まったく別の意味の生き生きした動きを伴う。さらに付け加えれば、このフランス語版の幾つかの文章には、オリジナル版にはない心のデリカシーが感じられる。女たちや不幸な人々（当時は、みんなが不幸な人々であった）の受けた感動がどのようなものであったにせよ、彼らは初めて、神聖な言葉を、死者たちの言葉としてでなく「生きた言葉」として、また、儀礼的な決まり文句としてでなく自分たちの心のなかの生き生きした声、自分たちの秘められた思考を見事に表現した言葉として聴いたのであった。――このことだけでも、すでに一つの《復活》であった。人間性が頭をもたげてきて、生きることを愛し、生きることを欲した。

「死んでたまるか！　生きて、神の御業をこの眼で、さらに見るのだ！」

「わが誠実な友にして夫よ。優しく謙虚なあなたが真の自由の翼を広げてくださるので、わたしは安らぎと慰めを見出すことができるのです。おお、イエスよ。永遠の栄誉の光にして巡礼者の魂の唯一の支えよ。わが声なき欲求はあなたを求め、沈黙のうちに語りかけます。ああ、なんと、あなたの来られるのが待ち遠しいことか！　あなたの哀れな子を慰めるために早く来て下さい。あなたなくしては、一刻も楽しくはありません。――ああ、わたしはそれを感じております。あなたがわたしの哀訴と涙を憐れんで戻ってこられることを。父なる神の真実の英知たるあなたに讃えあれ。

わが身体も魂も、またあなたが造り給うた万物があなたを賛嘆し祝福しております。」

この本があっという間に広まったことは疑問の余地がない。十五世紀初めには、この思想を再生産し広めることが人々の新しい欲求となった。それは、書くことへの熱望に似ていた。著述家たちは、字の美しさなどと関係なく、速く書くことで財産を築いた。書き方はますます速くなり、解読不能になる危険性があった。書き写された本は、それまでは、教会や修道院で、持ち出せないよう鎖で繋いで大切に保管されていたが、鎖から外されて手から手へ、回し読みされるようになった。文字を読める人は稀だったので、本は、読める人が大きな声で読み聞かせた。無学な人々は、それだけ知識欲に燃えて熱心に聴き入った。彼らは、その若さと熱意から、読んでもらった本を何冊も丸暗記した。

しかし、宗教の教育者は、ほとんどどこでも不足していたから、人々は独りで読み、聴き、考えなければならなかった。高位の聖職者たちは、この仕事を報酬目当ての連中に任せきりにしていた。一四〇五年と一四〇六年の二つの冬の四旬節〔訳注・復活祭前の四十六日間〕の間、パリでは、動乱のため全く説教が行われず、かろうじて礼拝が一度行われただけであった。〔訳注・オルレアン公ルイとブルゴーニュ公ジャンの抗争のためで、一四〇七年十一月にはオルレアン公が暗殺される。〕

しかも、説教は行われたとしても、どんなことが語られただろうか？　多くは、仲間同士の争いのことや敵方に対する憎しみに満ちた呪いが語られるだけであった。そんな状況であるから、宗教

文字を読める人は稀だったので、本は、読める人が大きな声で読み聞かせた

的な魂が後退してしまったり、博士たちの話に嫌悪感を抱いて神の御言葉だけを聞きたいと言う人々が増えたとしても不思議ではない。

「主よ。語ってください。あなたの僕《しもべ》たちは、あなたのお話に耳を傾けています。――かつて、イスラエルの子らはモーゼに、『主はわたしたちが死ななくなることを恐れて話してくださらないが、どうか、わたしたちに話してください。これはわたしの願いではありません』と請うたが、モーゼは『否』といって教えなかった。その後の預言者たちも語らなかったが、あなたは文字を与え、精神を与え給うた。おお、永遠の真理なる神よ。あなたは自身を語られ、わたしを死なないようにしてください。」

この本を強力ならしめているのは、論争的精神がキリスト教的な高貴な自由の精神をもって消されていること、当時の不幸については、かろうじて暗示しているだけであることにある。母なる老いた教会〔訳注・ローマ教会〕が陥っていた数々の心身不随についても、著者は、敬意から全く沈黙を守っている。

この『まねび』が、フランスの本であるにせよ、そうでないにせよ、この本が世界を動かしはじめたのは、フランスにおいてであった。このことは、たんにフランス語版の数の多さ〔六十を超える!〕によってだけでなく、とりわけ基本的には修道士的なこの本を説得力に富む民衆本にしたオリジナル版がフランス語のそれであったことから明らかである。

空疎な論争を終わらせるさらに根本的な理由がある。それは、この『まねびImitaion』は、もはや《まねび》なくしては済まされない人々に与えられたことである。この本は、その意味で、あらゆる国民にとって究極の必需品であった。いかなる国民も、この本によってより以上に深く死のなかに降りていったことはなかったし、この本によってより以上に魂の底に入っていって、そこに隠されている生命の泉を掘ろうという欲求を掻き立てられたことはなかった。このことをなによりも深く理解させてくれるのが、この本の冒頭の言葉である。

「主イエスは、神の国はあなたの内にあると言っておられます。したがって、あなたは、誠心誠意をもってあなた自身に戻りなさい。悪意に満ちたこの世界のことなど放っておきなさい。あなたの永遠の棲み家は、この世界のどこにもないのです。あなたは旅人であり巡礼であって、どこにも憩いの場はありません。ただ一つ、神の真理に結びついたときの自分の心のみが安らぎの場なのです。したがって、どうして、あちこち憩いの場を探し回るのですか？　あなたの天上の住まいは愛によって存在するのであり、この世のすべては移ろいゆき移り変わり、消え去っていきます。万物がそうであるように、あなた自身もそうなのです。」

この至高のメランコリーと孤独を説いた言葉は、廃墟以外に何も残っていない国の民衆に宛てられたのでないとしたら、いったい、誰に宛てられたのだろうか？　まさに、神は、死者に話しかけるように、フランスに向かって語っている。
「永遠の昔から、わたしはお前の名前を知っており、お前は恩寵を見出したのであるから、わたしはお前に安らぎを与えよう。」

この神の善意は、かくも絶望の底にある人々を励ますためにこそ必要であった。普遍教会（ローマ教会）は衰頽し、国民教会も滅びていた。そのうえ、（神を冒瀆しようとの恐るべき誘惑のもとに）もう一つの外国の教会が侵入してきて、フランスを征服し殺戮を繰り広げていた。この外国の君主は「司祭たちの王」のような様相をもっていた。

狂気を驕る狂人にあれほど苦しめられたフランスは、イギリス人たちともに、賢人を驕る別の狂人にも苦しめられなければならないことを学んだ。フランスは、アザンクールの虐殺からルーアンの処刑にいたるまでの間、ヘンリー五世の敬神の教えを忍受した。しかし、それは、まだ大したことではなかった。フランスは、イギリス王とその司教たちの実像のなかに、神の聖霊を無視した奇妙な英知の光景を眼にした。「司祭たちの王 roi des prêtres」（すなわちヘンリー五世）は死んでも、フランスは、それまでの歴史にはなかった一つの恐るべき理念を現実化した「祭司王 prêtre-roi」（この進展は必然的であった）によって支配された。この王制は、教会人のなかに暴利を追求し、パリサイ主義のなかに多くの人命を犠牲にしていくもので、まさに一つの新しい《サタン》であった。しかも、これは、恥ずかしがってすぐ隠れる古いサタンと違って、公然と承認され、品位があって尊敬され、金持ちででっぷり肥り、司教座に坐って教義を定め、聖人たちを裁いて入れ替える。

こうして《サタン》が尊敬の的になったので、キリストには、その反対の役割が残された。彼（キリスト）は「小教区から逃亡した貧しい人間」として警吏たちによって、重々しい裁判長の前へ連行される。いわば《異端者》または《魔法使い》など「悪魔と関係した者」あるいは「悪魔自身」として引き出されるのである。「キリスト」が悪魔により、悪魔として有罪を宣告され焼き殺されることとなるのだ。――事態がそこまでゆくのは必然である。そのときには、驚いた出席者は、この正直な裁判官の男が、今度は当惑して、そのアーミン〔訳注・エゾイタチ〕の毛皮のローブのなかで縮こまるのを眼にする。――すると、それぞれが自分の本来の役割を回復し、ドラマは完結し、この秘儀は完成する。この「キリストのまねび」とその受難が再現されるのが《オルレアンの乙女》においてである。それはまた、フランスの贖罪でもあった。

先ほどまでは誰も上げなかった反論の声が今や起きる可能性がある。だが、それは大したことではない。それに対して、わたしたちは、こう答えることができよう。

この本を貫いている精神は《諦観 résignation》である。民衆のなかに広がったこの精神は、英雄的な国民的抵抗精神を吹き込むどころか、民衆を鎮め、眠らせるはずであった。一見して明らかなこの矛盾を、どう説明すべきだろうか?

それは、こうである。魂の復活とは、ある個別の徳の復活ではなく、すべての徳が確固たるものになることである。《諦観》だけが戻ってくるのではなく、神への希望も含めたあらゆる希望と、その希望とともに正義への信頼も戻ってくるのである。『まねび』への希望は、聖職者たちにとっては忍耐強さと受難 passion(情熱)であり、民衆にとっては行動 action と純粋な心の飛躍であった。

したがって、ここに一人の女性として現れた民衆が、その女性らしい忍耐強さと優しさから、男性的な戦士の美徳へと移り、聖女が兵士になったとしても、驚くにあたらない。この変容の秘密については、彼女自身述べているが、それは、女の持つ一つの秘密であり、フランス王国に存在していた《憐れみ pitié》なのである!

この革命の根源にある究極原因はこの点にあることを忘れないようにしよう! 政治的利害や人間的情念などの二次的要因も無視するわけではないし、本書でも述べるつもりであるが、それらが力を発揮し、目標に向かって突進するのは、偉大な精神的原因に敬意を払ったときにこそ、その効果を生じるのである。

第二章　オルレアンの包囲戦

若い王（シャルル七世）〔訳注・先王シャルル六世が五十四歳で逝去したとき、シャルル七世は十九歳〕はアルマニャック派の人々によって育てられ、アルマニャック派に支えられていたが、その不人気ぶりも引き継いでいた。これらのガスコーニュ人たちは、フランスで最も実戦で鍛えられた兵士たちであったが、最も手癖が悪く、何かにつけて残忍であった。ある意味では、彼らが北フランスを蹂躙して呼び起こした憎しみが対立するブルゴーニュ派とイギリス人を一つに結びつけてきたのであって、この南仏の盗賊どもは北フランスの人々にとっては、外国人以上に外国人に見えた。

シャルル七世は、イングランド人と戦うために外国人を使おうと考え、スコットランド人たちを呼び寄せた。スコットランド人たちはイングランド人との戦いには慣れており、その勇敢さとイングランド人に対する憎しみの深さは期待できるものがあった。イングランド人によって苦汁を舐めさせられていたフランスにとって、スコットランド人たちの支援は最大の希望のよりどころであった。あるスコットランド人はフランス軍の司令官になり、また別のあるスコットランド人はトゥレーヌの伯になった。しかしながら、スコットランド人たちは、その異論の余地のない勇敢さにもかかわらず、イングランドではしばしば敗北していたうえ、フランスでも、一四二三年にはクレヴァン〔訳注・オーセールの近く〕で、一四二四年にはヴェルヌイユ〔訳注・ノルマンディー地方〕で、壊滅的敗北を喫している。人々の言うところでは、協力すべきガスコーニュ人たちが、スコットランド人たちを嫉妬して支えなかったのが敗因であった。

他方、イギリス人たちも、不手際からあやうくブルゴーニュ公フィリップをシャルル七世の陣営に追いやってしまうところであった。もしブルゴーニュ公がシャルル七世と同盟していたら、イギリス軍にとっては、スコットランド人たちよりずっと手強い敵になっていたであろう。このころ、イギリスの行政府は、ロンドンのグロスター公のそれと、パリのベドフォード公のそれと二つあるような状態で、二人は兄弟ながら仲が悪く、ベドフォード公がブルゴーニュ公の妹と結婚したそのときに、グロスター公はブルゴーニュ公に対し戦争を始めている。〔訳注・ベドフォード公ジョンとグロスター公ハンフリーは兄弟で、ともに幼い王ヘンリー六世の叔父であったが、きわめて仲が悪かった。〕この小説ばりの物語について一言触れておこう。

ブルゴーニュ公フィリップはフランドル伯〔訳注・祖母マルグリットがフランドルを相続していた〕でもあったが、隣接するホラントやエノーも領有したいと考え、これら二つの伯領を所有する未婚の女伯ジャクリーヌと自分の従弟の一人〔訳注・ブラバン公ジャン四世〕を結婚させた。この従弟はまだ幼く、しかも病弱だったので、この結婚によって子供が生まれる見込みはなく、彼女の領地はやがて自分のものになると期待してのことであった。

ジャクリーヌは美しい娘であったうえ、諦めて運命を甘受するような女性ではなく、哀れな夫を残して海峡を渡り、グロスター公ハンフリーに我が身を任せることを申し出た。イギリス人たちにとっては、すぐ海の向こうの垂涎の的であった土地だけに、グロスター公は有頂天になってこれを受け入れた（一四二二年）。野心的な彼は、これまでにもナポリ王国の王座をねらったが実現できなかったうえ、フランスは兄のベドフォード公ジョンが統治し、イングランドでは、自分の保護領を叔父のウィンチェスター枢機卿（ヘンリー・ボーフォート）によって奪われるという憂き目に遇っていた。このため、彼はジャクリーヌの誘惑に飛びつき、イギリスにとって不可欠の同盟者であるブルゴーニュ公フィリップと確執を生じてでも、低地諸国を我が物にしようとしたのであった。

したがって、この戦争は、ブルゴーニュ公フィリップにとって、フランドルの君主権とその最後の継承権を賭けた戦いであると同時に、イギリス本国にとっても、ベドフォード公によるフランス支配体制を危機に晒すものであった。しかし、自分のことしか眼中にないグロスター公のやり方に苛立ったブルゴーニュ公は、ブルターニュ公（ジャン五世）と内密の協定を結び、ベドフォード公ジョンに金銭に関わる二つの要求をつきつけた。一つは、自分の最初の妻であるシャルル六世の娘〔訳注・ミシェル・ド・フランス〕の持参金十万エキュを支払うこと〔訳注・ベドフォード公はフランス王室の後見人であったから〕、もう一つは、ヘンリー五世がフランス王座に関する自分の権利をブルゴーニュ公が承認する見返りとして約束していた二万リーヴルを支払うことである。

だが、ベドフォード公に何ができただろうか？　彼にはカネがなかった。そこで彼は、上記の総額を超える価値をもつ広大な土地の所有権を譲ることを申し出た。それは、ペロンヌ、モンディディエ、ロワ、トゥルネ、サン＝タマン、モルテーニュなど、北フランスの境界地域全体であった（一四二三年九月）。〔訳注・ここでいうモルテーニュとは「Mortagne-du-Nord」のこと。〕

ベドフォード公ジョンは、弟のグロスター公ハンフリーが気違いじみたことをするたびに、その尻拭いをしなければならなかった。一四二四年、グロスター公はジャクリーヌを守る騎士としてブルゴーニュ公を一騎打ちで負かしたが、その無謀な行為は、あやうくベドフォード公の生命を危機にさらした。シャルル七世率いる軍勢がイギリスが占拠しているフランスの心臓部であるノルマンディーに侵入し腰を据えたので、これを追い払うために、一四二四年八月十七日、ヴェルヌイユの戦いが起きた。ベドフォード公ジョンは、すでに六月から、広大な領地を譲渡するのと引き替えにブルゴーニュ公フィリップを味方に取り戻していたが、この戦争で、さらにバール＝シュル＝セーヌ、オーセール、マコンといった東の境界地帯も加えなければならなかった。

このようにしてヘンリー五世がイギリスのために獲得していた土地が次々とブルゴーニュ公の手に渡り、やがてまもなく北フランス全体がブルゴーニュ公のものになる恐れがあった。しかし、突如、風向きが変わった。グロスター公が、ジャクリーヌのためにこの戦争を始めたにもかかわらず、彼女と結婚していることも、彼女がベルグ〔訳注・ダンケルクの南南東〕で敵に攻囲されて窮地に陥っていることも忘れて、別の美しいイギリス女性（エレオノール・コッバム）と結婚してしまったのである。この新しい気違い沙汰が、あたかも知恵ある行動がもたらすような結果を引き起こした。ブルゴーニュ公がイギリス人たちと仲直りし、ベドフォード公と全面的に和解したのである。ブルゴーニュ公にとって大事だったのは、ジャクリーヌを無一物にしてエノーとホラントを占拠し、ついで継承問題が間近に迫っていたブラバントを自分のものにすることであった。

他方、シャルル七世は、自分に有利に働きそうにみえたこの出来事から、ほとんど利益を得ることができなかった。彼が引き出した利益は、せいぜい、ラングドックの支配者であるフォワ伯が、ブルゴーニュ公とイギリス人は仲違いすると見越してシャルル七世をラングドックの正統の王であると認めたことであった。フォワ伯としては、シャルル七世がラングドックからカネを引き出すこともなければ軍勢を徴用することもなく、自分の南仏支配体制に混乱をもたらすことはないと踏んだうえで、シャルル七世の権利を承認したのであった。

それよりずっと直接的にシャルル七世に役立つと見えたのが、アンジュー家とロレーヌ家の友好関係である。このときのアンジュー家の首長はヨランド妃と呼ばれた女性で、アンジュー公でありプロヴァンス伯であるとともにナポリ王国の王位を主張していたルイ二世の未亡人であった。彼女は、アラゴン王とロレーヌ地方バール家の女性との間に生まれた娘で、イギリス人たち（とくにグロスター公）がナポリの王座に野心を剥き出しにしていたことから、アンジュー家およびロレーヌ家をシャルル七世と結びつけることによって、これに対抗しようと考え、娘（マリー・ダンジュー）をシャルル七世に嫁がせ、息子のルネをロレーヌ公（シャルル二世）の一人娘（イザベル）と結婚させた。

この後者のほうの結婚には、一つの大きな障害があった。イザベルの父であるロレーヌのシャルル二世豪胆公は、ブルゴーニュ公と血縁のある女性と結婚しており、一四一八年の虐殺事件の際には、ブルゴーニュ公（ジャン無畏）から軍司令官に任じられてオルレアン家やアルマニャック派とは敵対関係にあった。その彼が、一四一九年、突然、ブルゴーニュ派と決別し、フランス派に鞍替えしたのである。〔訳注・もっとも一四〇六年まではフランス王家を支持していたのがブルゴーニュ公ジャン無畏の家来になり、ジャン無畏からフィリップに替わった一四一九年からは中立的になったのである。〕

この奇跡劇の背後には、中世を通じて繰り返された絶え間ない抗争のなかで、ロレーヌ家もバール家も力を消耗しきっていた事実がある。双方とも、残ったのは老いた枢機卿のバール公と、これまた年をとり、娘がひとりいるだけのロレーヌ公であった。枢機卿のほうは、自分のバール公領を甥のルネに譲ると約束し、この地方全体の統一を願って、ルネのためにロレーヌ公の一人娘を求めたのであった。このとき、ロレーヌ公にとって、フランスの大公であるバール公は仇敵であったにもかかわらず、その彼に娘と領地を与えることにしたのは、一人のフランス女性（原注・アリソン・ド・メイ）の言うままになっていたからであったが、これを後押しした要因として、イギリス人たちがロレーヌ公にひどい侮辱を与えたことも付け加えるべきだろう。ヘンリー五世はロレーヌ公の娘を妻に迎えたいと言っていたにもかかわらず、それを袖にして、フランス王シャルル六世の娘カトリーヌと結婚したのである。しかも、それと同時に、彼は、王女の婚資としてロレーヌへの入り口であるルクセンブルクを欲しがって、ロレーヌ公を不安がらせた。

そのような経緯に加えて、一四二四年、ブルゴーニュ派がイギリス軍と協力してピカルディーにおけるロレーヌ公の領地であるギーズの町を占拠したとき、ロレーヌのシャルル豪胆公は、苛立ちを爆発させ、自分の公領の三部会を召集してロレーヌを女系封地とし、ルネ・ダンジューに嫁いでいる自分の娘を相続人として承認させた。

アンジュー家がシャルル七世と結びつくことで国王派の力は強化されるはずであったが、この一門には、ロレーヌとイタリアでしなければならないことが多すぎた。エゴイストで政治的野心満々のヨランド妃は、自分の息子たちがロレーヌとナポリで確固たる体制を築くことをめざして、アンジュー家の世襲領に踏み込まれないよう、イギリス人たちと時間をかけて交渉した。

しかしながら、娘婿のシャルル七世にとってもヨランド妃は充分有用であった。彼は彼女の助言にしたがってアルマニャック派の人々を身辺から遠ざけ、代わってブルターニュ人たちを重用し、ブルターニュ公の弟リシュモン伯に軍の指揮権を与えた。リシュモンは、シャルル七世がブルゴーニュ公（ジャン無畏）殺害に関与した人々を排除することを条件に、指揮権を引き受けた。

かつてシャルル五世の時代、デュゲクランのもとにフランス王国を救ったのがブリトン人たちであったように、いままた、シャルル七世も、これ以後、ブリトン人とガスコーニュ人、ドーフィネ人を集めることによってフランスの軍事的力を確立することとなる。しかも、ブールジュを拠点とするシャルル七世のもとへは、スペインからはアラゴン人たち、イタリアからはロンバルディア人たちが加勢しにやってきた。

それにもかかわらず、実際の戦争で今一つ元気が出なかったのは、戦費が不足していたことに加え、それ以上に、軍としての統一性を欠いていたことに原因がある。とくに最初の幾つかの軍事行動でリシュモンの足を引っ張り敗北を招いたのが王の側近たちであった。気の荒いブリトン人たちは、この側近たちを半年の間に二人、裁判も経ないで殺した。しかし、王に側近を付けないわけにはいかなかったので、リシュモンは自分の息のかかった若いラ・トレムイユを付けた。

ところが、このラ・トレムイユが立場を利用して最初にやったことが、リシュモンを遠ざけることであった。王は自らの軍司令官（リシュモン）に、自分のために戦うことを禁じるという奇妙な事態となり、このため、側近グループとリシュモンの配下とが剣を抜いて立ち回りを演じる寸前までいった。

この分裂は、シャルル七世の政府から著しく勢いを失わせた。王は、ガスコーニュ人たちもスコットランド人たちもブリトン人たちも試してみた。みんな勇敢ではあったが、どうしようもないくらい規律に欠けていた。このため、敵側ではブルゴーニュ公とイギリス軍の関係が悪化するという失点があり、それに対して、シャルルがラングドックの服従を勝ち取るという得点があっても、また、アンジュー家とロレーヌ家の関係が改善しても、いずれも、シャルル七世の陣営にとって効果的な力にはならず、修復不能なままでの分裂が続き、無力なままであった。

この事態に、ロワール川の境界線を突破する時がいよいよ来たと考えたイングランド軍がフランスで動かしうる総力を結集して開始したのが、オルレアン攻略戦であった。

集まった軍勢は、一万から一万二千であったが、彼らが抱えていた問題情況からすると、これでも、大変な努力の結果であった。グロスター公ハンフリーは叔父のウィンチェスター枢機卿（ヘンリー・ボーフォート）と確執を起こして本国イングランドを混乱させていたし、フランスでは、ベドフォード公ジョンが、完全に荒廃したフランスの国土から、カネを引き出すこともできないでいた。彼は、イングランドの貴族とその臣下たちをフランスに引きつけるためにも、引き留めるためにも、絶えず新しく領地を与えることが必要だったが、それは、フランス人貴族の不満と憎悪を掻き立てることでもあった。パリの年代記者は、このころには、フランス人の貴族は、搾取が強化されたために、北のイギリス支配地域から南のフランス王国側に移っていき、もうほとんど残っていなかったと書いている。

いずれにせよ、オルレアンを包囲したイギリス軍は、ロワール川交通を遮断するのには数が不足していたが、少なくとも、ここに集結した軍勢は、イギリスがフランスで有していた最良の兵士たちであった。事実、彼らは、人員不足を補うために並々ならない働きぶりを示した。たとえば、カレー攻囲の際のエドワード三世のように隙間なく包囲するのではなく、要塞を点々と設け、それらの間の空白は監視によって埋めるようにした。当時の報告書を見ると、そのやり方には、きわめて賢明なすばらしいものがある。

点々と築かれた要塞（bastille）のそれぞれでは、イングランドの第一級の貴族たちが指揮を執った。ボース平野方面〔訳注・オルレアンの北西方向〕は、この攻囲戦の指揮官であるソールズベリー伯（トマス・オブ・モンタギュ）とサフォークの人々、そして歴戦の勇士であるタルボット伯ジョンが担当した。最も危険なロワール川対岸の南側の三つの要塞は、ウィリアム・グラスデールという男が指揮した、彼は、オルレアンを陥落させた暁には老若男女を問わず市民全員を殺すと広言している、フランス側にとって最も恐ろしい男であった。

これらのイギリス軍の要塞には、それぞれ名前が付けられていた。そこには、どんなことがあっても死守するという決意が籠められていた。たとえば「パリ」だの「ルーアン」はまだしも、「ロンドン」というのもあった。ロンドンを敵に明け渡すなどということは、イギリス人たちにとって、考えられない屈辱だったからである。

これらの要塞は、静かに押し黙っている砦ではなく、元気な連中が大勢いて、挑戦的な罵り言葉を吐き散らしたり、重さ百二十リーヴル（約六十キロ）だの百六十リーヴル（八十キロ）の石の弾丸を撃ち出す城塞であった。

要塞は、もっと離れたところにも幾つかあった。モンタルジやロシュフォール、ル・ピュイゼ、ボージャンシー、マンなど隣接する土地で、それらに陣取った人々は、その土地がやがてイギリスのものになるとの見通しのもとに、先手を打って確保したのであった。

オルレアンは、たしかにこうした努力に充分値する都市であった。ここは地理的にいってフランスの中心であり、ロワール川の湾曲部に設けられた南フランスへの要衝であった。住んでいる人々について見ると、この町はアルマニャック派の心臓部であり生命そのものであった。あらゆる都市がブルゴーニュ派に移っていったときにも、オルレアンはアルマニャック派の陣営に残ったし、パリで反アルマニャック運動が起きたとき、この派の貴族たちが妻子を避難させた先がオルレアンであった。

この英軍による攻囲戦に直面し、オルレアン市民たちは尋常ならざる熱意をもって防衛のために協力した。郊外に広がる別荘や農園が、イギリス軍にとって食糧供給源になるとともに、点在する教会や修道院もまた、イギリス軍の陣営になる恐れがあるということで焼き払われることになったときも、ブルジョワたちは文句を言わないでこの焦土作戦を承認し、協力さえした。彼らは税も進んで払ったし、大砲も鋳造した。傭兵を雇う費用も分担した。

そのようにしてオルレアン防衛のためにやってきた傭兵たちは、サントライユ、ラ・イール、アルブレ伯以下のガスコーニュ人、ヴァルペルガなどイタリア人、ドン・マティアス、ドン・コアラゼなどアラゴン人、スチュアートなどスコットランド人というように、さまざまな国民が含まれていた。最後にオルレアン公シャルルの私生児であるジャン・デュノワとともに大砲六十門が加わった。ロレーヌ人も何人かいた。おそらく、ロレーヌ公シャルル二世とその娘婿であるバール公ルネ・ダンジューによって送られた人々である。

オルレアン公シャルルは、一種の英雄的な喜びをもって戦った。ソローニュ側〔訳注・オルレアンの南方〕は完全にはイングランド軍によって塞がれていなかったので、食料などは、こちらから絶えず運び込まれ、あるときなどは、一度に九百頭の豚が供給された。人々は、イギリス軍の弾丸は誰一人殺すことなどできないと嘲り、ある弾丸は一人の男の靴を脱がせただけで、足に触れることさえできなかった、などと言い合った。反対に、オルレアン公の大砲は猛威を振るっていると言い、それぞれに恐ろしげな名前が付けられた。その一つには「リフラール Riflard」というのもあった〔訳注・「リフラール」とは差押え執達吏の立会人〕。また、カルバリン砲の扱いの巧みさで名を挙げ「ジャン親方 maître Jean」と呼ばれるようになったロレーヌ人砲手がいる。その命中率は見事なもので、「ジャン親方」の名はイギリス軍でも知れ渡った。嘲りの罵声をあげたイギリス兵士は、必ず仕留められた。ジャン親方は、あるときなどは、敵弾にやられ、仲間に担がれて町のなかに運び込まれるように見せ、イギリス軍が大喜びしているところへ、前よりも元気に持ち場に戻って、イギリス軍の上に弾丸を撃ち込み、がっかりさせたこともあった。

楽器のヴィオロンも戦場になくてはならないものの一つであった。町の人々は、イギリス軍に「これで冬の退屈を晴らしなさい」と言葉を添えてヴィオロンを贈っている。デュノワは、イギリス側から一皿のイチジクを贈られ、そのお返しにすばらしい毛皮の服を司令官サフォークに贈って

カルバリン砲の扱いの巧みさで知られたロレーヌ人砲手は「ジャン親方」と
呼ばれた

いる。

何よりもオルレアン市民を喜ばせたエピソードがある。イギリス軍総司令官のソールズベリー伯が各要砦を訪ねたとき、オルレアン市民皆殺しを宣言していたグラスデールがオルレアンの町を指さして「閣下、あれがあなたの町です」と言った。彼は目を凝らして見ようとしたが、何も見ることができなかった。一発の弾丸が彼の頭部の半分を吹き飛ばしてしまったからだった。しかも、この弾丸は「ノートル＝ダム」と名づけられたオルレアンの市壁の塔から発射されたもので、ソールズベリー伯は、つい最近、クレリー〔訳注・ロワール川を少しくだったところにあるクレリ＝サンタンドレ〕のノートル＝ダム寺院に掠奪を働いた張本人であった。

包囲戦は、一進一退を繰り返しながら、一四二八年十二月十二日から一四二九年二月十二日まで続いた。オルレアン側からは、食料を持ち込むための陽動作戦が度々行われ、両陣営を楽しませるため決闘まで行われた。あるときはガスコーニュ人とイギリス人それぞれ二人が出て決闘し、フランス側が優勢を占めた。別の日には、両方から小姓たちが出て戦った。このときはイギリス側が勝利を収めた。そこで六人のフランス人がイギリス側の砦の前まで行き、騎馬試合を申し込んだが、イギリス側は応じようとしなかった。

この間もイギリス側は次々と要塞を築き、オルレアンの町は完全に包囲されてしまうかと思われた。国王（シャルル七世）はオルレアン公の親王領の救済には無頓着であったが、オルレアンの町が陥落すれば、ポワトゥーもベリーも、ブルボネもイギリス軍に蹂躙され、すでに壊滅していた北フランスに続いて南フランスも壊滅することは明白であった。ブルゴーニュ公フィリップ・ル・ボン〔訳注・彼は、いつものことだが、二股をかけていた〕は長男のクレルモン伯を派遣した。スコットランド人や、トゥレーヌ、ポワトゥー、オーヴェルニュの領主たちも、この若い公子のもとでオルレアン救援に当たった。市民たちに食料を供給する一方で、イングランド軍側の兵站を阻むことが彼の最大の役目であった。

イギリス軍の食料供給については、ベドフォード公ジョンが勇敢なフォルスタッフに指揮を執らせパリから送った。彼は、以前からオルレアンに対して憎しみを抱いていたパリのカボシャンたちを利用して、パリ市長とかなりの数の弓兵たちをイングランド軍に合流させ、弾薬とともに食料（とくに四旬節用にニシンが大量に含まれていた）などを三百台の荷車に積んで運ばせた。

この輸送隊は、護衛隊も荷車も全体が一列になってやってきたので、この列を断ち切って壊滅させるのは、たやすいことだった。ガスコーニュ人のラ・イールはフランス人たちの先頭を進んでいたが、うずうずして攻撃をしかけようとした。ところが、ブルゴーニュ公の長男で全軍の指揮官であるクレルモン伯は、逸《はや》るラ・イールを制止し、ゆっくり進んだ。その間に、フォルスタッフは荷車を円陣に組んで、用意していた杭で周りを囲んで閉じこもり、右側にはイングランド軍の弓兵隊が、左側にはパリの弩隊が並んだ。

まず、敵のイングランド軍に対する憎しみに囚われていたスコットランド兵たちは馬をおりて、敵軍と同じく徒歩で戦った。アルマニャック派のガスコーニュ人たちも仇敵であるパリの人々に襲撃を仕掛けていった。しかし、守るイギリス軍も頑強だった。フランス側のスコットランド兵とガスコーニュ勢の列が乱れたのを見て逆襲に転じたイギリス軍のために、三、四百人が殺された。決断の鈍いクレルモン伯に怒り狂ったガスコン人のラ・イールは、列の乱れたイギリス軍のほうへ取って返し、何人かを殺したが、この戦闘はフランス側の敗北であった。オルレアン市民たちは、自虐的に、これを「ニシン戦争 bataille des harengs」と呼んだ。ニシンを詰めた樽が弾丸で壊れ、戦いのあとの戦場には、人間の死者よりもはるかに多いニシンが累々と散らばっていたからである。

フランス側が被った損傷は軽微なものであったが、みんなを意気消沈させた。なかには、もうオルレアンの町は陥落すると見て、立ち去る者まで出た。若いくせに意気地なしのクレルモン伯は、二千人の部下を連れて去っていった。フランス側の大将と国璽尚書は、もし国王の大官たるものがイギリス軍によって捕らえられたら大変なことになると考えて、これも早々にオルレアンを去った、

軍人たちが人間の力に救いを期待しなくなったのと相応じるように、司祭たちも神による救いをあまり当てにしていないようであった。ランスの大司教も、オルレアンの司教も自らの子羊たちに、それぞれが我が身を守るに任せることにして、二月十八日には、「きっと充分な兵たちを連れて帰ってくる」と言いながら、町から去っていった。誰も、何ごとも、彼らを止めることはできなかった。オルレアン公の私生児（デュノワ）は、なんとか自分の家門の親王領を守ろうと、「奇跡が起きるから待ってくれ。この町を救うと約束した神の娘がロレーヌのマルシュからやってくるから」と言ったが、無駄であった。法王（ヨハネス二十三世）のかつての秘書で、老いた外交官のラ

ンス大司教も、この奇跡の話には大して気にも留めなかった。

デュノワ自身も、それほど《天佑 secours d'en haut》を当てにしていなかったので、ブルゴーニュ公に対し、自分のこの都市を保護下に組み入れてほしいと頼むために、サントライユを派遣した。ブルゴーニュ公フィリップ・ル・ボンはエノーとホラントをフランドルの両翼として獲得したばかりで、次には、このフランスの偉大で重要な中心部を手に入れるよう勧められていたし、彼もそのつもりであったから、パリに直行し、ベドフォード公ジョンに、そのことを言った。ところが、ベドフォード公の返事は「自分はブルゴーニュ公のために働いているわけではない」とにべもないものだったので、ブルゴーニュ公は、ひどく気分を害して、オルレアン攻囲のためイギリス軍の支援に参加させていた部隊を引き揚げさせた。

ブルゴーニュ軍が去ってイギリス軍の兵力が、どれくらい弱体化したかは判っていない。そのうえ、彼らはオルレアンを包囲するのに必要な作業をすでに終えていた。ブルゴーニュ勢が去っていったのは四月十七日だが、最後の要塞で「パリ」と名付けられたボース寄りの砦はすでに四月十五日には完成しており、二十日には、それまでオルレアン市民にとって重要な補給ルートになっていたソローニュ側のロワールを下ってくるルートも、サン＝ジャン＝ル＝ブラン砦の完成によって封鎖された。

市内では、食料の供給が悪くなったので、不満の声が上がり始めた。「オルレアンの町が主君のために犠牲になるのは、もうたくさんだ。町が滅びてしまうよりは、イギリスのものになったほうがましだ」という人も少なくなかった。事態は、それにとどまらなかった。市壁に穴が穿たれているのが見つかった。裏切り者がいることは明白であった。

ジャン・デュノワがシャルル七世に期待できるものは何もなかった。一四二八年に召集された三部会は、オルレアン防衛のために予算を計上し、封地を所有している人々に応援を出すよう命じていたが、人もカネも来なかった。国庫には四エキュのカネもなかった。救援を求めるためにデュノワがラ・イールをシャルル七世のもとへ送ったとき、招かれた食事でラ・イールに出された御馳走は、若鶏一羽と羊の尻尾だけだったという。この話の真偽はどうであれ、シャルル七世の情況が絶望的なものであったことは、彼がスコットランド人たちに新たな援軍を求め、その見返りにベリー地方を譲渡するという、とんでもない提案をした事実が証明している。

シャルル七世の小さな宮廷を分裂させていた陰謀については、よくは分かっていない。極度の窮乏のなかで、分裂が増大していたことは明らかである。リシュモン伯と王の義母〔アンジュー公家のヨランド〕とによって暫く遠ざけられていた旧アルマニャック派の人々が、このころは再び勢いを回復していたに違いない。この南仏人一派は、グルノーブルに南フランスの王〔訳注・のちのルイ十一世〕を擁立することに喜んで賛同することとなろう。その反対に、アンジュー公領の主である王の義母ヨランドは、もしイギリス軍がロワール川を決定的に越えたときは、アンジューを保有しつづけることが不可能になるに違いなかったから、そのことでオルレアン家と結びついていた。

しかし、彼女は、アンジュー家がもっている幾つかの利点を活かすことによって、これからも、イギリス人たちと交渉することができるはずだと考えた。

一四二九年五月、オルレアンの防衛がもはや絶望的であると見えたとき、枢機卿である老いたバール公はロレーヌの相続権を失うことを恐れて、甥のルネ・ダンジューに代って慌ててベドフォード公と交渉した。ただし、これはシャルル七世の情況が一変すればルネによって覆されるかも知れなかったが。

ロワール近辺の諸都市は、オルレアンの壊滅を恐れて、最後の努力をした。オルレアンに最も近いアンジェ、トゥール、ブールジュは食料を送ってきた。ポワティエとラ・ロシェルはカネを送った。さらに事態が切迫すると、ブルボネやオーヴェルニュ、ラングドックまでも、硝石や硫黄、鋼鉄を送ってきた。

このように、まだ英軍支配を免れていた南フランス全体が次第にこの一つの都市の運命に関心を寄せはじめるにつれて、オルレアン市民たちが君主に対して抱く忠誠心と勇敢な抵抗ぶりに対する感動の輪が広がり、オルレアンとオルレアン公への同情も高まった。他方、イギリス人たちは、オルレアン公を一生牢獄に入れておくだけでは不充分で、彼の子供たちも滅ぼしてその親王領を奪い取る必要があると考えた。この新しい不幸は、この一家が蒙ってきた多くの不幸の記憶を蘇らせた。詩人でもある彼（シャルル・ドルレアン）は、子供のころから、父ルイ・ドルレアンの死について流れていた嘆きの歌を歌ってきた。彼自身はイングランドで幽囚の生活を強いられていたから、オルレアンの町を守ることはできなかったが、彼が作ったバラードは、海峡を越えて、オルレアンのために同情を集めた。

荒廃と飢饉のために悲惨な情況に陥り、田園では狼たちが我が物顔で徘徊し、都市はピカルディーからドイツとの境界にいたるまで、まともに建っている家が一軒もないときに、フランスの国民がまだ他人の不幸を思いやる心を失わないでいたことは、感動的であるとともに、人間性にとって名誉となることである。人々は、詩人にして王族であり、父を暗殺され自身も囚われ人として過ごした公子（オルレアン公シャルル）のために憐れみの心を失わなかった。とくに女性たちは、利害に縛られることが少ないので不幸な人に対して憐憫の情をあからさまに示した。一般的に言って外国のくびきを忍受するに充分なだけの政治的生き物ではなかった彼女たちは「よきフランス人」のままであった。かつてデュゲクランは「わたしの身代金のために糸巻き棒を回してくれない女は、フランスには一人としてなかった」と言ったが、このとき彼は、女たち以上の「フランス人」はいないことを知っていたのだ。

英軍に対する抵抗の最初の手本を示したのは、一人の若い女性であった。彼女はロシュギヨン〔訳注・マル＝ドワーズ県のセーヌ川沿いにある〕の女城主で、この城を長期にわたって防衛し、ついに明け渡さざるをえなくなったときも、イギリス軍に献上することを拒んだ。そこで、イギリス人たちは彼女に城主としての身分を保証するとともに、この枢要の地に自分たちの息のかかった人物を配置するために、ルーアンを裏切ったギィ・ブテイエを夫として受け入れるよう勧めた。しかし、ギィは土地は手に入れたが、この貴婦人を獲得することはできなかった。彼女は、すべてを残して、文無しで、自分の子供たちを連れて立ち去るほうを選んだからである。

女たちが一貫してフランス人であり続けたのに対し、司祭たちはかんたんに揺れ動いた。彼らは、一度はフランス人であることをやめたあと、イギリス人たちが教会に敬意を払っているように見せかけながら実は教会の敵であることに気づくや、フランス人に戻っている。財源に窮迫したベドフォード公ジョンは、イングランドの教会だけでなく、フランスの教会に対しても、教会の全資産と地代収入を戦費調達のために国王〔訳注・イギリス王ヘンリー六世がフランス王を兼務していた〕に譲渡せよという途轍もない要求を突きつけた。この行き過ぎた要求が、イギリス人たちに不幸をもたらした。彼らは、アルマニャック派の悪名をそのまま引き継ぐ結果になったうえ、教会に対し掠奪を働くことによって民衆の憎悪を買ったのである。

そもそもランカスター家の栄華は確固たる基盤をもっておらず、それは二つの虚構の上に成り立ったものであった。彼らは権力を手に入れるまでは「我々が教会に求めるのは祈りのみである」と言っていたくせに、イングランドの王権を奪い取ると、教会財産に手を着けようとした。加えて、彼らは、フランスでは「フィリップ・ド・ヴァロワ以来、不当に簒奪されてきたフランス王位を真に継承しているのがわれわれである。われわれこそ真のフランス王でありフランス人である」と言った。これがエドワード三世の口から出たのであれば、まだしも人を騙すことができただろう。

というのは、彼は母方の血ではフランス人であった〔訳注・エドワード三世の母はフランス王フィリップ四世の母イザベル〕し、日常的にもフランス語を話していたからである。しかし、奇妙にも、それとは対照的に、イングランドの庶民院（Chambre des communes）〔訳注・のちの下院〕がその法令を英語に直し始めるのがヘンリー五世の即位からであった。〔訳注・ヘンリー五世はシャルル六世の娘カトリーヌを妻とし、フランス王位を継ぐ権利があると主張した。〕いうなれば、これらの自称フランス人たちは、我々フランス人にフランス語を使ってよしという温情主義をとったときに、フランス語を歪め虐待してフランス語にとってもフランス国民にとっても敵となったのであった。

こうしたこと全てから、イギリス人たちは一つの口実を設けた。ヘンリー六世はその母によってフランス人でありシャルル六世の孫であるということである。これは、その通りであったし、彼は、その精神の弱さによって充分すぎるほど祖父に似ていた。反対に、シャルル七世の正統性はきわめて疑わしかった。彼は一四〇三年に生まれたが、これはその母親（イザボー・ド・バヴィエール）がオルレアン公と特に親密であった時期と重なる。しかも、彼女自身、シャルルを「自称王太子 soi-disant dauphin」と呼んでいる文書に承認さえ与えているのである。

ヘンリー六世はまだランスで聖別を受けていなかったが、それはシャルル七世も同じであった。この時代の民衆は、王の血を引いていることとランスでの聖別との二つの条件を満たしていなければフランス王として認めなかった。シャルル七世は、宗教によっても王ではなかったし、生まれからいっても確実ではなかった。この問題は、自分の利害の追求しか眼中になかった政治家たちにとっては、どうでもよかったが、民衆にとっては全てであった。正統性をもつ人にしか服従しようとはしないのが民衆なのである。

シャルルの正統性という大問題を暗くしていたのが一人の女性であったが、それを明るくすることができたのも一人の女性であった。

第三章　オルレアンの乙女（一四二九年）

この《乙女 Pucelle》すなわちジャンヌ・ダルクの成功の要因となった独創性・独自性〔訳注・すなわち、当時の人々に、この少女の言うことを信じて彼女に協力しようという気持ちにさせたもの〕は、彼女の勇敢さとか彼女が見たという幻視（visions）ではなく、彼女の良識（bon sens）であった。この「民衆の女性」が忘我の境を通して見抜いたものこそ、当時のフランスが直面していた問題の本質であり、その正しい解決法だったのである。

政治家や信仰薄き人々が解くことのできなかった結び目を、一刀両断で解決した。彼女は、神の名においてシャルル七世こそ正統な王位継承者であると宣言し、正統性を自身で疑っていたシャルルに確信させた。そしてまっすぐランスへ連れていって、イギリス人たちを出し抜いて戴冠式を行わせ、この継承権を神聖化したのであった。

武器を執って勇敢に戦った女性の例は珍しくない。都市が攻囲された場合、しばしば女性も戦っており、その例としては、アミアンの攻囲戦で負傷した三十人の女性やボーヴェのジャンヌ・ア

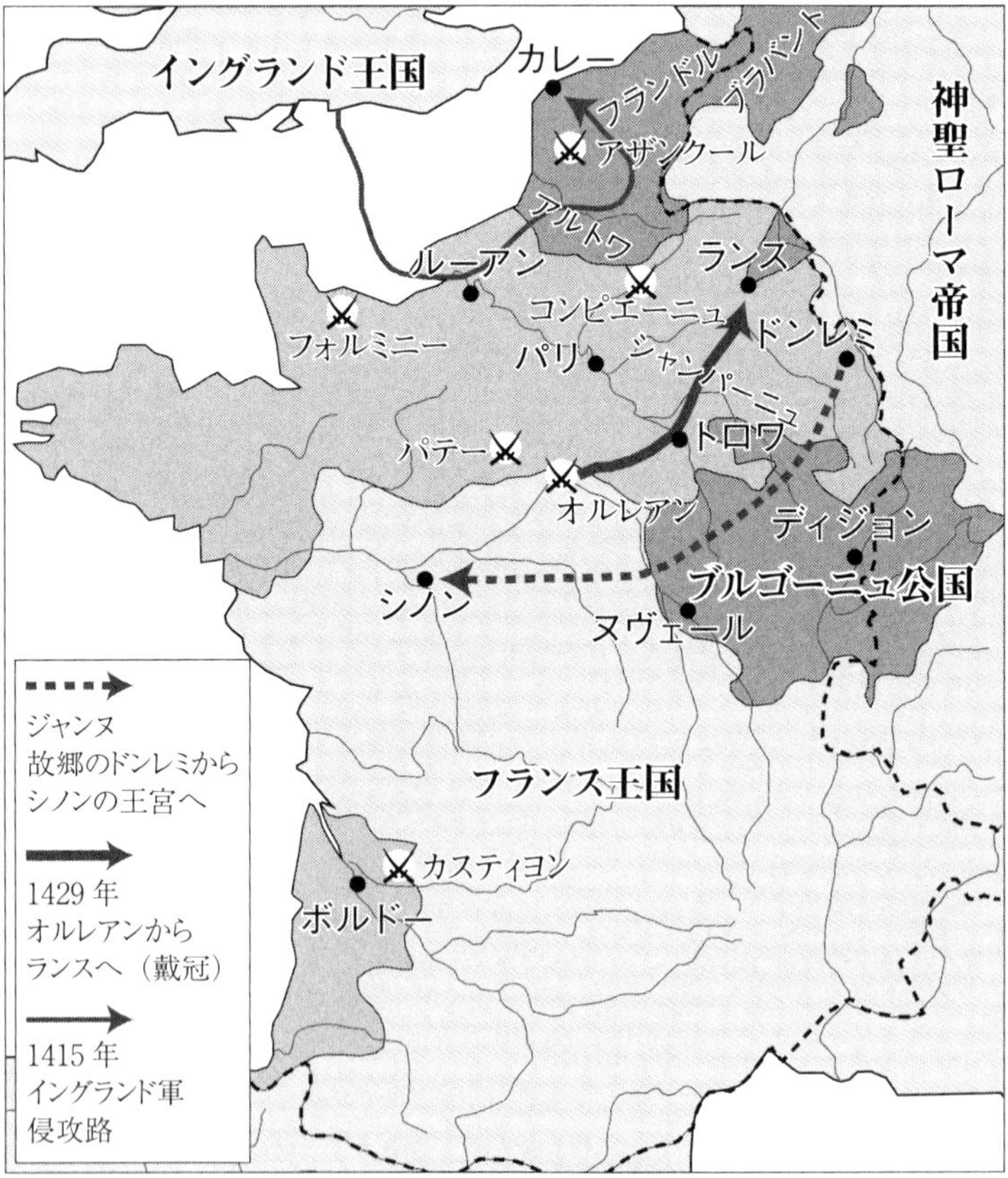
イングランド王国
カレー
フランドル
ブラバント
アザンクール
アルトワ
ルーアン
ランス
コンピエーニュ
フォルミニー
パリ
ジャンパーニュ
ドンレミ
神聖ローマ帝国
トロワ
パテー
オルレアン
ディジョン
シノン
ブルゴーニュ公国
ヌヴェール
ジャンヌ
故郷のドンレミから
シノンの王宮へ
フランス王国
カスティヨン
ボルドー
1429年
オルレアンから
ランスへ（戴冠）
1415年
イングランド軍
侵攻路

ジャンヌ・ダルクの足跡

シェットがいる。〔訳注・これらのエピソードは、本訳書第二巻一三三ページにある。ただしアミアンで負傷した女性は八十人になっているが〕ジャンヌ・ダルクと同じ時代のフス戦争でも、ボヘミアの多くの女性が男に劣らず勇敢に戦っている。

繰り返すが、ジャンヌ・ダルクの独創性は、彼女が幻視を見たことにあるのではない。中世においては、幻視を見なかった人がいただろうか？ 散文的な十五世紀になっても、苦しみの極限状態は、ことさらに人々の心を昂揚させていた。パリでは、リシャールという修道士が、説教で市民を興奮させたので、危惧したイギリス人支配者たちによって追放されている。ジャンヌ・ダルクと同じ時期、コネクタというブリトン人カルメル会士は説教で大きな反響を呼び、彼が説教するということ、クルトレーでもアラスでも、一万五千人だの二万人の群衆が聴きに集まり、彼の熱狂的信者はあらゆる州に見られるにいたった。そのほか、ブルターニュでは、ピエレットという女性がキリストと言葉を交わせるということで評判になった。アヴィニョンのマリーとかラ・ロシェルのカトリーヌといった女性たちも有名である。サントライユが自分の国（ガスコーニュ）から連れてきた羊飼いの少年は、足と手に《スティグマ stigmates》〔訳注・「聖痕」と訳され、キリストが十字架にかけられたときの釘の傷〕があり、キリスト受難の「聖なる日々」には、そこから血が滲み出た。

ロレーヌは、そのような現象が最も現れにくい州であったように見える。ロレーヌ人たちは、勇敢で喧嘩好きであったが、策謀と狡猾さを好んだ。偉大なギーズ公〔訳注・ロレーヌ公。宗教戦争でカトリック軍を指揮し、メッツをカール五世の攻撃から守り、カレーをイギリスから奪還した。1519-

1563〕がフランスを救ったのは、幻視によってではなかった。オルレアン攻囲戦で活躍した人に二人のロレーヌ人がいる。二人とも、ジャック・カロ〔訳注・ナンシー生まれの画家。1592-1635〕の精神的同郷人で冗談好きの資質を発揮した。一人はあのカルバリン砲の名手ジャン、もう一人は、イギリス軍に捕まり鉄の鎖で繋がれていたが、英軍撤退後、イギリス人修道士に馬乗りになって帰ってきた騎士である。

　同じロレーヌでも、ヴォージュ地方の人々は、もっと性格が謹厳である。ここは、幾つもの川が大西洋と地中海の両方に流れ下っていく水源になっているフランスの高地で、広大な森に覆われている。かつて、カルロヴィング朝の王たちが皇帝にふさわしい大規模な狩りを行ったこの森には、開かれた空き地にリュクスイユやルミルモンの立派な修道院が建っていた。ルミルモン大修道院を院長として治めた神聖ローマ皇帝の皇女は、封建君主として大勢の大官たちを従え、行事の際は家令が抜き身の剣を掲げて先払いを務めた。ロレーヌ公も長い間、この女性君主の臣下であった。〔訳注・リュクスイユは、ローマ時代から温泉地として開けた地で、六世紀末にコルンバヌスが修道院を建設。ルミルモンには、七世紀初めにコルンバヌスの精神を基盤に男の修道院が創建され、十世紀初めに女子修道院が造られた。〕

　フランスの剣を執ることとなる美しく勇敢な娘ジャンヌが生まれたのが、ヴォージュのロレーヌと平地のロレーヌの中間、ロレーヌとシャンパーニュの間にあるドンレミ村（いまはDomremy-la-Pucelleと呼ばれている）である。ドンレミと呼ばれた土地は、ムーズ川に沿って、直径十里《リュー》ほどの円のなかに四つあり、そのうち三つはトゥルの司教区、一つがラングルの司教区のなかにある。多分、これら四つは、古い時代にはランスのサン＝レミ大修道院の領地だったのであろう。周知のように、フランスの大修道院は、カルロヴィング時代には、プロヴァンスやドイツ、イングランドといった遙かに離れたところにも土地を所有していた。

このムーズ川流域はロレーヌとシャンパーニュの境界地になっており、王（フランス王）と公（ロレーヌ公）の間で領有権が争われてきた。ジャンヌの父ジャック・ダルクは誇り高いシャンパーニュ人で、彼女は父親に似て、ロレーヌ人の刺々しさは少しももっておらず、むしろ、ジョワンヴィルに見られるようなシャンパーニュ人特有の優しさと率直さの混じった繊細さ、思慮深さをもっていた。

これより何百年か前だったら、ジャンヌはサン＝レミ大修道院の農奴に生まれていたところであった。また、百年前だったら、聖ルイ王の記録を遺したあのジョワンヴィル殿の農奴だったかもしれない。ジョワンヴィル殿はヴォークルールの町の領主で、ドンレミ村は、この町に付随していたからである。しかし、一三三五年、ヴォークルールは、強制的にジョワンヴィル家から国王の手に移された。というのは、シャンパーニュとロレーヌ、さらにはドイツを結ぶ交通が盛んになり、それがムーズ川沿いの道と交差するこの地域の重要性を増したからであった。しかも、ここでは、幾つもの地方が境を接しており、ドンレミ村はシャルル七世の統治下にあったが、そのすぐ近くにはブルゴーニュ派の領域の村があった。

そのため、この地域は、ヌシャトーとその近隣の土地の所有権をめぐってのフランス王とロレーヌ公の戦いをはじめとする東西間の戦争に絶えず苦しめられ、人々の脳裏には、その情け容赦のない戦争の記憶が生々しく刻み込まれていた。ヌシャトーの近くのある樹は、敵方に通じているとの疑いをかけられて、大勢の人間が枝々に吊されたことから「パルチザンの柏 le chêne des partisans」と不吉な名で呼ばれていた。

この地域の人々は、貧しいながらも、フランス王直属の臣下であることを誇りにしていた。これは、根底においては、「自分たちはどの領主のものでもなく、誰の援けも管理も受けない。自分たちを保護してくれるのは神以外にはない」という自負でもあった。したがって、彼らが真面目で堅実であるのは、当然であったろう。彼らは、どんなに働いても作物はほとんどが兵士たちに奪われ、何ものも、どんな財産も、当てにはできないことを知っていた。経済的利害だけでなく生死までかかっていたから、こうした農民たち以上に国の抱える問題に鋭敏な人々は、おそらくどこにもいなかった。ほんのちょっとした余波でも激しく翻弄されたから、できるだけ情報を集め、実情を正確に把握し。先を見通そうと努力した。

そのうえ、彼らは、どんなことが起きても、堪え忍ばなければならないことを弁えていた。すべては覚悟済みであり、どのような事態をも勇敢に受けて立ち、我慢強く戦った。必要とあれば、女も男になった。彼女たちは、ゲーテの美しく逞しいドロテア〔訳注・『ヘルマンとドロテア』1797〕のように、兵士たちのなかにあって、生命とは言わないまでも少なくとも名誉を守るためには男にならなければならなかった。

ジャンヌは、農民ジャック・ダルクとイザベル・ロメー（原注・「Romée」という名は、中世においては、ローマへ何度も巡礼を行った人々が、よく名乗った）の間に生まれた三番目の娘で、代母を二人もっていた。一人はジャンヌ、もう一人をシビルといった。兄が二人おり、一人はジャック、もう一人はピエールで、敬虔な両親は、この三番目に生まれた娘に、最も崇拝されていた聖ヨハネ（saint Jean）から「ジャンヌ」の名を付けたのであった。

他の子供たちが父親と一緒に畑仕事や飼っている動物の番をしに行ったのに対し、母親はジャンヌを傍らに置いて針仕事や糸紡ぎをさせた。彼女は読み書きは学ばなかったが、母親は宗教に関する知っているかぎりの知識を彼女に伝えた。それは、一つの授業とか儀式としてではなく、一人の母親の純粋な信仰の姿を通し、また夕食後の団欒の語らいという最も庶民的な方法で受け継がれた。ジャンヌの信仰の深さを物語る感動的な証言がある。幼馴染みで三、四歳下のオメットという娘が語った言葉である。

「わたしは何度も彼女の家へ行って、彼女と同じベッドで仲良く眠ったものです。――彼女は優しい純粋な人で、教会や祠にお参りするのが好きでした。ほかの若い娘と同じように、糸を紡いだり、家事の手伝いも進んでしました。――懺悔をするために教会へもよく行きましたが、教会へお詣りしすぎるとか信心深すぎるのじゃないかと言われると、恥ずかしそうに顔を赤らめました。」

ある農民は、上記の点を裏づける証言をしたあと、病人を看護したり貧しい人に気前よく物を分け与えたことなどを挙げたうえで、「わたしが幼いころ、面倒を見てくれたのが彼女ですから、そのことは、わたしがよく知っています」と述べている。彼女が思いやり深く、信仰心の篤いことはみんなが知っていて、誰もが彼女を村一番の娘と認めた。しかし、彼らも、彼女が神のことで夢中になるあまり、俗人として未発達なところがあったことは、あまり気づかなかった。彼女は、魂も身体も神さまから戴いたとおりに、子供のままであった。生長し、強く美しくなっても、女性として肉体的に男より劣る面があることについては、無知なままであった。彼女にあって宗教的思考と霊感が発達したのは、そうした女としての身体の苦しみがなかったためでもあった。教会の壁のふもとで生まれ、その鐘の音にあやされ、信仰にまつわる伝説に養われた彼女は、誕生から死にいたるまで、その存在そのものが、純粋に急ぎ足で駆け抜けた一つの伝説であった。

まさに彼女は、生きた伝説であった。しかし、だからといって、情熱的で濃密なその生命の力は、独創性に欠けることはなかった。この若い娘は、無意識のうちに独自の思想を創造し、それを実現したのであって、その乙女らしい純粋な生命の宝が伝える一つの全能の存在の前にあっては、この世の悲惨な現実が色あせさせたのも無理はなかった。

もし《詩 poésie》が《創造 création》を意味するなら、ジャンヌ・ダルクのそれは、間違いなく「至高の詩 poésie suprême」である。わたしたちは、彼女が、どれほど見窄らしい出発点から、どのような階梯を経てそこに到ったかを知る必要がある。

それは、たしかに見窄らしくはあったが、すでに詩的であった。彼女が生まれた村は、ヴォージュの広大な森のすぐ近くにあった。父親の家の戸口に立つと、そこから、年輪を重ねた楢の森が見えた。この森では妖精たちが出没したが、妖精たちがとくに好んだ泉の傍らには「妖精たちの樹」だの「奥方たちの樹」だのと名付けられた、大きな山毛欅《ブナ》の樹が生えていて小さな子供たちは、この山毛欅の枝に冠を下げて歌った。これらの太古からの森の「奥方たち dames」は、自分たちの罪のためにこの泉から追い出されて、二度とこの泉に集まることはできないと言われていたが、それでも、キリスト教会は、古くからの地方的な神々への警戒を怠らず、主任司祭は、彼らを追い立てるために、毎年、この泉へ行ってミサをあげた。

ジャンヌは、こうした民衆的な伝説のなかで生まれ、夢想のなかで育った。しかし、その一方で、この地方は、それとはまったく別の、野蛮で残酷な生きた人間同士の戦争の詩を提供した。しかも、残念ながら、こちらのほうがあまりにも現実的であった！

戦争――この一言がすべての騒擾を表している。襲撃と掠奪が毎日あるわけではなかったが、むしろ、恐怖を駆り立てたのは待機し備えることであり、襲撃があるかも知れないとの警報で朝早くから起こされること、敵が迫っていることを報せる早鐘の音、遠く地平線のかなたに上がる赤黒い焔などであった。これらは恐ろしいが詩的な情景でもある。最も散文的で詩とは縁遠い低地スコットランド人たちも、何が起きるか分からないイングランドとの《ボーダー border 地帯》では、すばらしい詩人になった。今も呪われた地のように見えるこうした不幸な荒れ地には、多くのバラードが芽を出し、野性的で強靱な花を咲かせてきた。

ジャンヌは、そうしたロマネスクな冒険劇のなかでその役割を演じた。彼女は、戦火を逃れてやってきた哀れな避難民を受け入れる手伝いをし、夜はベッドを譲って、自分は屋根裏部屋で眠った。彼女の家族も一度、避難を余儀なくされたことがあり、野盗どもが通り過ぎていったあと戻った家族が見出したのは、家は荒らされ、教会は焼かれ、すっかり荒れ果てた村であった。

こうして、彼女は、戦争とはどういうものかを知った。それは、まさに悪魔の支配のもと全ての男が死刑に値する罪を犯している、恐るべき「アンチ・クリスト」の世界であった。彼女は、そこに恐怖を覚えるとともに、神はいつまでこのようなことを許しておかれるのか？　かつてイスラエルの民のためにギデオンやユディトを送られたように、どうしてフランスのために解放者を送ってくださらないのか？　と疑問に思った。〔訳注・ギデオンはイスラエルの民を外敵から守った指導者。ユディトはイスラエルの民を脅かしたアッシリア軍の将ホロフェルネスの陣営に忍び込んで寝首を取ってイスラエルに勝利をもたらした女性。〕彼女は「神の民」を救った女性が一人に留まらないこと、人類の最初から、一人の女性が蛇を打ち砕くであろうと言われていることを知った。教会の入り口には、聖女マルガリータが大天使ミカエルとともにドラゴンを足で踏みつけている図が描かれていた。

みんなが言っているように、フランス王国の滅亡が一人の女性、人の道を踏み外した一人の母親

〔イザボー・ド・バヴィエール〕の仕業であるなら、その王国を救うことも一人の娘によって可能になるはずであった。これこそケルトの預言者マーリンの予言の一つが教えていることであった。この予言は、地方によって内容が膨らんだり変質したりしていたが、ジャンヌ・ダルクの故郷では、フランス王国を救うのは国境地帯ロレーヌの乙女とされていた。このような潤色は、多分、ルネ・ダンジューとロレーヌ公領の女相続人（イザベル）との最近の結婚が影響していたのであろう。事実、この結婚はフランスにとって非常に幸運なことであった。

夏のある日の昼頃、ジャンヌは教会の脇にある父親の菜園にいたが、ふと教会のほうに目の眩むような光が現れ、「ジャンヌよ。賢明で善良であれ。教会へしばしば行きなさい」と呼びかける声を聞いた。哀れな娘はひどく怯えた。別のある日も、彼女は声を聞き光を目にした。しかし、今度は、その光のなかに何人かの高貴な人の姿があり、そのなかの背に翼のある一人が、こう話しかけてきた。

「ジャンヌよ。行ってフランス王を救い、その王国を取り戻させなさい。」

彼女は、全身が震えるなかで答えた。

「わたしは貧しい娘でしかありません。馬の乗り方も知りませんし、まして、武器をもつ人々をどのように指揮したらよいかも分かりません。」

すると、声はこう答えた。

「お前はヴォークルールの守備隊長ボードリクール殿に会いに行きなさい。彼がお前を王のとこ

別のある日も、彼女は声を聞き光を目にした

ろへ連れていってくれるであろう。聖カテリナと聖マルガリータがお前を手助けに来てくれるだろう。」

彼女は、このときすでに自らの運命を見たかのように、びっくりして涙を流しながら、じっとしていた。

このとき現れた翼のある貴人とは、審判と戦いを担う大天使ミカエルに違いなかった。彼は、その後もやってきて彼女を励まし、フランス王国に下される恩寵を告げた。ついで、無数の光のなかに幾人もの聖人たちが現れた。頭には豪華な冠を戴き、声は優しく、心にしみ込むようで、彼女は覚えず涙を流した。しかし、ジャンヌがとりわけ涙を流したのは、この聖人や天使たちが去っていくときであった。その理由を、彼女は、のちに「天使たちが一緒に連れていってくれることを、どんなに望んだことでしょう」と述べている。

この大きな幸せのなかで彼女が涙を流したのは、理由がないわけではなかった。そこに見たものがどんなに美しく栄誉に満ちたものであったとしても、彼女の人生を根底から変えるものであったからである。それまでの彼女が耳にした声は母親の声で、彼女はそれを繰り返すだけだったのが、今は天使たちの声を聞いたのである。しかも、この天上の存在が告げているのは、母親や慣れ親しんだ家を後に残して、男たちのなかに入って行き、男たち、兵士たちに語りかけよ、というのである。そのためには、聞こえる音といえば教会の鐘だけの静かな菜園を去らなければならないのだ。彼女の優しさは、昔の砂漠の教父たちと同じように、神の平和の安らぎのなかで、あらゆる動物や小鳥たちを惹きつける力をもっていたから、そうした小動物たちは平気で彼女の手から餌をついばんだものであった。

ジャンヌは、自らが越えなければならなかった最初の戦いについては何も述べていない。しかし、それが忍耐を要するものであったことは明らかである。なぜなら、最初の幻視から父親の家を出るまで、五年の歳月が流れているからである。

父親と天上という二つの権威が、彼女に相反することを命じた。一方は、ひっそりと慎ましく労働の生活に留まるよう望んだ。ところが、他方は、家を出て、王国を救うことを望んだ。天使は彼女に武器を執れと言い、粗野で正直な農民である父親は、娘が武士たちと行動を共にするくらいなら、むしろ自分の手で溺れ死なせると誓った。一方に従えば、他方には背かなければならなかった。これこそ、おそらく彼女にとって最大の戦いであり、それに較べると、その後、彼女がイギリス軍に対して行った戦いは、一種の《余興〔jeu à côté〕》でしかなかった。

彼女は、家族のなかに、抵抗だけでなく誘惑も見出した。人々は、彼女がもっと納得のゆく考え方をするようになるのではと期待して、結婚させようとした。ひとりの若者が、彼女が幼いとき自分の嫁さんになると約束したと主張した。そして、彼女がそれを否定すると、彼は彼女をトゥル〔訳注・直線距離でドンレミー村から約三十二キロ北東〕の教会裁判官の前に出頭するよう求めた。まわりの人々も、そうすれば諦めて結婚を受け入れるだろうと期待した。ところが、驚いたことに、彼女は、進んでトゥルに出かけ、法廷に現れて、結婚させられるくらいなら自殺すると言った。

家族の権威から逃れるには、家族自体のなかに自分を信じてくれる誰かを見つける必要があったが、これは、最も困難なことであった。彼女は、父親の代わりに、叔父を味方に「改宗」させた。彼は、寝込んでいる妻の面倒を見てもらうという口実でジャンヌを連れて帰った。そして、ジャンヌは、この叔父を説得し、ヴォークルールの守備隊長ボードリクール殿にジャンヌを支援してくれるよう頼みに行ってもらうことに成功した。この騎士は、相手が百姓であるのを馬鹿にして「自分は何もするつもりはない。そんな娘は父親のもとに返して、しっかり懲らしめてもらうがよい」と言った。しかし、ジャンヌは挫けなかった。今度は自分で行くと言い出し、叔父は彼女についていくことになった。

彼女にとっては、これが村とも家族とも永遠の別れとなった。彼女は、友だち、とりわけ善良な人として神さまに推薦したマンジェットには、しっかり別れのキスをした。しかし、彼女が最も愛した大事な友のオメットには、むしろ、会わないで出発することを望んだ。

彼女は、農婦用の赤い粗布の服を着ていたが、叔父と一緒にヴォークルールに着くと、車大工の妻の家に行って宿を借りることにした。車大工の妻は快く迎えてくれた。それからボードリクール殿のところへ連れていってもらうと、しっかりした口調で、「自分がここへ来たのは主イエスの代理としてであり」、「神は、王太子の敵どもに有利に計らうことはされない。なぜなら、四旬節の中日には王太子に救いを与えられるであろうからである」と述べ、次のように言った。

「フランス王国は王太子のものではなく主イエスのものです。しかし、主は、王太子をフランス王にし、この王国を預けることを望んでおられます。」

彼女は、さらに付け加えて、「敵どもがどのように妨害をしても、主は王太子をフランス王にされるであろうし、自分は、そのためにランスへお連れして聖油を塗布していただくであろう」と言った。

驚いた守備隊長は、悪魔がからかっているのではないかと疑って主任司祭に相談した。主任司祭も明らかに同じ疑問を抱いた。ジャンヌは自分が見た幻視のことは、教会関係者の誰にも話していなかった。主任司祭は、守備隊長と一緒に車大工の家にやってくると、ストラ（étole）〔訳注・聖職者が襟にかける帯〕を掲げ、悪魔祓いの呪文をとなえて、もしジャンヌが悪霊によって遣わされたのであるなら、立ち去るよう命じた。

これに対し、民衆は一向に疑いなど抱かず、もっぱら感嘆の思いに囚われた。噂を聞いて、いたるところから彼女を見ようとやってきた。ある貴族が彼女を試すつもりで「いいかね。むすめさん。王さまは追放され、われわれはイギリス人にならなければならんのだよ」と言うと、彼女は、ボードリクール殿から拒絶されたことについて不満をもらし、次のように言った。

「わたしは、四旬節の中日になる前に王様にお会いしなければなりません。なぜなら、王さまも大公がたも、スコットランド王の娘さんも、この世界の誰も、わたし以外には、王様を援けてフランス王国を取り戻せる人はいないからです。わたしがどんなに母のそばに残って糸紡ぎをしているほうがよいと思っても、それは叶わぬ願いです。なぜなら、それはわたしのすべき仕事ではないからです。わたしは、なんとしても我が主の望まれることを実現しなければならないのです。」

「で、あなたの主とは、誰かね?」

「神さまです!」

この貴族は感動し、彼女に自分の手を預けて「神のお導きのままに、わたしがあなたを王さまのところへお連れしよう」と約束した。もう一人の若い貴族も感銘し、この聖なる乙女についてゆくと宣言した。

そうしている間に、ボードリクールは、王の裁可を求めに使者を送ったようである。その返事を待つ間、ロレーヌ公〔シャルル二世〕のところへ彼女を連れていった。ロレーヌ公は病に臥していて、彼女に診てもらいたがったのである。ロレーヌ公が引き出すことのできたのは、妻と仲直りして神さまのお気持ちを和らげなさいという助言だけであったが、彼はジャンヌを元気づけた。

ジャンヌがヴォークルールに戻ると、王から来るようにとの使者が来ていた。「ニシン戦争」の惨敗以来、王はあらゆる手段を試してみようと決意していた。彼女は、この戦争のことを、それが起きた同じ日に話していた。ヴォークルールの人々は、彼女の使命を信じ切っていたので、カネを出し合って鎧などを調え、馬も一頭、調達した。守備隊長ボードリクールが彼女に与えたのは一振りの剣だけだった。

この期に及んでも、彼女には乗り越えなければならない障碍があった。彼女が王さまのもとへ行こうとしていると知って失神せんばかりに驚いた両親が、彼女を呼び返すために人を寄越して、嚇し、命令し、最後の説得をしてきたのである。彼女は、どうしても許してほしいとの手紙を代書してもらった。

旅は、骨の折れる、危険なものであった。〔訳注・シャルル七世が居たシノンはトゥルから直線距離でも五百キロほど西方である。〕いたるところに武装したならず者たちが跋扈していたうえ、川は増水し、橋もなく、道さえ各所で消え失せていた。一四二九年二月のことである。同行したのは数人の武士たちで、そこにはうぶな娘を身震いさせるものがあった。イングランドやドイツの娘だったら尻込みしていたに違いない。だが、ジャンヌは、あまりにも純粋だったからか、少しも恐れず、動じなかった。彼女は若く美しかったが、男の服装に身を固め、夜も脱がなかったうえ、おそらく宗教的な畏怖を覚えさせる雰囲気が一種のバリアーのように彼女を包んでいた。このとき同行した男たちのなかで最年少の人物は、彼女のすぐそばで寝ても、邪悪な想念に悩まされることは一切なかったと述懐している。

彼女は、武装した男たちがうようよしている荒れ果てた国を、一種の英雄的な自若さをもって横断していった。同行した男たちのなかには、彼女を魔女ではないかと考え、一緒に出発したことを後悔して、なんとか彼女を途中で放り出そうと考える者もいた。しかし、彼女は、きわめて穏やかで、「何も心配することはありません。神さまが道を教えてくださいます。わたしが生まれたのは、そのためなのですから」また「何をなすべきかは、天国のわたしの兄弟たちが教えてくれます」と言いながら、町を通るたびに、ミサを聴くために留まりたがった。

シャルル七世の宮廷も、この霊感を受けた乙女を一致して歓迎するという状態ではなかった。彼女を推薦しているのがロレーヌ公シャルル二世であることから、王の身辺がロレーヌ公とアンジュー公（ルイ三世）〔訳注・一四二〇年にはルイ三世の弟ルネがロレーヌ公シャルル二世の娘イザベルと結婚している〕の党派で固められてしまうと危惧した反対派の連中は、シノン城の手前で阻止しようと兵隊を待ち伏せさせた。ジャンヌがこれをすり抜けることができたのは、まさに奇跡によってであった。

彼女が到着しても、反対の声は根強く、王が彼女を謁見することの是非を巡って顧問会議は二日間もめた。反対派は、時間を稼ごうと、彼女の生地に人を派遣して充分に調査させ、そのうえで決めるべきだと言い出した。さいわいなことに、二人の王妃〔訳注・シャルル七世の妃、マリー・ダンジューとその母、シチリア王妃ヨランド〕やアランソン公（ジャン五世）など、味方をする人々もいた。アランソン公は、最近、イギリスでの幽囚の身から脱したばかりで、自分の公領を取り戻すために北フランスでの戦争に待ちきれない思いを抱いていた。二月十二日以後、オルレアン市民に救援を約束していたジャン・デュノワ（オルレアン公ルイの庶子でシャルル・ドルレアンの腹違いの弟）も、ジャンヌを早く寄越してほしいと王に要請してきた。

ついに王は、最大限に華々しい雰囲気のなかで彼女を謁見した。人々は、彼女がどぎまぎするだろうと期待していた。時刻は夕方で、広間は五十本の松明で照らされ、たくさんの貴族と三百人を超える騎士たちが、この魔女あるいはお告げを受けた娘を見るために王のまわりに集まっていた。

その「魔女」は、十八歳で美しく、非常に好もしい娘で、背はかなり高く、優しいがよく透る声をしていた。彼女は、「貧しい羊飼いの少女」らしい慎ましい態度で現れた。王は貴族たちのなかに姿を隠していたが、彼女は一目で見分け、「わたしは王ではない」と言っても、迷うことなく、その膝もとに身をかがめ、脚にキスをした。しかし、王はまだ聖別を受けていなかったので、「王太子さま」としか呼ばなかった。彼女は言った。

「優しい王太子さま。わたしは《乙女ジャンヌ Jehanne la Pucelle》と申します。天にいます王は、わたしを通して、あなたさまに、次のように命じておられます。ランスの町で聖別を受けて戴冠式を行い、真のフランス王である天上の王の代官となるように、と。」

すると、王は彼女を脇へ連れていって、しばらく話し合った。二人の表情は、すっかり変わっていた。彼女は「主に代わってわたしが告げます。そなたこそフランスの真の継承者であり、王の息子であると」と言った。それは、告解者に司祭が言うのと同じ口の利き方で、これ以後、彼女は、この口調で王太子に話をするようになる。

驚きと一種の恐れを一同に呼び起こしたのは、彼女が思わず漏らした最初の言葉が、すぐに真実になったことであった。一人の武士が、彼女の美しさに気づいて、兵士のような下品な調子で、その卑しい欲望を口にした。それに対して彼女が「かわいそうに！　いま言ったことを取り消しなさい。さもないと、命を失いますよ！」と叱責した。その直後、この武士は水の中に落ちて溺死したのだった。

彼女がこのように未来を言い当てたことについて、彼女を快く思わない人々は、これは悪魔の仕業によるのだと反論した。彼女をテストする役目が司教たちに託された。しかし、集められた司教たちは、宮廷を分裂させている両派のいずれの共犯にもなりたくなかったので、ポワティエ大学に任せた。ポワティエは大きな町で、大学も法院もあり、その道に通じた人々もたくさんいた。王国大法官でもあったランスの大司教（ルノー・ド・シャルトル）は、顧問会議を開いて、神学博士や教授たちにジャンヌの審査を託した。

博士たちが広間に入ると、ジャンヌは長椅子に腰掛けていたが、彼らの質問に答えて、天使たちが現れた様子や、告げられた言葉を簡潔に語った。あるドミニコ会士が「ジャンヌ。あなたは、フランスの民衆を解放しようというのが神の御意志だと言ったが、もし、神の意志がそうであるなら、人が武器をもって戦う必要はないのではないかね？」と質問すると、彼女は、少しも動じることなく、「何を言うのです。武士たちが戦ってこそ、神は勝利を授けられるのです」と答えた。
もっと納得させるのに骨の折れる問題を提起したのが、ポワティエ大学神学教授のセガンという修道士であった。彼は、ひどいリムーザン訛りのフランス語で、「あなたが言っている天使は、どんな言葉で話されましたか?」と質問した。ジャンヌが快活に「あなたよりはずっとよいフランス語でした」と答えた。彼が怒って「あなたは神を信じるか?」と言って、「よろしい! だが、あなたが何か証拠を示さないかぎり、人々があなたの言葉を信じることを神は望まれないであろう」と迫ると、彼女は次のように答えた。

「わたしは、証拠や奇跡を行うためにポワティエにやってきたのではありません。わたしの証拠はオルレアンを攻囲から解放することです。武器をもって戦う人々をわたしに与えてください。その数が少なかろうと多かろうと、わたしは出かけます。」

しかしながら、ヴォークルールでもそうだったようにポワティエでも、彼女が聖女であることが民衆の間に広まると、たちまち、みんなが彼女の味方になった。貴族の夫人や娘、ブルジョワの妻たちも、彼女が宿泊している高等法院判事の妻の家にやってきて、彼女を見ると、みな感動した。女ばかりではなかった。彼女たちに引っ張られて、自分は簡単には騙されないぞと思いながら出かけた顧問や弁護士、年取った判事たちも、彼女に会って話を聴くうちに、女たち同様、涙を流し、

「この娘は、たしかに神さまが送って寄越された人だ」と納得した。

審査官たちも、王の侍従と一緒に、彼女との面会に赴いた。彼らは、神学博士らしくあらゆる著述を引用し、知識のありったけを開陳して、彼女を信じてはならないことを証明しようとした。ジャンヌは、そんな彼らに次のように言った。

「お聞きください。神さまの御本には、あなたがたの本よりたくさんのことが書かれています。わたしは文字も知りません。わたしは、神さまの代わりに、オルレアンを救うためと王太子さまにランスで聖別を受けていただくために、やってきたのです。――でも、その前に、イギリス人たちに、フランスを立ち去るよう手紙を書かなくてはなりません。神さまが、そう望んでいらっしゃるのです。紙とインクをお持ちですか？　わたしが口で言いますから、その通り書いて下さい。『サフォート Suffort、クラシダス Classidas、ラ・プール La Poule らに告ぐ。わたしは、天上の神の名において、イングランドへ立ち去るよう勧告する……』と。」〔訳注・オルレアンを攻囲していた英軍の指揮官たちで、サフォートはサフォーク、クラシダスはウィリアム・グラスデール、ラ・プールはウィリアム・デ・ラ・ポール。〕

彼らは、素直に、そのとおり書いた。彼女は、審査官たちをも味方にしたのだった。

そして、「この娘を使っても法に背くことにはならない」と考え、すでに問い合わせてあったアンブランの大司教からの返事に従おうということで見解が一致した。〔訳注・アンブランはローマ帝政時代からガリアのアルプス地方の首都で、四世紀から大司教が配置されていた。〕この高僧は古代ローマの女占い師シビュラの例を挙げて「神が、男たちには隠しておられるのに生娘には顕示された例は幾つもある」とし、では、なぜ生娘か？という点については、悪魔は処女とは契約できないからだと述べ、重要なのは、彼女が処女かどうかを確かめることであると述べていた。こうして、啓示の可否という微妙な識別を直接明らかにすることはできないか、または、したくないので、精神的な事柄を身体的な事項に置き換え、この精神の重要な問題を女の神秘に依拠させることにしたのであった。

博士たちは、口で言うことしかできないので、シャルル七世の義理の母であるシチリア王妃ヨランドはじめ貴婦人たちがジャンヌの名誉のために、この滑稽な検査を行い、決定を下した。情報収集のために彼女の村に派遣されていたフランシスコ会士も、よい報せを持ち帰った。

無駄にしていられる時間はなかった。英軍に包囲されているオルレアンからは、デュノワ伯ジャンが、次々と使者を送って救いを求めてきていた。人々はジャンヌの装備を調え、彼女のために一種の取り巻きが形成された。まず一人の勇敢な騎士が「侍臣（écuyer）」として付けられた。デュノワ伯の家臣のなかでも最も正直な男といわれたジャン・ドーロンである。さらに「小姓（page）」が一人、「式部兼伝令（hérauts d'arme）」が二人、給仕、召使いである。彼女を呼び戻すために父親から送られた兄のピエール・ダルクも、この側近グループに入った。告解師としてアウグスティヌス会の隠修士ジャン・パスクレルが付けられた。全般的にいって、修道士、とくに托鉢修道士たちが、ジャンヌの霊感の不思議を支持した。

事実、ジャンヌ・ダルクが初めて白銀の鎧に身を固め、聖カテリナの剣を提げ、小型の斧をたばさんで、美しい黒い馬にまたがって現れた姿は、見物人たちにとって一つの不思議であった。この剣はカール・マルテルの剣とされ、彼女がサント＝カトリーヌ＝ド＝フィエルボワ教会の祭壇の後ろを名指しして探しに行かせ、その通りに見つかったものであった。彼女が掲げた旗には、世界を象徴する球体をもつ神を中心に、その左右で二人の天使が百合の花をもっている姿が描かれていた〔訳注・百合の花はフランス王室の象徴〕。彼女は「わたしは、この剣を、誰人たりとも殺すためには使いたくない」と述べ、付け加えて「わたしはこの剣が好きだが、その四十倍も旗のほうが好きだ」とも言った。

さて、彼女がオルレアンに送られたときの英仏両陣営の様子について述べるとしよう。

イギリス軍は、長い冬の攻囲戦で、すっかり消耗していた。ソールズベリー伯（トマス・オブ・モンテギュ。一四二八年没）によって投入された武士たちの多くは、彼が死ぬと、これで自分たちは自由になったと考えて去っていった。他方、ブルゴーニュ兵たちはブルゴーニュ公（フィリップ）によって呼び戻されていた。イギリス軍の本営になっていた要塞が陥落したとき、そのなかには他の要塞の兵士も混じっていたが、五百人ほどの男たちがいた。全体ではおそらく二千ないし三千人の守備兵がいた。これは、数のうえで大したものではなかったということと同時に、イギリス軍が全員イギリス人であったわけではなくフランス人も何人かいたことも示している。しかも、イギリス人たちはフランス人たちをあまり信頼していなかった。

もし、彼らがもっと団結していたら、一つの立派な部隊になっていたであろうが、十二ほどの要塞と塁道に分散していて、相互の交流もほとんどなかった。この配置は、タルボット伯（ジョン）をはじめとするイギリス軍の指揮官たちが、勇敢さと幸運には恵まれていたが、軍事的聡明さには欠けていたことを証明している。このように分散していては、一つにまとまって身を守ろうとしている大きな都市に対しては無力であるうえ、長期の攻囲戦で鍛えられた町の住民たちによって、逆に、個別に攻囲され、敗北を喫することは必至だったからである。

他方、オルレアン側は、この都市を防衛するために身を投じたラ・イール、サントライユ、ゴークール、キュラン、コアラゼ、アルマニャックなど多くの隊長たちがおり、またジル・ド・レ将軍率いるブリトン人たちやサン＝セヴェール将軍麾下のガスコーニュ兵、さらにはシャトーダンの守備隊長フロラン・ディリエが近隣の貴族たちを率いてやってきていた。これらの陣容を見ると、オルレアンの解放は、それほど奇跡的ではなかったように見えてくる。

しかしながら、指摘しておかなければならないことが一つある。それは、これらの大軍が効果的に動くためには統一的行動が不可欠であったことである。そのために必要なのが機敏さと知性だけであったら、デュノワが、それを与えることができたであろう。しかし、統一性のためには、それだけでは不充分で、王権より以上の権威が必要であった。王のもとにいる隊長たちも、王に従うことには馴れていなかった。それぞれに独立的で野性的なこの飼い慣らしがたい連中を統率するには、神そのものが必要であった。この時代の「神」はキリストよりむしろ聖処女（Vièrge）であった。地上に降り立った聖処女、民衆的で若く美しく、優しく、大胆な乙女が必要であった。

戦争は男たちを野獣に変えていた。この野獣を人間に、キリスト教徒に、従順な臣下に作り変えることが必要であった。これは、偉大な、そして困難な変革である。これらのアルマニャック派の何人かの隊長たちは、おそらく、これまでに存在した最も残忍な男たちであった。その一人、ジル・ド・レを例に挙げるだけで充分であろう。彼は、その名だけで人々を恐怖に陥れたことから、のちの「青髭Barbe-Bleue」伝説の原型になった男としてあまりにも有名である。

これらの男たちの魂にも捉えることのできる手がかりが一つあった。彼らは、人間性からも自然からも外れていたが、宗教からは完全に解放されるにはいたっていなかった。彼らは盗賊であったが、最も奇妙なやり方で宗教を盗賊行為に適合させる方法を見つけ出していた。その一人のガスコーニュ人ラ・イールは「もし神が武士になっておられたら、盗賊になっておられただろう」と独創的な言葉を吐いている。そして、掠奪に出かけるときは、神さまは願い事をはっきり口に出して言わなくとも分かってくれるはずだと考え、いかにもガスコーニュ人らしく、次のように簡単に祈った。

「神さま、あなたが隊長で、ラ・イールが神であったら、ラ・イールがあなたのためにしたであろうことを、ラ・イールのためにしてくださるよう、お願いします。」

アルマニャック派の老いた盗賊たちが突然乙女のもとに改宗する光景は、滑稽であるとともに感動的であった。彼らの改心は中途半端ではなかった。ラ・イールは、もはや口汚く罵ることをやめた。ジャンヌは、彼がこれからも暴力にかかわっていくことに同情し、「指揮杖によって罵る」ことを許した。悪魔たちが突如、小天使になったのである。

彼女が最初に彼らに要求したのは、情婦と別れることと罪を告解することであった。それから、ロワール川に沿ってオルレアンへ向かう途中、野天に祭壇を築かせ、自身も聖体を拝領し彼らにも拝領させた。季節は春で、トゥレーヌ地方のこの時期の美しさは、この若い娘の宗教的な力に美を付加したにちがいない。彼ら自身、彼女と同じく若返り、幼少期の純粋さと希望に満ちた自らを見出した。――こうして、彼女とともに新しい人生の一歩を踏み出したのである。

彼女がどこへ向かおうとしているか？　それは彼らにとっては、大して重要ではなかった。彼女と一緒なら、それがオルレアンではなくエルサレムであっても、勇んで出かけたであろう。おそらく、イギリス人たちにも、「一緒に行こう！」と声をかけたにちがいない。事実、彼女は彼らに書いた手紙のなかで、イギリス人もフランス人もみんなで聖墳墓を解放しにゆこうと提言している。

野営の第一夜、彼女は、まわりじゅう男ばかりのなかで、鎧を着けたまま休んだ。しかし、そのような厳しい生活には慣れていなかったので、身体の具合が悪くなった。危機については、それが何なのかさえ、彼女は知らなかった。

彼女としては、イギリス軍が支配しているロワール川北岸を通り、イギリス軍の要塞の間を縫って前進することを望んだが、これは聞き入れられず、ロワール南岸を進んで、オルレアンの上流二里《リュー》の地点で渡河した。出迎えたデュノワに彼女は「わたしは、天上の王からの援軍という、最もすばらしい軍勢を、あなたのところへお連れします。これはわたしの力によるものではなく、聖ルイ王と聖シャルルマーニュの要請によって、オルレアンの町を憐れまれた神御自身の力によるものです。神は、オルレアン公のお身体ばかりでなく、オルレアンの町までイギリス人のものになることを、黙って見ていられなかったのです」と言った。〔訳注・オルレアン公シャルルは、一四一五年以来イングランドに囚われており、解放されるのは一四四〇年のことである。〕

ジャンヌは、一四二九年四月二十九日夕方八時、ゆっくりと町に入った。道は、せめて彼女の馬に触れようとする市民でいっぱいで、進むことも容易ではなかった。神を見るかのように見つめる人々に、彼女は優しく声をかけながら、教会まで行き、ついでオルレアン公の財務官の邸へ案内された。この人物は、誠実な人柄で、その妻と娘たちもジャンヌを歓迎した。その夜、ジャンヌは娘たちの一人、シャルロットと一緒に眠った。

彼女の入城と一緒に食料も運び込まれたが、軍隊はロワール川をブロワへ下っていった。彼女は、北岸の敵の要塞に再度、催告状を送り、ついで南岸の要塞にも送るために出向いた。要塞の守備隊長、グラスデールは、ジャンヌを「ふしだらな牛飼い女」と呼んで、ひどい侮辱的な言葉を投げつけた。彼らは、彼女を魔女だと信じて心の底から恐れ、彼女が送った伝令を殺せば彼女の魔力を砕くことになると考えたが、まず、パリ大学の博士たちに相談しなければならないと思った。他方、デュノワも彼らの伝令を捕らえていたので、伝令を殺すぞといって脅していた。ジャンヌはというと、彼女は自分の伝令のことは何も心配していなかった。もう一人の伝令に「タルボットのところへ行って、彼が武器を用いるなら、わたしも武器を執る、わたしを捕らえて焼き殺せるものなら、やってごらんと伝えなさい」と言いながら送り出した。

デュノワは、王太子の軍勢がちっとも来ないので、思い切って探しに出た。ジャンヌはオルレアンに残ったが、町はすべての機能が止まったかのようにすべてが自分によりかかってきているのを見出した。彼女が城壁のまわりを馬で廻ると、市民たちは恐れる気配もなく従った。また、別の日には、イギリス軍の砦のすぐ近くまで行ったが、このときも、男女を問わず大勢の群衆がくっついて、鳴りを静めている要塞を見て回った。彼女が群衆と一緒にサント＝クロワ寺院に戻ったのは晩禱の時刻で、彼女も民衆も祈りのなかで涙を流した。市民たちは、信仰と戦争の熱狂に酔いしれ、敵に対してだけでなく味方に対しても恐怖を与えるような、なんでもできる気分に陥っていた。

シャルル七世の国璽尚書であるランス大司教（ルノー・ド・シャルトル）は、ブロワに小さな軍隊を持っていた。この老いた政治家は、この群衆の熱狂の力に気づいていたばかりか、恐れていて、しぶしぶやってきた。ジャンヌを先頭に、民衆と僧たちの行列が、讃歌を歌いながら、イギリス側の砦の前を行き来した。こうして、軍勢は、司祭たちと娘に守られながら、オルレアンの町に入った。（一四二九年五月四日）

乙女は、自分が引き起こした人々の熱狂のなかにあっても、細やかな気遣いを忘れず、新しくやってきた兵士たちの気持ちをほぐした。彼女は、人々が全てを失う危険を犯しても自分ぬきで行動したがっていることを理解していた。デュノワが彼女に、みんなが恐れているのはフォルスタッフ卿（ジョン・フォルストルフ）麾下のイギリス軍が新しく到着することだと打ち明けると、ジャンヌは「そのフォルスタッフの到着が分かったら、わたしに教えて下さい。もし、わたしが知らないまま彼が通るようなことがあったら、わたしがあなたを殺させることになりますから」と言った。

人々が彼女を除外して行動したがっていると彼女が信じたのは正しかった。彼女は幼いシャルロットの傍らで少し休んでいたが、突然、「ああ、神さま！　フランス人の血で地面がいっぱいだわ！　どうして、わたしを起こしてくれなかったの？　はやくわたしの武器をちょうだい。馬を用意してちょうだい！」と叫びながら起き上がると、大急ぎで身支度を調え、小姓が遊んでいるのをみると、「ああ、だめな子ね。これでは、おれにはフランスの血が流れているなんて、いわせないわよ」と言った。こうして、馬を全速力で走らせたが、すでに負傷兵たちが運ばれてくるところであった。「わたしは、フランス人の血が流されるのを見ると髪の毛が逆立つのです」と彼女は言っている。

戦線から逃亡しようとしていた者たちは、彼女が到着すると、顔を背けた。デュノワも、この作戦については前もって知らされていなかったが、彼女とほぼ同時に到着し、北の砦の一つに再度の攻撃を加えた。英軍を率いるタルボット卿ジョンは味方を救おうとしたが、オルレアンから新しい軍勢がジャンヌを先頭に出撃してきたので軍勢を引き上げ、砦は奪われた。

なんとか助かろうと司祭の服をまとっていたイギリス兵たちは、ジャンヌの手によって保護された。彼女はフランス軍の残虐さを目の当たりにした。これが、彼女の最初の勝利であるとともに、大勢の人々の血が流されるのを見た最初であった。彼女は、かくも多くの男たちが告解もさせてもらえないで死んだのを見て涙を流し、翌日の《キリスト昇天祭》の日は、聖体を拝領し、終日を祈りに捧げると宣言した。

人々は、この日を利用し、彼女抜きで会議を開いて、町に食料を運び込むうえで最大の障碍になっていた要塞の一つ、サン＝ジャン＝ル＝ブラン攻撃の計画を立てた。それにはロワール川を渡らなければならないので、敵の目を逸らすために反対側で陽動作戦を行うことが必要であった。ジャンヌを嫉視する人々は、陽動作戦のことだけ彼女に知らせたが、デュノワは全てを打ち明けた。

イギリス軍は、このとき、もっと早くやっていなければならなかったことを実行した。襲撃目標になっている要塞を焼き払い、南岸の「オーギュスタン」、「トゥルネル」両要塞に兵力を集結したのである。「オーギュスタン砦」はたちまちフランス軍によって奪取された。この成功も、一部分はジャンヌに負っていた。フランス人たちが恐怖で一時パニックに陥って浮き橋に殺到したとき、ジャンヌとラ・イールは群衆を離れて、舟に乗ってイギリス軍の側面に攻撃を加えたのである。まだ「トゥルネル砦」が残っていた。フランス軍は「オーギュスタン砦」を陥落させたあと、その日が金曜日でジャンヌは昼食も食べていなかったので、ロワール川を渡って町に帰った。そして会議を開き、いまや町には食料も充分にあり、「トゥルネル砦」の攻撃は増援部隊が到着するのを待ってからにすることを決め、そのようにジャンヌに知らせた。しかし、イギリス側もフォルスタッフ率いる援軍がやってくる可能性が高かったから、隊長たちのこのような決議は信じがたいことであった。おそらく彼らは、ジャンヌを騙して、彼女が準備した成功の栄誉を彼女から取り上げたかったのであろう。彼女は騙されなかった。

「あなた方も会議をされたでしょうが、わたしも作戦を考えました」と言いながら礼拝堂付き司祭を振り返って「明日は、日の出の時刻にわたしのそばに来て、ずっといてください。わたしは、しなければならないことがたくさんあります。わたしは胸の上のところに傷を受け、この身体から血が流れるでしょう」と言った。

朝、宿の主人は彼女を引き留めようとした。「ジャンヌ。今日は出かけないで家にいなさい。釣ったばかりのこの魚をいっしょに食べましょう」。すると彼女は、うれしそうに「その魚は、夕方までとっておいてください。トゥルネル砦を奪ったあと、橋を渡って帰ってきます。そのときは《ゴッデンさん》を一人連れてきますから、分けてあげましょうよ」と言った。

〔訳注・「ゴッデン godden」とは、イギリス人が「チクショウ」という意味でよく口にした「God damn」

の変形したもので、そこから、イギリス人のことをこのように呼んだのである。〕
それから彼女は、市民や兵士の一軍とともに、ブルゴーニュ門〔訳注・オルレアンの東側の門〕まで行った。しかし、ゴークール卿が門を開けてくれないので、ジャンヌは「あなたは、とんでもない人ね。開けてくれるの？　開けないつもりなの？」と迫った。ゴークールは、これだけの大勢の市民軍を前にしてたじろぎ、その部下たちも、群衆が強硬に押し開けるに任せた。
人々が舟に乗り込み終わったころ、太陽がロワール川の上に昇った。しかしながら、トゥルネル要塞の前に着いてから、弩砲が必要であることに気づいて、使いを町に走らせるなど、もたついた挙げ句、攻撃を開始したのであった。守るイギリス軍も頑強であった。味方が攻めあぐんでいるのを見たジャンヌは、濠に飛び降りると梯子を一つ取って防壁に立てかけた。そのとき、一本の矢が飛んできて、彼女の肩のところに命中した。イギリス人たちは彼女を捕らえようと砦から出てきたが、彼女は間一髪で味方の兵士たちによって運び出され、戦場から離れた草原の上におろされた。彼女は、鎧を脱がされてはじめて、受けた傷がどんなに深いかを知った。肩の前面に刺さった矢は背中に突き出ていた。その瞬間、彼女は怯えたように泣き出したが、すぐ泣きやんで、身体を起こした。天使たちが現れたのを見たのである。彼女は、神の御心に背いて治りたいとは思わないと述べ、ただ傷に油を塗ってもらっただけで、告解した。
しかし、夜が迫っていた。デュノワは、退却の合図を出させようとした。するとジャンヌは「まだ、もう少し待って。腹ごしらえをしてください」と言うと、ぶどう園に入って祈り始めた。一人

そのとき、一本の矢が飛んできて、彼女の肩のところに命中した

のバスク兵がジャンヌの従卒の手から旗を取って城壁に向かっていった。彼女は「あの旗が防壁に触れれば砦は陥落して、あなた方は入城することができます」と言った。「旗は壁に触れていますよ」と言うと、「よろしい。では、入ってください。砦はあなた方のものです」。事実、攻め手は我を忘れて、「まるで階段を昇るように」壁を昇った。このとき、イギリス軍は両側から同時に攻撃を受ける形になった。

この間、オルレアンの人々は、ロワール川の対岸から戦闘の様子を目で追っていたが、もはや、自分を抑えることができなくなり、市門を開くと、橋の上を突進した。しかし、橋のアーチの一つが壊れていた。そこにまず副え木を渡して聖ヨハネ会の騎士がまず渡り、どうにかこうにか修復して、群衆は雲霞のように渡っていった。

イギリス人たちは、市民たちが海の潮のように向かってくるのを見て、世界中が集まってきたかのような錯覚に襲われた。ある人々は、そこにオルレアンの守護聖人サン＝テニャンの姿を見たと言い、別の人々は大天使ミカエルを見たと思った。かねて威勢のよい言葉を吐いていたグラスデールは小さな橋で濠を渡って砦のなかに逃げ込もうとしたが、その橋が一発の弾丸で壊され、彼は濠のなかに落ちて、あれほど侮辱の言葉を浴びせた乙女の眼前で溺死した。彼女は「ああ、あれほどあなたの魂のために祈ったのに！」と言った。砦のなかには約五百人の男たちがいたが、全員刃にかかって死んだ。

ロワール川の南には、イギリス人は一人もいなくなった。翌日曜日、ロワール北岸のイギリス軍も、その砦と大砲、捕虜、病人たちを残して去った。この退却は、タルボットとサフォークの指揮により、整然と矜持をもって行われた。ジャンヌは、イギリス軍は自主的に撤去するのだからと、これを追撃することを禁じ、去って行くイギリス軍の姿がまだ見えるうちから平野に祭壇を築かせてミサをとなえ、神に感謝を捧げた。(五月八日)

オルレアン解放の影響は大きかった。みんながそこに一つの超自然的な力の働きを認めた。それを悪魔の働きだとする人々もいたが、大部分の人は神の御心によるとし、正義はシャルル七世に味方していると信じ始めた。

攻囲戦が終了して六日後、ジャン・ジェルソンは一つの論述を発表しているが、そのなかで、このすばらしい出来事が理性に背くことなく神に帰せられうることを証明している。クリスティーヌ・ド・ピザンも女性の力を祝福する文章を書いている〔『ジャンヌ・ダルク頌 Ditié en l'honneur de Jeanne d'Arc』〕。たくさんの論述が発表されたが、ジャンヌに対しては、敵対的なものより好意的なものが優勢を占めた。イギリス人の同盟者であるブルゴーニュ公に仕えた人々でさえ、そうした傾向を示している。

シャルル七世は、この機会を捉えて、思い切ってオルレアンからランスへ行き、王冠を手中にするべきであった。これは、一見無謀なように見えたが、イギリス人たちはこの聖別をヘンリー六世にはまだ受けさせていなかったから、シャルルが先手を打つ必要があった。先に聖別されたほうがフランス王として残るのが当然だったからである。しかも、シャルル七世がイギリス占領下の地を横切って王として騎馬行進することは、この国土の所有権がシャルルに帰することを天下に示す重要な意義をもっていた。

この見解をただ一人とったのがジャンヌで、狂った英雄主義のように見えたが、勝れた英知の産物であった。頑なな頭をもった顧問会議などの政治家たちは、このやり方を気違いじみていると批判し、確実にゆっくり事を進めるべきだと主張したが、それこそ、イギリス人たちに立ち直る時間を与えることになったであろう。これらの評議員たちは、それぞれに自分の利害が絡んだ提言をした。アランソン公〔ジャン五世〕は領地のアランソンを奪い返すために、ノルマンディーに軍を進めるよう主張した。シャルル七世の寵臣、ラ・トレムイユなど、オルレアン家やアンジュー家に関わりをもつ人々は、ロワール流域に残っている小要塞を攻め落として、足場を固めることが先決だといった最も慎重な方法を提議した。

英軍指揮官サフォークはジャルジョー〔訳注・ロワール川をオルレアンから遡ったところにある〕に逃げ込んで、そこに閉じこめられ、襲撃を受けた。ボージャンシー〔訳注・オルレアンからロワール川を下ったところにある〕も、フォルスタッフの率いる援軍が到着する前に敗れ去った。ブルターニュ公の弟で元帥のリシュモン〔アルテュール〕は、自分の領地にずっと留まっていたが、王やジャンヌの予想に反して、ブリトン人たちを率いて、勝ち誇るフランス軍の援軍にやってきた。

リシュモンがやってきたのは、一つの決戦が迫っていると読んで、そこで栄誉に与かるためであった。というのは、タルボットとフォルスタッフが合流していたからだが、この戦闘が行われたボース地方は低木と茨に覆われた荒れ地で、イギリス軍がどこにいるかも定かでなかった。それが分かったのは全くの偶然で、フランスの前衛部隊に逐われた一頭の鹿がたまたまイギリス軍の陣列のなかに飛び込んだことによる。

陣営を布いているときは、防護柵をまわりに巡らしているのだが、このときのイギリス軍は進軍中であったため、なんの防護もなかった。タルボットは、オルレアンの戦い以来、フランス軍に背を見せたことをひどく悔しがっていたので、一人になっても戦おうとした。フォルスタッフは、その反対に「ニシン戦争」で勝利していたので、雪辱の必要を感じていなかった。彼は、賢明な人らしく、味方が覇気を失っているときは防御に徹するべきだと主張した。だが、そんな英軍のなかの論争には関係なく、フランス軍のほうは、全力で襲いかかってきた。タルボットは、おそらく死を覚悟してあくまで戦ったが、結果は捕虜になっただけであった。

追撃戦は、まさに殺戮戦で、平野は二千人を超えるイギリス兵の死体で覆われた。この死者たちを見て、ジャンヌは涙を流した。その後も彼女は、身代金を払えない捕虜たちに対する残虐な扱いを見て、さらに多くの涙を流すこととなる。ある捕虜は、あまりにもひどく頭部を打たれて、息絶えて倒れた。ジャンヌは我慢がならず、馬から飛び降りると、このかわいそうな男の頭を抱え上げ、キリスト教徒として死んでいけるよう司祭を呼んでいる。

ランス行きを敢行するチャンスは、この《パテーの戦い》〔一四二九年六月二十八日から二十九日にかけて行われた〕のあと到来した。政治家たちはなおも、フランス軍をロワール流域に残してコーヌとラ・シャリテ〔訳注・ともにロワール河岸の町〕を確保させようとしたが、今度は、どんなに言っても、もう臆病風に吹かれたような声は説得力をもたなかった。しかも、ジャンヌの奇跡の評判を聞いてあらゆる州からやってきた人々で日に日に溢れ、彼らは、ジャンヌの言うことしか信ぜず、彼女の意見に同調して、王をランスへお連れするよう急かした。それは、あたかも、巡礼や十字軍のような抗いがたい勢いをもっていた。

こうして盛り上がった北方へ向かおうとする民衆の潮流に、鈍重な王も、ついには身を任せた。王も宮廷人も、政治家たちも、否応なく、熱に浮かされたかのように出発した。出発のときは一万二千人ほどだったのが、進むうちに、次々と人々が加わってきて、数を増した。あらゆる郷士たちが、ある者は弓兵とし、ある者は、倒れた敵兵の息の根を止めるナイフ使い（coutillier）として加わり、武器を持たない百姓たちも、この聖なる冒険旅行についていった。

六月二十八日にジアン〔訳注・オルレアンの東南で、ロワール川に面した町〕を出発したこの軍勢は、オーセールの前を通過したが入城しようとはしなかった。ここは、ブルゴーニュ公の支配下にあり、その点が考慮されたのである。トロワはブルゴーニュ派とイギリス人の混成になる傭兵隊を擁していた。フランス王の軍勢が姿を現すと、彼らはあえて出撃した。

トロワ側にしてみると、大砲さえ持たない軍勢がこのように防御の堅固な都市をあえて攻めてくるとは予想外であった。しかし、どうして、攻囲しようとするのを止められただろうか？　別の視点でいえば、敵軍と通じ合っている都市を、そのまま背後に残していくことができただろうか？　しかし、軍勢はすでに飢えに苦しめられていた。政治家たちが主張したように、ロワール流域に残って足場を固めるほうがよかったのではなかろうか？

だが、このような場合、熱狂的なほうに知恵は出るもので、民衆十字軍にあっては、理屈が不要であることを理解していた老いたアルマニャック派評議員のマソン〔シャルル七世の書記官〕は言った。

「王がこの遠征を企図したのは、強大な武力があったからでもなければ、カネがあったからでもなく、この旅が容易であったからでもなかった。彼が決意したのは、ジャンヌが前進しランスで戴冠式をあげようと言ったからであった。そして、大した抵抗に遭わないでいるのは、それが神の嘉みし給うところだったからである。」

この顧問のところへジャンヌがやってきて、「三日以内にトロワに入城することができましょう」と言った。顧問官が「あなたが真実を言っておられると確信できたら、六日間でも待ちましょう」と言うと、ジャンヌは「六日間ですって？　あなたは明日にでも入城しておられるでしょう」と答えた。

彼女が旗を掲げて進むと、全軍が彼女についてトロワをめざして進んだ。そして、トロワを囲む濠のなかに、みんなで薪の束だのドア、テーブル、建物の木材だのを投げ入れた。これがあまりにも迅速に行われたので、町の人々は濠が消えてしまったかと思った。イギリス人たちは、オルレアンでそうだったように、何が何やら分からなくなり始めた。彼らは、魔法の旗のまわりを白い蝶が雲のように飛び回るのを見たと思った。ブルジョワたちはブルジョワたちで、シャルル七世から王位継承権を剝奪したあの条約が締結されたのがトロワであったことを思い出し、その懲罰が課せられるのではないかという恐怖に囚われて、教会のなかに逃げ込んで、降伏する以外にないと泣き叫んだ。武装したイギリス人たちも、よい知恵が出せるわけではなく、協議の末、持てるだけの物を持って町を出ることにした。

「持てる物すべて」とは、とりわけ捕虜になっていたフランス人たちであった。降伏を勧告したシャルル七世の評議員たちも、この不幸な人々のことは何も取り決めていなかった。そのことを考えていたのはジャンヌだけであった。イギリス人たちがこの捕虜たちを連れて市門を出たとき、彼女は駆け寄って「その人たちを連れていってはいけません」と叫び、王に身代金を払ってもらって彼らを取り戻した。

こうしてシャルル七世は七月九日にはトロワを手中におさめ、十五日にランスに入り、十七日（日曜日）に聖別を受けた。この日の朝、ジャンヌは「聖祭の前に和解せよ」との福音書の戒めに従って、ブルゴーニュ公宛てのすばらしい書簡を口述筆記させている。そこでは、そつのなさと高貴さをもって誰びとをも怒らせず侮辱せず過去の経緯を想起しながら、「お互いに心の底から赦し合ってください。それが誠実なキリスト教徒としての務めです」と呼びかけている。

シャルル七世は、ランス大司教によって、サン＝レミ大修道院から運ばれてきた聖油入れ（saint ampoule）から油を注がれた。彼は、古の儀式どおり二人の聖職者によって玉座に運び上げられ、二人の俗人に奉侍されて祝聖と聖餐を受けた。その後、サン＝マルクー寺院へ行って瘰癧《るいれき》患者に触れた。〔訳注・聖別を受けたフランス王は瘰癧患者に触れることによって癒すことができると信じられていた。〕

全ての儀式が手落ちなく行われた。こうしてシャルルは、当時の考え方では唯一の真実の王となったのである。イギリス人たちも、あとでヘンリー六世を祝聖することができたが、ヘンリーの祝聖は、民衆からすると、シャルルの祝聖の一つのパロディーでしかありえなかった。〔訳注・幼いヘンリー六世が海峡を渡ってフランスに来るのは、翌年の一四三〇年四月二十三日で、フランス王としての祝聖はパリのノートル＝ダムで受けている。〕

シャルル王が祝聖された瞬間、ジャンヌは跪いてその脚を抱擁し、厚い涙を流した。参列者もみんな泣いた。

このとき彼女は次のように王に言ったことが確認されている。

「ああ、優しい王さま。神のお喜びが今行われているのです。神はわたしに、あなたこそ真実の王であり、フランス王国はあなたのものでなければならないことをお示しになり、オルレアンを攻囲から解放して、あなたをこのランスの町にお連れし祝聖をお受けさせるよう望まれました。」

ジャンヌは正しかった。彼女は自分のしなければならなかったことを成し終えた。それとともに彼女は、この勝利の栄光の喜びのなかで、自分の最期が近いという考え、おそらくそうした予感を抱いたであろう。彼女は王といっしょにランスに入城し、市民たちが讃歌を歌いながら進んできたとき、次のように言っている。

「信仰心の厚いみなさん。もしわたしが死んだら、この町に埋葬していただけたら幸せです。」

大司教が「ジャンヌよ。では、あなたはどこで死ぬつもりですか?」と訊ねると、彼女は「それはわたしには分かりません。神さまがお決めになることです。ただわたしとしては、妹や弟たちと一緒に羊番をしに行くことを許していただければと願っています。きょうだいたちは、わたしと再会できたら、どんなに喜んでくれることでしょう! ……少なくともわたしは、神さまから命じられたことはやり遂げました」と言いながら、天に眼差しを向け感謝の祈りを捧げた。

この古い年代記(『乙女の年代記 Chronique de la Pucelle』)は、こう記している。

「このとき彼女を見た全ての人は、彼女がまさに神に代わってやってきた人であるとの思いを、これまでにまして強くしたのであった。」

第四章　ジャンヌの裁判と死（一四二九〜一四三一年）

フランスでは、王として祝聖を受けることは偉大な効力があり、とくに北フランスでは「全能」といってよい力が与えられた。これ以後のシャルル七世の遠征行は、正当な所有権の平和的確認であり、ランスの祭典の続編という観を呈した。王の行くところ、道々は障害物が取り除かれ、都市は城門を開き、跳ね橋を降ろした。彼は、ランスの大聖堂からソワソンのサン＝メダール寺院へ、そしてランのノートル＝ダム聖堂へと、あたかも《巡幸》のように、各都市に何日かずつ滞在しながら、好みのままに騎行し、プロヴァンのシャトー＝ティエリーに入って充分に休んでのち、その凱旋行進をピカルディー方面に転じたのであった。

「イギリス人たちはまだフランスにいたのか？」――本気でそう疑いたくなるくらいであった。パテーの戦い以来、ベドフォード公〔訳注・ジョン。英国のフランス統治の責任者〕について語られることはなくなっていた。といっても、彼が活動もせず、勇気もなくしたということではなかった。しかし、彼は最後の資金を使い果たしていた。彼の窮状を物語る事実がある。それは、高等法院に手当を払うこともできないので法院は活動を停止しており、しかも、「羊皮紙がないため」に、若いヘンリー六世がパリに入城したことを、慣例にしたがってある程度詳しく帳簿に書くことすらできなかったことである。

このような状況にあっては、ベドフォード公も手段を選んではいられなかった。彼は、最も愛していない人物で金持ちの叔父、ウィンチェスター枢機卿〔訳注・ヘンリー四世の弟。ウィンチェスター司教、ヘンリー・ボーフォート〕に頼らざるをえなかった。しかし、ウィンチェスターは、貪欲であるとともに野心的で、さんざん焦らして条件をつけた。協定が結ばれたのは、パテーの敗北の翌々日にあたる七月一日であった。シャルル七世が聖油を受けるためにトロワからランスに入ったとき、ウィンチェスター枢機卿はまだイングランドにいた。ベドフォード公はパリを確保するためにブルゴーニュ公フィリップに支援を求めた。ブルゴーニュ公は、摂政〔ベドフォード公〕の求めに応じてやってきたものの、ほとんどひとりでやってきて、貴族たちの集まりに出席し、そこで父親ジャン無畏の痛ましい死〔訳注・ちょうど十年前の一四一九年のことである〕について話しただけで、それが済むと、ベドフォード公への援軍として数人のピカルディー人騎士を残しただけで、さっさと去っていった。それでもベドフォードは、お返しとしてモーの町を献上しなければならなかった。そういうわけで、彼にとって唯一の希望が、いまやイングランドで君臨しているウィンチェスター枢機卿であった。

これまでイングランドでは、この枢機卿の甥でありベドフォード公にとって弟であるグロスター公（ハンフリー）が貴族たちの首領として権勢を振るっていたが、無分別で気違いじみた行動のためすっかり人望を失い、評議会における影響力も年々減退し、評議会の保護者としてのグロスターの給料はゼロにまで減らされていた。各人がどのような待遇を受けているかによって評価される国にあっては、これは「殺された」のと同じであった。代わって支配権を握っていたのがウィンチェスター枢機卿で、イングランドの王侯のなかで最も裕福になり、世界で最大の聖職禄受領者になっていた。権力はカネのあるところについてくる。評議会は、この枢機卿とカンタベリー、ヨーク、ロンドン、イーリー、バースなどの裕福な司教たちによって構成されていた。俗人も何人か参加していたが、会議では発言しないという条件のもとであり、とくに重要な会議には呼ばれさえしなかった。

ランカスター家が王位を手に入れたときから予見できたように、イングランド政府は全面的に司教たちのものになっていった。そのことは、この時代の法令にも表れている。一四二九年、議会は厳しい異端取締りを決議するとともに、評議会は、盗賊行為を非難された貴族と、そうした貴族の従僕たちの軍勢に対して厳しく対処する法令を布告した。

枢機卿が最高度に力を高めるには、本国のイングランドでグロスター公が無力化したように、フランスでもベドフォード公が力を失い、ウィンチェスター枢機卿に援助を求めるようになること、そしてウィンチェスターが軍勢を率いてヘンリー六世に祝聖を受けさせることが必要であった。その準備のために、彼はボヘミアのフス派討伐の任務を法王から授けてもらい、その《十字軍》を口実に何千人かを雇い、その軍費として、法王から免罪符のカネをせしめる一方、イングランドの評議会からも、軍勢のフランス駐留費用として、それ以上のカネを引き出した。しかも、この「十字軍士たちcroisés」は、当人たちの驚きをよそに、用済みになるとさっさと売り払われたのであるから、枢機卿は自分の権力掌握に利用した軍勢のために、二重払いを受けたわけである。

ウィンチェスターは、この軍勢を使ってパリを確保し、幼いヘンリー六世をパリへ連れていって祝聖を受けさせるわけであるが、この祝聖も、シャルル七世を泥にまみれさせてその祝聖を無効化し、人々の心の中からシャルルを消去することに成功しないかぎりは、自分の力の証明にはならなかった。そこで彼は、フランスでシャルル七世に対抗するため、イングランドではグロスター公に対抗するため、これから見るように、当時はきわめて効力のあった同じ一つの手段を用いた。それが「魔女裁判」である。

枢機卿が軍勢を率いてパリに入城したのが七月二十五日で、これは、シャルル七世が滞りなく祝聖を受けて九日後のことである。一刻も無駄にしたくなかったベドフォード公ジョンは、シャルル七世を監視するために部隊を率いて出発した。両者は二度鉢合わせし、小競り合いがあったが、ベドフォードがノルマンディーを気にし、その防備に力を注いでいる間に、シャルルはパリに向かった。(八月)

しかし、これはジャンヌの考えではなかった。彼女はサン＝ドニより先へは行かないようにとのお告げを受けていた。サン＝ドニには歴代フランス王家の墓があり、祝聖式が行われたランスと同じく、神聖な町であった。彼女は、それより彼方(パリを含めて)には、自分にはどうしようもない何かがあると予感していた。シャルル七世も、田園を揺り動かした乙女の戦士的聖性の霊感と十字軍のこの詩を、小理屈を並べる散文的な都市やその嘲笑的な民衆、スコラ学者やカボシャンたちの前に晒すことには危険性があると考えるべきではなかったろうか？

そもそも、パリを攻略・奪還しようという企図自体、軽率であった。このような都市は、攻撃を加えて陥落させられるものではなく、兵糧攻めにするほかはなかった。ところが、セーヌ川は、上流も下流もイギリス人たちの支配下にあったし、多くの住民たちが彼らに加勢して支えていた。そのうえ、アルマニャック派の連中がパリの町を根こそぎ破壊しにやってくるという噂が流れていた。

それでもフランス王軍は、一つの塁道（boulevard）を奪取した。ジャンヌは、その最初の濠に降り、第二の濠と隔てている障壁を越えようとしたとき、城壁を取り巻いているこの第二の濠が水で満たされていることに気づいた。彼女は、敵の矢が雨霰と降り注ぐなかで、粗朶の束を持ってくるよう叫び、それを待つ間、自分の槍で水深を測った。当然、彼女は、ほとんど孤立した状態で、すべての矢が彼女に集中し、その一本が彼女の腿を貫いた。彼女は、味方の部隊を督励するために痛みをこらえて残り、さらに大量の出血のために第一濠のなかに倒れ込んだが、それでも、日も暮れて十時、十一時になるまで、人々は彼女に、帰陣を決意させることができなかった。彼女は、このパリの城壁の下での壮烈な挫折で、自分が滅びるべき運命に入ったことを感じたようであった。

この攻撃で約千五百人が負傷し、人々はその原因は彼女にあるとして非難した。彼女は、帰還はしたものの、敵からも味方からも呪われているのを感知した。聖母マリア生誕の日（九月八日）に攻撃を命令して気が咎めないのか？　――聖母に特別の思い入れをもつこの町は、この点をとくに憤慨したのであった。

それ以上に彼女に対して敵対的だったのが、シャルル七世を取り巻く側近たちであった。放蕩者たち、政略家、文字の盲目的狂信者、聖霊を敵視する人々……こうした連中が皆、聖霊の力が弱まったと判断するや、聖霊への叛意を果敢に表明した。ジャンヌに対して好意的でなかったランス大司教が、フランスの大法官（chancellier）として、ジャンヌの反対を押し切って、イギリス軍と交渉することになった。彼は、休戦を要求するためにサン＝ドニにやってきた。おそらく、このときパリにいたブルゴーニュ公を内密に味方にしようとしたのであった。

ジャンヌは、冬の間、サン＝ピエール＝ル＝ムーティエとラ・シャリテ〔訳注・ともにフランス中部ニエーヴル県の町〕を攻囲したが、これは、彼女がさほど望んだ戦でもなく、味方の支援もなかった。サン＝ピエールはなんとか奪取できたが、ラ・シャリテの攻囲戦は長引き、兵力を消耗したうえ、ある突然の恐怖のために、攻囲軍はちりぢりになってしまった。

その間にイギリス軍は、ブルゴーニュ公に、本気で支援をする決意をさせていた。イギリス軍の弱体化は、ブルゴーニュ公には、ピカルディー地方の足場を強化するチャンスと映った。イギリス軍はルーヴィエ〔訳注・ルーアンの南方〕を失い、ブルゴーニュ公の言うままになった。キリスト教世界屈指の金持ちであったブルゴーニュ公フィリップは、自分に有利と思った戦争には、躊躇なくカネと人員をそそぎ込んだ。彼は、幾ばくかのカネでソワソンの支配者を抱き込み、ついで、コンピエーニュを攻囲した。このコンピエーニュの司令官もひどくいかがわしい人物だったが、住民たちは、自分たちの町を明け渡すにはシャルル七世の利害に深く関わりすぎていた。そこへジャンヌが飛び込んできたのである。到着したその日、彼女は一つの門から出撃し、攻囲軍を驚かせた。しかし、攻囲軍もすぐ態勢を立て直し、出撃してきた防衛軍を跳ね橋まで押し戻した。ジャンヌは、退却する味方の軍勢を援護しようと最後尾に残っていたため、城門に帰るのが遅れ、跳ね橋が揚げられ門扉が閉じられるのに間に合わなかった。

彼女であることは、身に付けている衣装ですぐ分かった。たちまち敵軍に囲まれ、馬から引きずり下ろされ、捕らえられた。彼女を捕らえたのは、ピカルディーの弓兵とも、別の説によると「ヴァンドームの私生児」と呼ばれた騎士とも言われ、この男からジャン・ド・リュクサンブール〔訳注・サン＝ポル伯でブルゴーニュ公の臣下〕に売り渡された。イギリス人たちもブルゴーニュ人たちも、彼女を「怪物」だの「悪魔」だのと呼んで恐れていたが、所詮は十八歳の娘に他ならないのを見て驚いた。

このようになることは、彼女も、前もって知っていた。このような無惨な事態になることは必然であったし、さらにいえば必要なことでもあった。彼女は苦しまなければならなかったのであり、もし、試練にあわなかったら、至高の純化を受けず、その聖なる像には光の当たらない疑わしい陰が残存し、《オルレアンの乙女 La Pucelle d'Orléans》として人々の記憶に残ることはなかったであろう。

彼女は……たちまち敵軍に囲まれ、馬から引きずり下ろされ、捕らえられた

彼女が「わたしは、そのために生まれたのです」と言っていた二つの仕事――オルレアンを解放することと王太子にランスで祝聖式をあげさせること――が達成されたとき、彼女の聖性は危機に直面したのだった。

《戦争》と《聖性》――この二つは相反する対極にある語のように見える。《聖性》に結びつくのはむしろ「愛」と「平和」であるように見える。だが、戦いと勝利の血みどろの歓喜を分かち合うことなくして、いかなる若い勇気が戦闘に関わり合うだろうか？　出発の際、彼女は、自分のこの剣は誰びとであれ殺すためには使いたくないと言っていたが、あとになってコンピエーニュでは、その帯びている剣について「この剣は、突いたり斬ったりするのに、とてもすばらしい」と楽しそうに語っている。ここには、「聖女」が「隊長」になっていった変化の兆しがないだろうか？　アランソン公ジャンは、彼女が登場してまもなかった大砲など大量殺戮兵器に一種異様な関心を示したことを述べている。統率がむずかしい兵士たちの長として、彼らの無秩序ぶりに、いつも泣かされ傷つきながら、彼女は、少なくとも彼らを抑えるために、粗暴で怒りっぽくなっていった。とりわけ兵士たちが連れ歩いた売春婦たちに対しては、情け容赦なかった。ある日、こうした不幸な女の一人を聖カテリナの剣で（といっても、平たい腹でだが）打った。しかし、この聖なる剣は相手の身体に触れると折れてしまい、二度と剣として鍛造し直すことができなかった、という。

捕らえられる少し前、彼女は一人のブルゴーニュ派の男を捕らえていた。この男は「アラスのフランケFranquet d'Arras」と呼ばれた盗賊で、その悪名は北フランス全域に轟いていた。王の代官は絞首刑を宣告したが、彼女は捕虜の交換に使えると考えて、初めは処刑を拒絶したが、結局は裁判の決定に任せている。たしかに、この男は百回吊されてもよいほどの悪党であったが、それにしても、彼女が一人の男を死刑に処することに同意したことは、彼女を支持した人々の目から見て、その《聖性》の性格を変えさせることになった。

このような無垢な魂が、この世の現実のなかに転落していったことは、なんという不幸であろうか！　彼女は、日毎に自らの何かを失わなければならなかった。誰でも、いきなり王侯のような立場になることは、ただで済むものではない。美しい衣装、貴族から送られてくる手紙、王から寄せられる厚意……そうした全ては、時間の経過とともに、間違いなく彼女の英雄主義的な純粋性に変化を及ぼしたであろう。彼女は、自分の村のために人頭税を免除してもらったし、彼女の兄弟の一人は王からヴォークルールの代官の職を与えられている。

しかし、この聖女に最大の危機をもたらしたのは、その《聖性》そのものであり、それに対する民衆の尊敬心と熱愛であった。ラニー（パリの東、マルヌ河畔）では、一人の子供の蘇生を嘆願され、アルマニャック伯からは、法王が何人も並立しているなかでいずれに随うべきかについて教示を書簡で求められた。その返書（おそらく、この返書は偽造されたものである）によると、彼女は、戦争が終われば、みずからの内心の声によって、この権威を決定すると約束していた。

しかしながら、これは思い上がりではなかった。彼女は、自分を聖女だとは決して言わなかった。

むしろ、自分には未来のことは分からないと白状している。ある戦いが始まろうとしていたとき、勝敗について質問されたのに対し、自分には何も分からないと答えている。また、ブールジュで、婦人たちから十字架と数珠に触れてほしいと頼まれたとき、笑って、マルグリット夫人（彼女の家に宿泊していた）に「あなたが触れてください。御利益は同じですから」と言った。

すでに述べたように、そこにこの娘の独自性があったのであって、彼女は、昂揚したときも、けっして良識を失わなかった。それがまた、のちに見るように、彼女を裁く人々を苛烈にする要因ともなったのであって、彼女を「霊感を受けた女」として憎んだスコラ学者や理屈屋たちは、彼女を《気違い》として軽蔑することができなかったため、というよりむしろ、自分たちの理屈が彼女の道理の前に破れたために、なおさら彼女に対して残忍になったのであった。

彼女の破滅は予見できないことではなかった。彼女自身、それを予期していた。当初から彼女は「がんばらなければなりません。わたしは一年とちょっとしかもたないでしょう」と言っていた。また、従軍司祭パスクレに向かっては、何度も、「わたしはまもなく死ななければならないでしょうから、王国を守るために死んで行く人々の魂の救いのために祈る礼拝堂を建ててくださるよう、わたしに代わって王様に申し上げてください。」

ランスで両親と再会したとき、何も怖くないのかと訊ねられたのに対し、「裏切り以外は怖くありません」と答えている。

ランスで両親と再会したとき……「裏切り以外は怖くありません」と答えている

しばしば戦場で、夕暮れどき、何かの教会堂、とくに托鉢修道士たちのそれを見つけると、彼女は中に入り、聖体拝領の準備で集められた子供たちのなかに混じり込んだ。ある年代記によると、彼女は敵に捕らえられることになる日、コンピエーニュのサン＝ジャック教会へ聖体拝領に行ったが、悲しそうに柱に寄りかかり、そこにいた信者や子供たちに、こう言った。

「わたしの親しい友人たちと子供たち。わたしは、はっきり言っておきます。わたしを売った男がいます。わたしは裏切られ、まもなく殺されるでしょう。わたしのために神さまに祈ってくださ い。お願いします。なぜなら、わたしは、もう、王さまのためにもフランス王国のためにも、仕えることができなくなるからです。」

その少し前にソワソンの町がカネで買われたように、《乙女 la Pucelle》も取引され、買われた可能性もあった。イギリス人たちは、彼らの若い王（ヘンリー六世）がフランスに上陸したことで心配なときであっただけに、危険な要素を払拭するためには、ありったけのカネをはたいたであろう。しかし、彼女を手に入れたのはブルゴーニュ派であった。これは、ブルゴーニュ公とその派全体の利益に関わることであっただけでなく、ジャン・ド・リニー（ジャン・ド・リュクサンブール）にとって直接の利益であったからこそ、彼は急いで、この捕らわれた《乙女》を買い取ったのであった。

このように《乙女》の身柄が、ブルゴーニュ公に身近に仕える由緒あるルクセンブルク家の領主の手に落ちたことは、当時の騎士道というものを物語る重要な意味をもっている。若い娘、それも処女にとって、自分を手に入れたのが信義に厚い騎士たちであれば、戦争の捕虜だからとて何を恐れる必要があっただろうか？「騎士道」ということで語られるのは、悲嘆に暮れる貴婦人や姫君を優しく守るその崇高さである。ブシコー元帥は、まさに、それを目的とする騎士団〔訳注・「緑の楯の白い貴婦人」騎士団〕を創設したばかりであった。他方、中世を通じて進行してきた《聖母崇拝》は、いまや支配的な宗教にまでなっていたから、「処女性 virginité」が神聖不可侵のものとして保護されるのが当然のように思われた。

これから後の成り行きを説明するためには、いま述べた理念と現実の風習の間に当時存在していた奇妙な不一致を知っていただかなければならない。そのギャップがどんなに衝撃的であるにせよ、『キリストにまねびて』に見られる理想（とくに処女を尊敬せよという崇高な理想）の前に当時の現実の低劣さを置いてみなければならない。この物語の主人公である《乙女》にはお許しをいただきたいが、わたしたちは、物欲と情欲が支配しているこの世界のどん底に降りていく必要がある。そのありのままを認識しなかったならば、「生ける騎士道」のように思われた騎士たちが、どうして彼女を売り渡したか、あれほど盛んに聖母が崇拝された時代に、神聖なるべきこの《乙女》が、どうしてかくも残酷に無視されたかを理解できないであろう。

この時代に崇拝されたのは《処女 la Vierge》よりもむしろ、《女 la femme》であった。そして、

《騎士》とは『小姓ジャン・ド・サントレ Petit Jehan de Saintré』〔訳注・崇拝する貴婦人に勧められて修業の旅に出ている間に、その貴婦人は脂ぎった修道院長と情を通じていたという話〕の騎士であった。ただ、物語が実際の歴史より純潔なだけである。

その手本は、王侯たちの振舞いが示してくれている。シャルル七世は、妻の母である老いたシチリア王妃（ヨランド）から美女のアニェス・ソレルを贈られ、母と妻、そしてこの愛妾（maitresse）の三人で仲良くロワール川沿いに巡幸している。

イギリス人たちは、もっと謹厳で、結婚のなかにしか愛を求めなかった。グロスター公ハンフリーはジャクリーヌ（ド・バヴィエール）を妻としたが、ジャクリーヌに仕える婦人たちのなかに美しく才気に溢れた女性を認めると、彼女とも結婚している。

しかし、全てについてと同様、この点でも、フランス、イギリスはともに、フランドル伯とブルゴーニュ公には遙かに及ばない。低地諸国には、三百六十五人の子供を儲けた有名な伯爵夫人の示唆に富む伝説がある。もちろん、そこまで行かずとも、この地方の王侯たちは、それに近づこうと努力したようである。クレーヴ（クレーフェ）の伯は六十三人の私生児を作った。カンブレの司教、ジャン・ド・ブルゴーニュは三十六人の私生児およびその子供たちとともに祭式を執り行った。

フィリップ・ル・ボン（ブルゴーニュ公）は、二十七人の妻（うち三人が正妻、二十四人が愛人）を持ち、私生児を十六人儲けた。乙女ジャンヌの悲劇が進行していた一四二九年から三〇年の悲しい年月は、この善良公が三度目の結婚という楽しい出来事に夢中になっていた時期であった。しかも、このときの結婚相手は、ランカスター家出身のイギリス女性を母とするポルトガルの王女フィリッパであった。

イギリス人たちはフィリップ善良公《ル・ボン》にパリの指揮権を与えたが、彼をパリに釘づけにすることはできなかった。彼は、飢饉に苦しむパリを去って、若い妻を迎えるために、さっさとフランドルに帰ってしまい、その後数か月、セレモニーを行ったり、各都市との契約を破棄したり復活したりすることに忙殺された。とりわけブリュージュでは、前代未聞の盛儀、信じられないような余興、無分別な浪費が行われ、全ての貴族が破産の危機に追い込まれたほどである。ブルジョワたちも、それを凌ぐ華美ぶりを示した。この町に支店を構える十七の国々の商人が世界中の贅沢品を陳列した。街路には、美しいフランドルの絨毯が敷き詰められ、八日八晩にわたって、噴水の獅子像の口からはラインのワインが、鹿の像の口からはボーヌのワインが、さらに食事のときは一角獣の像からバラ水とマルヴォワジー酒（ギリシャ産の甘口ワイン）が噴き出した。

だが、このフランドルの祭に光彩を添えたのは、ルーベンスがその『十字架降下 Descente de Croix』（1611-1612）のマグダラのマリアとして描いているようなフランドル女性つまりブリュージュの勝ち誇る美女たちであった。ポルトガルの王女は、自分の新しい臣下たちを見て、楽しいと思うはずがなかった。彼女たちは、すでにスペイン女のジャンヌ・ド・ナヴァール（1270-1304）〔訳注・フィリップ美男王の妃〕が、その豊満さを見て「ここではみんな王妃としか見えない」と悔しがっていたフランドル女たちであった。

ブルゴーニュ公フィリップ・ル・ボンは、その婚礼の日（一四三〇年一月十日）、「イアソンによって獲得された金羊毛」にちなむ新たな騎士団『金羊毛騎士団 Ordre de la Toison d'or』を設立し、夫婦の信頼の証として「二股をかけない Autre n'auray」を選んでいる。

新妻がそれを信頼したかどうかは疑わしい。この「イアソンの羊毛」（あるいはギデオンのそれ）は、要するに黄金色の羊毛であり、フィリップ善良公に仕えた画家、ファン・エイクが、その聖女たちの肩に丹念に波打たせた金髪を想起させる。みんなが、南フランスのくすんだ色の美に対して、この新しい騎士団に、興隆しゆく北欧のブロンドの若々しい美の勝利を見た。このフランドルの君主は、フランドル女性たちを慰めながら、二重の期待を籠めて、この「二股をかけない」という言葉を差し向けたものと思われる。

この時期のフランドルの歴史は、騎士物語を模倣して騎士的形態をとってはいるが、陽気で粗暴なケルメス祭〔訳注・フランドルで教区ごとに行われた祭典〕を想起させる。騎馬槍試合、御前試合、円卓での宴会といった口実をつけているが、実際には浅薄で俗悪な色事、際限なく飲み食いするどんちゃん騒ぎ以外の何ものでもない。この時代の真のスローガンは、テルナン殿がアラスの騎馬槍試合につけた「我が欲望を満たすこと、それ以外の何ものもない」である。

驚くべきは、そうした気違いじみた祭や破滅的な贅沢のなかで、フランドル伯（ブルゴーニュ公）の事業が巧く行ったように見えることである。彼は、与え、失い、投げ出したが、つねにこれまで以上のものが彼のところにやってきた。こうしてまわりが滅びていくなかで、彼は領地を広げ、肥え太っていった。唯一の障碍がホラントであったが、ソンム川とムーズ川を制するための要衝であるナミュールとペロンヌを大した苦労もなく手に入れた。イギリス人たちは、ペロンヌに加えてバール＝シュル＝セーヌ、オーセール、モー、そしてパリに通じる道、ついには、パリそのものまで彼の手に託した。

幸運に幸運が重なり、資産は増えに増え、息を継ぐ暇もないほどであった。加えて、運命の女神は、《乙女》をも彼の臣下の一人に入手させたのだ。彼女は、イギリス人たちが、どんな高値でも手に入れたがっている貴重な質草であった。それと同時に、一つの新しい幸運によって、フランドル伯の立場は複雑化した。ブラバントの継承権が彼に開かれたが、それには、イギリス人たちの友情をなんとしても確保する必要があった。

再婚して後継者を儲けると言っていたブラバント公が、ブルゴーニュ公フィリップ・ル・ボンにとって都合よく死んでしまったのである。ブルゴーニュ公は、すでに、フランドル、エノー、ホラント、ナミュール、ルクセンブルクなど、ブラバントを取り巻くほとんど全ての土地を手に入れていたが、豊かなルーヴァンと重要都市ブリュッセルを含むブラバント地方は、まだ入手できないでいた。この誘惑は強力で、これを手に入れるためには、自分がそのお陰で権利を得ていた伯母〔訳注・エノー伯夫人、マルグリット・ド・ブルゴーニュ。善良公の祖父フィリップ豪胆公とフランドルのマルグリットの間に生まれた娘〕の権利を踏みにじり、被後見未成年者〔訳注・アザンクールの戦いで亡くなったアヴェール伯の遺児シャルルおよびジャン。善良公は、この二人の子の母と再婚して、その後見人の権利を妻と分け合っていた〕の権利も、自身の名誉も、自分の庇護者の誠意をも犠牲にした。しかし、こうして得たブラバントを保持し、ホラントとルクセンブルグの問題を片づけ、リエージュ人たちのナミュール攻囲を押し戻すためには、イギリス人たちとの関係を良好に維持することが必要であった。それには《乙女》を英軍に引き渡す以外になかった。

フィリップは、その「ル・ボン」〔善良公〕との渾名のとおり、俗な考え方からすれば、とくに女に優しく、よい息子、よい父親であり、涙もろい善良な男であった。たしかに彼は、アザンクールの死者たちに涙を流したが、イギリス人たちと組むことによって、アザンクールを上回る人々を死に追いやった。また、父親〔ジャン無畏〕の死に滝のような涙を流したが、その父の仇を討つために洪水のような多くの血を流した。

感受性（sensibilité）と官能性（sensualité）とはしばしば相携えて進む。官能と情欲（concupiscence）とは、場合によっては、いずれ劣らぬ残忍さを発揮する。欲望は、その対象が逃げて捉えられそうになくなったのを見ると、盲目的な怒りに変ずる。そのとき妨げになる者こそ災難である！　ルーベンス派は、そのバッカス的異教信仰のなかで虎とサテュロスとを混ぜ合わせている。「Lust hard by hate（肉欲は憎悪によって激しくなる）」（Milton）のである。

《乙女》を手中にしていたのはブルゴーニュ公の臣下のジャン・ド・リニーで、彼も君主と似た状況にあった。彼は、ルクセンブルク家に属していたことから「ジャン・ド・リュクサンブール」

とも呼ばれたが、困窮によって極度の誘惑に苛まれていた。ルクセンブルク家は皇帝ハインリヒ七世（1312-1313）やボヘミア王ヨーハン（1310-1346）の親族で、その栄誉は尊敬に値したが、ジャン・ド・リニーは、その分家の分家の出で、術策を弄してリニーとサン＝ポルの裕福な女領主である伯母に相続人として指名してもらうことに成功したのだった。しかし、この指名自体も根拠があいまいで、年上の兄から異議を申し立てられていた。この間、彼は、ブルゴーニュ公、イギリス人たち、そして、あらゆる人たちに媚びを売って仕えなければならなかった。

イギリス人たちは、《乙女》を自分たちに渡すよう迫った。しかも、彼らは、その気になれば、ジャン・ド・リニーが預けたピカルディーのボーリューの塔から《乙女》を自分たちの手に入れることができたはずであった。しかし、ジャン・ド・リニーにしてみれば、もし、彼女を奪われるままになっていたら、宗主であり、この相続問題の審判者であるブルゴーニュ公に身を滅ぼされる恐れがあった。そこで彼は、一時的にジャンヌを帝国領の近くでカンブレの傍のボールヴォワールの自分の城へ送った。

イギリス人たちは、憎悪と屈辱で激昂して、圧力をかけ、脅した。彼らのジャンヌに対する憎しみはすさまじく、ある女は彼女を褒めるようなことを言ったために一人の女が焼き殺されたほどであった（『パリ一市民の日記』）。彼らにしてみると、もし、《乙女》が裁かれ魔女として焼き殺されなかったら、もし、彼女の収めた勝利が悪魔の仕業でなかったら、その勝利は神の御業となり、自分たちは神に背いた故に敗れたことになる。つまり、イギリスの立場は悪魔のそれになるわけで、当時の考え方では、その中間というものはなかった。これは、高慢なイギリス人にとって、なかんずく司教たちが牛耳っているイングランド政府の中枢を占めるウィンチェスター枢機卿ヘンリー・ボーフォートにとって、容認できないことであった。

ウィンチェスター枢機卿はさまざまな問題に関わったが、いまやイギリスの立場全体がほとんど絶望的状況にあった。イングランドではグロスター公ハンフリーが、フランスではベドフォード公ジョンが力を失い、ウィンチェスターの独り舞台になっていて、すべてを動かすのは自分だと思って、若い王をカレーにお連れした（四月二十三日）のだったが、事態は彼の思うようには動かなかった。彼は「《乙女》の魔力を恐れる者たち」を糾弾する命令を発して、イングランド軍に誇りを呼び覚まそうとしたが、なんの効き目もなかった。王は、座礁した船のようにカレーから動くことができず、ウィンチェスター枢機卿の立場はひどく滑稽なものになっていた。先代のヘンリー五世のときは、「聖地への十字軍」を「ボヘミア十字軍」に格下げしなければならなかったが、彼の場合は、「パリへの十字軍」で満足しなければならなかった。この好戦的な高位聖職者は、ノートル＝ダムへ凱旋行進を行って自分の被後見人をそこで聖別させたものの、その先はすべての道が閉ざされているのを見出した。コンピエーニュから先のピカルディーの道は敵によって塞がれ、ノルマンディーの道はルーヴィエで断ち切られていた。その間に戦争が相次ぎ、資金は流出し、十字軍は泡と消えた。これこそ悪魔の仕業であることは明らかであり、この苦境を脱するには、その「元凶」であるこの悪魔的な《乙女》を魔女裁判（procès au Malin）にかけて焼き殺す以外になかった。

それには、彼女をブルゴーニュ派の手から奪う必要があった。彼女が捕らえられたのは五月二十三日で、二十六日には、異端審問所代官の名でこの魔女の疑いのある女を引き渡すようブルゴーニュ公とジャン・ド・リニーに強く促す文書がルーアンから出されている。異端審問所は、フランスではあまり大きな力をもっておらず、その代官（vicaire）は貧しいドミニコ会の修道士で、ほかのドミニコ会士と同様、《乙女》に対して内心では好意を寄せていた。しかし、この修道士は、ひどく臆病であったうえ、ルーアン市は、ウィンチェスター枢機卿に恐怖心を抱いていたから、彼には、まわりからかなり強い圧力がかかっていた。枢機卿は、自分に忠実で、ヘンリー六世の養育係でもあったウォリック卿（リチャード・ネヴィル）をルーアンの守備隊長に任命し、幼い王のお守り役と王の敵の監視役、すなわち、一方については教育、他方については裁判の監視という二つの役目を課した。

とはいえ、なんといっても修道士名の書簡ではあまりにも重みに欠けるので、ウィンチェスター枢機卿は、同時に、パリ大学にも書かせた。しかし、大学人たちは、司教団に味方して法王に戦いを挑むためにバーゼルへ行こうとしていたときであったから、その彼らが法王の異端審問に本気で協力するなどということは考えられないことであった。

〔訳注・バーゼル公会議は、教会改革を求める司教たちの圧力により、一四三一年から一四四九年まで開かれた。前のコンスタンツ公会議で法王に選ばれたマルティヌス五世は、開会前に死んだので、この会議は新法王エウゲネス四世と司教団の対決となるはずであった。ちょうどトルコに侵略されたギリシア正教会からローマ教会と合併したいという申し入れがあり、エウゲネス四世は、司教団の要求を回避することができたが、パリ大学は、法王と司教団の抗争に対しては司教団に肩入れしていた。」

ウィンチェスター自身、イングランドの司教団の首長として、当然、法王よりは司教団に味方したから、もし可能なら、司教たちと審問官の合同で裁判に当たらせようと考えていた。ところが、彼の随員のなかに打ってつけの司教がいた。この司教は、彼の食客の一人で、彼の考えどおりに判決を下し、あるいは宣誓してくれるはずであった。それが、ボーヴェの司教ピエール・コーションである。

彼は才能のない男ではなかった。ジャン・ジェルソンの故郷に近いランスで生まれ、パリ大学で強い影響力をもつ神学博士であった。友人のクレマンジは彼を「善良にして情け深い男」と評しているが、この善良さは、彼が暴力的なカボシャンのなかでも最も暴力的な人間の一人になることを妨げなかった。そのため彼は、一四一三年にはパリから追放されたのだったが、ブルゴーニュ公がパリに帰ってきたときに一緒に帰ってきてボーヴェの司教になり、イギリス人の支配下でパリ大学の諸特権保管者に選ばれた。

一四二九年、シャルル七世の軍が北フランスに侵攻するにつれて、イギリス軍の庇護を受けていたコーションの立場は危うくなった。彼は、イギリス軍の支援によってボーヴェを保持しようとしたが、住民によって放逐され、英軍が支配しているパリに移った。しかし、落ち目のベドフォード公では、頼り甲斐がないと見た彼は、富と権力のあるところを求めてイングランドに渡り、イギリス人になり英語を話してウィンチェスター枢機卿の傘下に加わった。ウィンチェスターは、この男を自分に惹きつけておくために、彼が期待できる以上のことをしてやろうとして、折しも空席になっていたルーアン大司教の職を彼のために法王に要求した。しかし、法王もルーアンの参事会も、コーションを望まなかった。とくにルーアンは、当時、パリ大学とは抗争状態にあり、パリ大学にゆかりの深い人間を大司教に迎えるわけにはいかなかった。コーションは、このすばらしい餌を前に、無敵の枢機卿が障碍を除去してくれることを期待しながら、彼を唯一の神のように仰ぎ、献身しつつ、その見返りを大口を開けて待ったのだった。

《乙女》がコーションの司教区の境（ほんとうは司教区の中ではなかったが、彼は、司教区内だと思わせようとした）で捕らえられたことで、彼は、時こそ来たれりと考え、イングランド王に、自分をこの裁判の正規の裁判官にしてほしいと要望する書簡を送った。それに対し、六月十二日、司教と異端審問官が合同し、かつ平行してこの審理に当たるように、との王の書簡がパリ大学に届いた。当然、その審問手続きは、通常の教会裁判所のそれとは異なっていた。それに対しては異論はなく、二つの司法団は巧く折り合いをつけられそうであったが、難問が一つ、残っていた。それは、被告の《乙女》が、まだブルゴーニュ派の掌中にあることであった。

ここで、パリ大学が前面に出てきて、ブルゴーニュ公とジャン・ド・リニーに書簡を送ることになり（七月十四日）、コーションが両人に届けた。そこには、イギリス人への忠誠心を示すことと、自分が正規の裁判権をもっているのだから、自分に囚人を渡してほしいとアピールすることとの二つの目的があったのだが、この奇妙な行動のなかで、彼の役回りは、裁判官のそれから交渉人のそれに移った。交渉のなかで、カネの問題が出てきて、彼は、この女は戦争の捕虜とみなすわけにはいかないが、イングランド王は彼女を捕らえた「ヴァンドームの私生児」に二百ないし三百リーヴルの年金を、また、彼女を拘留している人々には一括で六千リーヴルを支払うだろうと言った。しかも、イングランド王への手紙の末尾では、この額をさらに一万フランにまで吊り上げて、「フランスの習慣では、王や王子に支払うとなれば、これくらいは出されて当然である」と述べている。

イギリス人たちは、パリ大学やコーションのやり方をそれほど信用していなかったので、それ以上の強力な手段をとらなかった。コーションが提示したその日（または、その翌日）、イングランドの顧問会議は、イギリス人商人たちに対し、低地諸国、とくにアントワープで布地を買ったり、そのほかの品物を自分たちの羊毛と交換することを停止している（七月十九日）。これは、亜麻布とラシャ地というフランドルの主要産業を通してフランドル伯すなわちブルゴーニュ公に打撃を与えることを意図した措置であった。イギリス人たちは、一方の麻布については不買、他方のラシャについては、原料である羊毛の供給停止を決定したのであった。

このように、イギリス人たちが《乙女》を亡き者にするために動き始めたのに対し、シャルル七世は彼女を救うために動いただろうか？　何もしなかったように見える。彼は、多くの捕虜を手中にしていたから、報復をほのめかすことによって、彼女を守ることが可能であった。最近も彼は、大法官を仲介に立ててランス大司教と交渉していた。しかし、この大司教も、ほかの政治家たちも、ジャンヌに対して決して好意的ではなかった。彼女を好意的に迎え入れたシチリア王妃ヨランドも、アンジュー＝ロレーヌ派であったから、ブルゴーニュ派の手中にあった《乙女》のためには動くことができなかった。ロレーヌ公シャルル二世にいたっては、いつ息を引き取るかしれない状態で（原注・事実、この何か月かあとの一四三一年一月二十五日に亡くなっている）、その相続をめぐって争いが表面化していた。フィリップ善良公（ブルゴーニュ公）は、ロレーヌ公の娘婿で相続人になっているルネ・ダンジューではなく、その競争者のほうを支持していた。

こうして、利害と欲望の渦巻く世界は、あらゆる面で《乙女》に背を向け、あるいは、少なくとも無関心であった。善良なシャルル七世は彼女のために何もせず、これまた善良なフィリップ公（ブルゴーニュ公）は、彼女を敵の手に引き渡そうとしていた。アンジュー家はロレーヌを熱望し、ブルゴーニュ公はブラバントを欲しがっていた。とくにブルゴーニュ公が望んだのはイングランドとフランドルの商取引の継続であった。そのほかの小人物たちも、それぞれに利害関係をもっていた。ジャン・ド・リニー（ジャン・ド・リュクサンブール）はサン＝ポルの相続に期待を寄せ、コーションは、ルーアンの大司教座を狙っていた。

ジャン・ド・リニーの妻は、夫の足元に身を投げ出して、くれぐれも恥を残さないよう嘆願したが、無駄であった。彼は、すでにイギリスのカネを受け取っており、自由ではなかった。こうして、《乙女》の身柄は、直接にイギリス人ではなくブルゴーニュ公にではあったが、ともかく彼女を亡き者にしようとしていた陣営に引き渡された。リニーとサン＝ポルに足場を置くこの家門は、過去の栄光への思い出と度外れの野望をもって富を追求し、挙げ句はグレーヴ広場に散ることとなる。（原注・ジャン・ド・リニーの甥、サン＝ポル司令官（ルイ・ド・リュクサンブール）は、王家とブルゴーニュ公家に対抗して一つの国家を打ち立てようとしたが、一四七五年、ルイ十一世によりグレーヴ広場で斬首される。これは第十六部第三章で述べられることとなる。）《乙女》を引き渡したこの男は、己の不幸な結末を予感していたように見える。彼は、自分の武具に、重い荷物に押しつぶされようとしている駱駝を描かせ、次のような勇者らしからぬ悲しい銘句を添えている。

「Nul n'est tenu a l'impossible」（何ものも、不可能なことには堪えられぬ）

その間、囚われの乙女は、何をしていただろうか？　彼女の身体はボールヴォワールにあったが、その魂はコンピエーニュにあって、自分を見捨てた王のために、魂と精神とをもって戦っていた。彼女は、自分がいなければこの忠実なコンピエーニュの町は敗北し、それと同時に、北フランス全体での王の立場も失われると感じていた。すでに彼女は、ボーリューでも閉じこめられていた塔から脱出を試みていたが、自由の誘惑は、ボールヴォワールではなお一層強かった。彼女は、イギリス人たちが自分を引き渡すよう求めていることを知り、彼らの手中に陥ることに恐怖を覚えていた。崇敬する聖女たちにも相談したが、苦しみは受けなければならず、「イギリス王に会う以外、そこから解放される術はない」との答えしか得られなかった。「でも、それでは、神さまは、コンピエーニュのかわいそうな人々を見殺しにされるのかしら?」と心のなかで言った。

結局、コンピエーニュに対する「同情」という形のもとで脱走への誘惑が勝ち、彼女は聖女たちの助言に背いて塔から飛び降り、半死半生の状態で、発見された。リニーの婦人たちが介抱したが、彼女は死を望んで二日間、食事を拒絶した。

まもなく彼女の身柄はブルゴーニュ公フィリップに引き渡され、アラスへ移されたのち、ついで、今は砂に埋もれてしまっているコトロワ〔ル・クロトワ〕の主塔に入れられた。そこからは、海と、ときには、彼女がいつかは軍勢を率いて渡りオルレアン公シャルルを救出することを夢見たイングランドの大地を遠望することができた。塔のなかでは、毎日、司祭がミサを唱えた。ジャンヌも熱心に祈り、囚われの身ながら、祈りのなかで、壁を突き破り、敵を蹴散らした。大天使の啓示によって彼女が予言していたまさにその日である十一月一日、コンピエーニュは解放された。〔訳注・ブルゴーニュ派のものであったのをサントライユ、ラ・イールらが陥落させたのである。〕

ブルゴーニュ公はノワイヨンまで前進したが、それは、屈辱をより近くで受けるためであるかのようであった。彼は、さらにジェルミニ〔訳注・パリの東方〕でも敗北を喫した〔十一月二十日〕。ペロンヌではサントライユに戦いを挑まれたが、公はあえて応じなかった。

おそらく、これらの度重なる屈辱が、ブルゴーニュ公にイギリス人との同盟の維持と《乙女》の引き渡しを決意させたのであろうが、ただし、通商を断絶するとの嚇しだけでも、その効果は充分あったと思われる。彼は、真実の騎士をもって任じ、「騎士道の再興者」を自負していたが、フランドル伯としては根底においては職人や商人たちへの奉仕者でしかなかった。ラシャを製造していた諸都市も、亜麻布を織っていた田園も、通商断絶による失業の苦しみには耐えられるものではなかった。事実、そのために幾つも暴動が起きていた。

イギリス側がついに《乙女》を手に入れ裁判を始められるようになったとき、彼らの形勢はひどく不利になっていた。ルーヴィエを奪還できなかったばかりか、シャトー゠ガイヤール〔訳注・リチャード獅子王が建造した城で、イングランド人にとってフランス侵略の象徴的意義をもっていた〕を失っていた。梯子を使ってこの城を奪取したラ・イールは、そこに囚われていたバルバザンを見つけ、人々から恐れられていたこの隊長を解放した。幾つもの都市がシャルル七世の陣営に鞍替えし、占領していたイギリス人たちを追放した。パリにすぐ近いムランでは、市民たちは自分たちで守備隊を編成し市門を固めた。

このようなイギリス人たちの急激な形勢悪化にあって、それを食い止めるためには、強力で大規模な仕掛けが必要とされた。それを作動させるのに、ウィンチェスター枢機卿ヘンリー・ボーフォートが活用しようと考えたのが、《乙女》が魔女であることを明らかにする裁判とヘンリー六世の祝聖式であった。この二つは、一緒に動くことによって意味をもった。というより、一つのものであった。これによって、シャルル七世の祝聖式は魔女の主導によるもので、ヘンリーの祝聖式こそ正統であることが証明されるはずであった。前者が悪魔の塗油であったことが証明されれば、他方は神の塗油であることが明らかになるからである。

ヘンリー六世は十二月二日にパリに入城した。すでに十一月二十一日、パリ大学は、イギリス軍の意向を承けて、コーションに対しては裁判の遅れを非難し、王（ヘンリー）に対しては裁判の開始を嘆願する書簡を提出していた。しかし、コーションの動きはゆっくりしていた。彼にしてみると、報酬の支払いも定かでないなかで仕事を始めるわけにはいかなかった。彼が、ルーアンの司教区で裁判を行うことについて同参事会から承認を得たのは、それから約一か月後であった。

ウィンチェスターは、ただちに（一四三一年一月三日）「ボーヴェ司教の要請とパリ大学の勧告に基づき、被告の女を司教のもとに連行せよ」とのヘンリー王名義の命令を発した。ここで「連行」と言っているのは、この囚人を聖職者による裁判に移すわけではなく、「同女が納得しなければ彼女を取り戻す権利を保留したうえで」ただ貸すだけであることを示していた。イギリス人たちはいっさい危険を冒すことなく、ジャンヌのほうは死を免れないようになっていた。火焙り（feu）は免れたとしても、剣（fer）が待ち構えていたわけである。

コーションがルーアンで予審を開始したのは一四三一年一月九日である。彼は異端審問官をそばに坐らせ、ルーアン大学の博士、文学士ら八人といっしょに一種の評議を行うことから始めた。彼は、《乙女 la Pucelle》についての情報を提示したが、あくまで被告人を敵視する人々のみから集められたものであったから、これらの情報は、ルーアンの法律家たちには充分とは思われなかった。事実、それは内容に乏しく、当初は「魔術裁判 procés de magie」と規定されていたが、結果的に「異端裁判 procés d'hérésie」になった。

コーションは、反抗的なノルマンディー人たちを味方につけ、審理についての彼らの頑迷さを和らげるために、彼らの一人、ジャン・ド・ラ・フォンテーヌ（ジャンヌに対し比較的に好意的であった）を顧問検査官（conseiller examinateur）に指名した。しかし、裁判の進行役という、より積極的な役割は、ボーヴェの参事会員で彼に随行してきたエスティヴェなる男に託した。彼は、こうした準備的活動にほぼ一か月をだらだら過ごすことができたが、幼いヘンリー王が供の人々に連れられてロンドンに帰って（二月九日）いくと、王がいるときは静かにしていたウィンチェスター枢機卿が急に急き立て始めた。ウィンチェスターは、この裁判の進行については、誰も信用せず、「主人の眼が最も確かだ」というもっともな信念のもとに、自らルーアンに腰を据えてコーションの仕事ぶりを監視することにしたのであった。

最初の作業は、異端審問所を代表する修道士を確保することであった。コーションは、ノルマンディーの司祭やパリ大学神学博士から成る陪席判事たちをある参事会員の家に集めると、件のドミニコ会士（ジャン・ド・ラ・フォンテーヌ）を呼び、自分に同調するよう促した。若い修道士は、おずおずと「わたしの権限を認めていただけるなら、すべきことをしましょう」と答えた。司教は、求められたとおり、彼には充分な権限があると言明した。すると、修道士は、さらに「良心の恐れのためにも、裁判の確かさのためにも、わたしが自分の権限が充分であることを確信できるまでは、この裁判から手を引かせてほしい。誰か他の人をわたしの代わりに立てていただきたい」と言った。

しかし、彼は、なんと言おうと、逃れられないことを知った。とりわけ、恐れ戦きながらも、やる気にさせたのは、ウィンチェスターが骨折り料として金貨二十ソルを支給させたことであった。それは、貧しい托鉢修道士にしてみれば、一生かかっても眼に出来ない大金であった。

二月二十一日、《乙女》は裁判官たちの前に引き出された。ボーヴェの司教（コーション）は彼女に、裁判を手短に終わらせるためと良心への重荷を軽くするため、ごまかしたりすることなく真実を語ってほしいと、「優しさと慈愛をもって」頼んだ。それに対し、彼女は「何をお訊きになりたいかは存じませんが、何でも訊いてくださって結構です」と述べて、すべて真実を話すと誓うことに同意した。しかし、彼女が見た幻視については、「たとえ首を斬られても、お話しすることは無理です」と、これを除外した。それでも、人々は「信仰に触れること」には答えるよう、強引に誓わせた。

翌二十二日と、さらに二十四日も、審理は続いた。彼女は、相変わらず抵抗した。「ほんとうのことを言ったために縛り首にされることがある、ということは、小さな子供でも知っていることです」。しかし、最後にはこの戦いに疲れ果て、「知っていること全てではないが、《裁かれていること》については、全て話す」と誓うことに同意した。

年齢についての質問に「およそ十九歳」と答え、名前は、フランスでは「ジャンヌ Jehanne」と呼ばれているが、生まれた場所では「ジャネット Jehannette」と呼ばれていたと答えた。しかし、渾名の「ラ・ピュセル la Pucelle」については、女性特有の慎ましさから答えにくかったようで、「渾名については、わたしは知りません」としか言わなかった。

彼女が、脚に鎖を付けられていることで不満を訴えると、司教は「それは、お前が何度も逃げようとしたからだ」と言った。すると彼女は「逃げようとするのは、囚われている人なら誰でもすることです。もしわたしが脱走に成功しても、わたしを、信頼を裏切ったとして再び逮捕することはできないでしょう。わたしは何も約束していないのですから」と答えた。

人々は彼女に『主の祈り（Pater）』と『アヴェ・マリアの祈り（Ave）』を唱えるよう命じた。おそらく、もし彼女が悪魔に忠誠を誓っていたら、これらの祈りの言葉を唱えることはできないだろうと迷信的に考えたからであった。それに対し彼女は「もしボーヴェの司教さまがわたしの告解を聴いてくださるなら、喜んで唱えましょう」と言った。これは、巧みで、しかも、人々の心を打つ要求であった。敵である裁判官をこのように信頼していることを示すことによって、あわよくば、自分の精神的師父とし、自分が無実であることの証人にしようとするものであった。

コーションは拒絶した。しかし、彼が心を動かされたことは容易に察せられた。彼は、この日の審理を取りやめ、翌日は、自分では尋問せず、陪席判事の一人に質問させた。

第四回目の審理のとき、彼女は異様に生き生きしていた。彼女は《お声》を聞いたことを少しも隠さなかった。

「《お声》で目覚めると、わたしは手を合わせ、助言を与えてくださるよう祈りました。すると、『主にお願いしなさい』というお声が聞こえました。」

「それから《声》は何と言ったのかね？」

「『あなた方にははっきり答えるように』と。でも、わたしはすべてを言うことはできません。お答えすべきものをもっていないというよりも、《お声》を不快がらせる恐れがあるからです。きょうは、どうか、これ以上は訊かないでください。」

彼女が動揺しているのを見て、司教はなおしつこく言った。

「だが、ジャンヌ。それでは、ほんとうのことを言うと、神が不快がられるというのかね？」

「《お声》がわたしに告げたのは、あなた方のためではなく、王さまのためです」。そして彼女は、激しい調子でこう付け加えた。「ああ！　もし王さまがそれをご存じになったら、もっと安心して食事をされるでしょう。──王さまが、それをご存じになったら。そして、きょうから復活祭までワインを飲まないようにされるとよいのですが。」

このような無邪気な事柄とは別に、彼女は高尚な問題にも言及した。

「わたしは神さまの代わりに来たのです。ここでは、そうするほかはないのです。わたしを神さまのところへ送り返してください。わたしは、そこから遣わされたのですから。──あなた方は裁判官として裁くとおっしゃっていますが、ご自分のなさろうとしていることを、よくお考えになってください。なぜなら、わたしがほんとうに神さまのもとから遣わされたのなら、あなた方は、大きな危険を冒しておられることになるのですから。」

裁判官たちはこの言葉に怒って狡猾で陰険な質問を投げつけた。おそらく、それは、生きているどんな人間にも罪を犯さないでは発せられない質問であった。

「ジャンヌよ。お前は神の恩寵を受けていると思うか？」

彼らは、これで、彼女を解くことのできない輪差《わさ》にかけることができたと思った。「ノン」といえば、神の道具たるに値しないと自ら認めることであった。かといって、「ウィ」などと、どうしていえようか？　危うい存在であるわたしたちの誰が、この世で神の恩寵を受けているなどといえるだろうか？　思い上がりと自惚れ屋でないかぎり、そんなことは言えるものではない。そんなことを言ったとしたら、それこそ、恩寵から最も遠い人なのである。

彼女は、一種の英雄的かつキリスト教的簡明さをもって、この結び目を断ち切った。

「もしわたしが恩寵のなかにいなかったら、神さまが、そこに置いてくださるように。もし、いま、この恩寵のなかにいるとしたら、いつまでも、留めておいてくださるように。」

パリサイ人たちは、茫然自失した。

しかし、いかに勇壮であるとしても、やはり一人の女であった。──この崇高な言葉を口にしたあと、彼女は元の調子に戻り、キリスト教徒であるなら自然なことであるように、自分の状況について疑い、自らに問いかけ、自分を確信するよう努めた。

彼女は英雄的かつキリスト教的簡明さをもって答えた。パリサイ人たちは、茫然自失した

「ああ、もし自分が恩寵を受けていないと知ったら、わたしは、この世で最も哀れな人間でしょう。しかし、もしわたしが罪を犯していたとしたら、《お声》はわたしのところにはやってこなかったはずです。みなさんも、わたしと同じように《お声》をお聞きになれたらよいのに！……」

これらの言葉が、裁判官たちにとっかかりを提供した。彼らは、憎しみを倍加させて攻撃に戻り、彼女を打ち倒すために次々と質問を繰り出した。

「その《声》はブルゴーニュ派を憎むよう言わなかったか？」

「ジャンヌは子供のころ、妖精の樹のところへ行かなかったか？」……等々。

彼らは、なんとしても彼女を魔女として焼き殺したいようであった。

第五回の審理において、人々は《顕現 apparitions》という微妙で危険な問題をめぐって彼女を攻めた。司教は突然、思いやり深そうで甘ったるい口調になると、こう質問した。

「ジャンヌ。土曜日以来、からだの調子はいかがかな？」

鎖を付けられた哀れな囚人は言った。「ごらんのとおり、このうえなく元気です。」

「ジャンヌよ。この四旬節は毎日、絶食していたか？」

「それが裁判と関係がありますの？」

「もちろん」

「それなら、申しましょう。もちろん、ずっと絶食していました。」

それから話題は《幻視》と、王太子に現れた兆、聖カテリナや聖ミカエルのことに移った。そこでは、敵意を含んだ数々のぶしつけな質問が投げつけられたが、そのなかでも、聖ミカエルが現れたとき、その姿は裸だったかという質問が出された。彼女は、この質問の野卑さを分からないまま、天使のような純真さをもって答えた。

「それでは、あなたは、わたしたちの主が、聖ミカエルさまに何かお着せするものをお持ちでないと考えておられるのですか？」


三月三日には、何か悪魔と悪いつきあいをしていることを白状させようと、さまざまな奇妙な質問が浴びせられた。

「その聖ミカエルと聖女がたは、身体をもち、手足をもっているのかね？　ほんとうに天使なのかね？」

「そうです。わたしは、神さまを信じているのと同じくらい、そう固く信じています。」この言葉は、注意深く書き記された。

それから、彼らは話題を、彼女が男の衣服を着ていること、戦場で掲げた旗印のことに移した。

「騎士たちは、お前の旗印を真似て自分の旗を作り変えたりしなかったかね？」

「旗印をつけた槍が折れたときには、そういうこともありました。」

「お前は、これらの旗印は幸運をもたらしてくれると言わなかったか？」

「いいえ。ただ、わたしが言ったのは、イギリス軍のなかに思い切って突入せよ。わたしも突入する、ということでした。」

「だが、ランスの祝聖式のときに教会堂に掲げられたのは、ほかの隊長たちのそれではなく、この旗だったのは何故か?」

「この旗印は苦難を乗り越えてきましたから、そのような栄誉にあずかって当然でした。」

「お前の足や手、衣服にキスをした人たちは、どのような考えからそうしたのか?」

「貧しい人々が喜んでわたしのところにやってきたのは、わたしが彼らを不快がらせるようなことを全くしなかったからです。わたしは、自分の力の限り彼らを支え、守りました。」


彼女の答えに心を打たれない人はいないほどだったので、コーションは、これからは人数を限定し、目立たない形で作業を進めようと考えた。裁判の最初から振り返ってみると、陪席判事の数も顔ぶれも審理のたびに変わっており、尋問が行われる場所も変わってきていた。当初、被告人への質問はルーアン城の広間で行われたが、場所を牢獄のなかに移し、「他の人々を疲れさせないため」という理由をつけて、三月十日から十七日まで、陪席判事二人に証人二人を加えただけで行われた。コーションがこのようにあえて秘密裏に尋問を行うようになったのは、異端審問所の支持を得られると確信できるようになったからであった。三月十二日には、審問所代官も司教と一緒に審理を行うべしとのお墨付きをフランス異端審問総監から得ている。

新しい一連の審理のなかでは、コーションが前もって指示していた幾つかの点に絞って、しつこく追求が行われた。

それは、彼女が捕らえられたコンピエーニュからの出撃は、《声》の指示によったものだったか、ということである。これには、彼女は直接は答えなかった。

「聖女さまがたは、わたしが聖ヨハネ祭より以前に捕らえられること、それは必要なことであるから驚いてはならない、すべてをよく受け取り、神が助けてくださるだろうと告げておられました。わたしが捕らえられたことは、神さまのお心なのですから、最良のことだったのです。」

「お前は、父母の許しを得ないで出発したことを、よいことをしたとでも思っているのか? 父母を尊ぶのは、人の務めではないのか?」

「両親はわたしを許してくれました。」

「では、このような振舞いをしながら、まったく悪いことはしていないと考えているのか?」

「これは、神さまが命じられたことです。百人の父と百人の母がいたとしても、わたしは出発したでしょう。」

「《声》はお前を『神の娘』『教会の娘』『偉大な心をもった娘』と呼ばなかったか?」

「オルレアンが解放される前とそのあと、《お声》は毎日、わたしを『神の娘、乙女ジャンヌJehanne la Pucelle,fille de Dieu』と呼びました。」

「聖母御誕生の日にパリを攻撃したことは、よいことだったと思っているのか?」

「聖母さまの祭をお守りすることは、よいことです。正直に言って、毎日それを守ればよいのですが。」

「ボールヴォワールの塔から飛び降りたのは何故か?」(この質問は、彼女に自殺の意志があったと言わせるためであった。)

「コンピエーニュのかわいそうな人々が、七歳の子供にいたるまで皆殺しにされると聞いてじっとしていられなかったのと、わたしがイギリス人どもに売られることを知り、イギリス人の手に引き渡されるくらいなら死んだほうがましだと思ったからでした。」

「聖カテリナと聖マルガリータはイギリス人を憎んでおられるのか?」

「彼女たちは、主イエスが愛されるものを愛されます。そして、イエスが憎まれるものを憎まれます。」

「神はイギリス人を憎まれるのか?」

「神がイギリス人を愛しておられるか、憎んでおられるか、また、彼らの魂をどうされるか、それは、わたしには分かりません。しかし、フランスで亡くなった人々は別にして、彼らがフランスから追い出されるであろうことをわたしは知っています。」

「一人の人間を人質に取っておきながら、身代金を取ったあと死なせるのは、死に値する罪ではないのか?」

「わたしは、そんなことは一度もしていません。」

「アラスのフランケは殺されなかったか?」

〔訳注・アラスのフランケとは、前に述べられているように、ジャンヌが捕らえて裁判所に引き渡した盗賊である。〕

「その点は、わたしも同情しています。味方の人間と交換するつもりでしたが、できなかったのです。彼は、盗賊であり裏切り者であることを自白し、彼の裁判は、サンリスの裁判所で十五日間にわたって行われました。」

「お前はフランケを捕らえた男にカネを与えなかったか?」

「わたしはフランスの財務官ではありませんし、カネを与えたこともありません。」

「お前の王がブルゴーニュ公を殺させようとし、または殺させたのは、巧くやったと思うか?」

〔訳注・ブルゴーニュ公ジャン無畏が王太子の臣下によって殺されたこと。〕

「これは、フランス王国にとって大変残念なことでした。しかし、お二人の間に何があったとしても、神さまは、フランス王を助けるためにわたしを遣わされたのです。」

「ジャンヌよ。お前は自分が逃れられるかどうか、啓示によって分かるか?」

「それは、あなたの裁判にとって何の関係もないことです。あなたは、わたしに自分の意に反することを話させたいのですか?」

「そのことについて、《声》は何も言わないのか?」

「それも、あなたの裁判にとっては関係のないことです。わたしは、神がお好きなようになさるよう、お任せ申しています。」

そして、しばらくの沈黙ののち、

「ほんとうのことをいうと、わたしは時刻も日にちも知りません。すべては神の御心のままに行われますように！」

「では、お前の《声》は、そのことについては何もお前に言ってくれなかったのだね？」

「それは、その通りです。《お声》はわたしに、解放されるであろうこと、快活で大胆であるように、と言ってくれました。」

別の日、彼女は、こう付け加えた。

「聖女さまがたは、わたしが大いなる勝利をもって解放されるだろうとおっしゃいました。そして、このようにも言われました。『すべてを快く受け入れよ。殉教のことは気にかけるな。お前は、最後には天の王国にやってくるのだから』と。」

「すると、お前は、救われて、地獄におちることはないと確信しているのか？」

「聖女さまがたが言われたとおりに固く信じています。」

「その答えは大変な重みをもっておるぞ。」

「はい。わたしにとって大事な宝です。」

「それで、お前は、自分が死に値する罪を犯してはいないと信じているのか？」

「それはわたしには分かりません。わたしはすべてを主にお任せしています。」

裁判官たちは、ついに彼女を告発するための重要な領域に辿り着き、そこに一つの有力な手がかりを見つけた。この純潔で聖なる娘には、彼女を魔女であり悪魔の手下であることを裏づける、目に見える証拠は何一つなく、そんなものを見つけることは諦めなければならなかった。しかし、この「聖性」自体のなかに、すべての神秘家の聖性におけるように、攻めることのできる一つの側面があった。それは、秘密の声を教会の命令と同等あるいはそれ以上のものとして重んじる姿勢である。その《霊感》は、自由で枠にはまらないものであり、その《啓示》はあくまで個人的であり、神への服従というが、その神は内面的な神である。

この最初の尋問を終わらせるにあたって、彼女の言ったこと行ったことのすべてを教会の判定に委ねる意志があるかどうかが訊ねられた。それに対し彼女は「わたしは教会を愛していますし、持っている全ての力をもって教会を支えたいと願っています。わたしの行いの判定については、わたしを遣わされた天なる王にお任せしなくてはなりません。」

裁判官は、この質問を何度もしたが、彼女は同じ返事を繰り返し、「主なる神と教会——これは一つです」と付け加えた。

これに対し裁判官は「教会にも、神と聖人たちと救われた魂から成る『勝利の教会』と法王や枢機卿、聖職者といったよきキリスト教徒から成る『戦う教会』がある。この後者も、聖霊によって治められており、このよき集まりが過ちを犯すことはあり得ないが、これら二つは区別される必要がある。先ほどからの答えによると、お前は、『戦う教会』には服従しようと思わないということかね？」と糺した。
それに対し彼女が「わたしが王さまのところへやってきたのは、神と聖母マリアさま、聖人がた、天上の『勝利の教会』の名代としてです。わたしは自身のことの判定も、なしたこと、これからなすべきことの判断も、すべて、この『勝利の教会』にお任せします」と答えたので、裁判官が「『戦う教会』に対しては、どうなのか？」と訊くと、「いまは、それ以外のことは、何もお答えしません」と言った。

陪席判事の一人の言うところでは、彼女は、幾つかの点については司教も法王も誰も信じない、自分が持っているものは、神から受け継いだものだと述べたという。こうして、審理の論点は、彼女の純粋さと偉大さに絞られ、そこでほんとうの攻防が始まった。一方に、眼に見える教会、権威としての教会があり、他方には、見えざる教会と、それを証言する啓示がある。後者は、卑俗な人間の眼には見えなくとも、この信仰心厚き娘にははっきりと見えており、その声は明瞭に聞こえている。これらの聖女たちと天使たちは彼女の心の中に宿っていて、それが彼女にとっての《教会》となっていたのだ。神は、そこで皎々と光を放っているが、それ以外のところの何と暗いことか！

このような論争に解決はなかった。告発された側は、死ぬしかなかった。彼女は、譲歩することができなかった。かくもはっきりと眼で見、耳で聴いているのであるから、嘘をつかずにそれを取り消したり否認することはできなかった。他方の権威のほうも、裁判権を放棄したり処罰を避けたりすれば、権威でありつづけることができなかった。《戦う教会》は、武装せる教会である。それが帯びている武器は両刃の剣である。その剣は誰に対して振るわれるべきか？　明らかに不従順の輩に対してである。

恐ろしいのは、この教会を体現しているのが霊感を憎む理屈屋のスコラ学者たちであったことである。もし、この教会を代表しているのがボーヴェの司教のような冷酷非情の人間であるとすると、それは恐ろしいことであった。しかし、この司教の上に、他の裁判官たちはいったい存在しなかったのだろうか？　法王よりも公会議が優位にあると主張した司教派や大学派は、この特殊な事例の至高の審判者として、これから開かれようとしていたバーゼルの公会議を承認することはできなかったのだろうか？　他方、ドミニコ会士は法王の異端審問の代理人であったから、自身のそれに法王の裁判権が優先することに異議を申し立てるはずは、おそらくなかった。

ルーアンの法律家で、ピエール・コーションの友人として《乙女》の敵方であったジャン・ド・ラ・フォンテーヌも、この被告である娘に、実質的に何も犠牲にしないで上告審に救いを求めることができる旨を助言しないで、わざと無知なままに放っておけるとは思っていなかった。二人の修道士もまた、法王の至上権は保持されるべきだと信じていた。陪席判事が個々に被告を訪ねて助言するなどというのは正規のやり方でないことは分かっていたが、これら三人の実直な人々は、不正な勝利を収めるためには平気で規則を破るコーションを見て、自分たちも正義のためなら形式を破ることも躊躇しなかった。彼らは、大胆にも牢獄を訪れ、彼女に控訴を勧めた。

翌日、彼女は法王と公会議に控訴した。コーションは怒り狂って番人たちを呼びつけ、誰が《乙女》を訪問したか訊ねた。件の法律家と二人の修道士は、命の危険を感じ、この日以後、姿を消した。それとともに、法律に則っているというイメージも、この裁判から消え失せたのであった。

当初、コーションは、ルーアンで大きな力を持っている法律家たちの権威を自分の味方につけられると期待していた。しかし、まもなく、彼ら抜きでやらなければならないことを見て取った。法律家たちの重鎮であるジャン・ロイエに裁判の最初の審理記録を見せたとき、この法律家は、この裁判が、すべて形式どおりに行われておらず、審問が密室で行われ、陪席判事たちが自由でないこと、ただの娘がこのような重大な問題について博士たちに答えることはできないから、この裁判には何の価値もないと述べ、最後に、教会人であるコーションに法律家として「これは、この娘が味方している王太子の名誉に関する裁判であるから、彼も召喚し弁護人をつけるべきだ」と言い放った。この大胆な言葉は、カラカラ帝を前にしたパピニアヌス〔訳注・ローマ皇帝カラカラが弟である副帝ゲタを排除しようとしたとき、法学者のパピニアヌスはゲタを擁護したが、ゲタが殺された後、粛清された〕の率直さを想起させる。しかし、このノルマンディーのパピニアヌスは、かのローマ人が、その高い代償を払うのを元老院の椅子に坐して待ったように、坐して死を待ってはいなかった。彼は、ただちにローマへ向かって出発した。そして、法王から気に入られた彼は、法王庁裁判所の一員に加えられ、最後には『ラ・ロート La Rote』〔訳注・ローマ法王庁控訴院〕の首席判事になっている。〔訳注・このときのローマの法王とはエウゲニウス四世。〕

コーションは神学者たちからは支持されていたように見える。初めの何回かの審理のあと、彼は、ジャンヌが述べた答えを神学博士や聖職者たちと検討し、そこから彼女に不利になる幾つかの事項を引き出し、攻撃のための武器を調えた。これは厭なやり方だったが、結局は、異端審問の裁判では通例的かつ正規に行われていたことであった。《乙女》の答えたことから抽出され一般的な形で作成されたこれらの命題は、一見すると不偏不党的な外見をもっていたが、実際には、彼女の答えは敵意に満ちた意図のもとに歪められ、そのうえで相談を受けた神学者たちによりもっともらしく調えられたものでしかなかった。

この改変がどうであれ、相談を持ちかけられた博士たちみんなが、被告ジャンヌに対し敵意を抱いていたわけではなかった。彼らのなかにも本物の神学者や真摯な信仰者がおり、中世的信仰心を堅固に保持したそうした人は、《幻視》や《顕現》をそう簡単には却下できなかった。彼らは、過去の聖人たちの生涯に起きたあらゆる奇蹟や伝説を検討し論議することを求めた。その一人で、尊敬すべきアヴランシュ〔訳注・ノルマンディー地方〕の司教は「この娘の言っていることのなかには、聖トマスの教理によればありうることで、軽々しく否定できないことがある」と答えている。

リジュー〔訳注・同じくノルマンディーでカンの東〕の司教は、ジャンヌの言う《啓示》には悪魔によって吹き込まれたものである可能性があることを認めつつも、単なる嘘であるかもしれず、もし彼女が教会に素直に従わないのなら、彼女は「離教者」として、また「信仰において疑いある者」として裁かれるべきであると人間味をもって付け加えている。

ノルマンディーの多くの法学者《レジスト》たちは、「彼女が神から命を受けたのでないかぎり」という条件つきで、有罪、しかも甚だしく有罪であると答えた。一人の準騎士にいたっては、彼女を全面的に有罪としつつも、女としての弱さを考慮して、もう一度、十二項目について質し、そのうえで法王に差し出すべきだと主張した（彼は、この事件が法王には伝えられていないのではないかと正当にも疑ったのである）。もし、そうなったら、裁判は無限に引き延ばされたであろう。

陪席判事たちは、大司教館の礼拝堂に集まり、命題について彼女の有罪を決議した。同じように諮問を受けたルーアンの参事会は、大司教として迎えることに嫌悪感を覚えている男（コーション）に花を持たせるのを避けようと引き延ばしを図り、同じように意見を求められているパリ大学の返事を待つことにした。パリ大学の見解ははっきりしていた。ガリカニズム的、スコラ学的なこの党派が、《乙女》に対し好意的であるはずはなかった。この党派に属するクータンスの司教の答えは、苛烈さで際立っていた。彼はボーヴェの司教に、彼女を《悪魔の手先》と断じ、その理由として「この女には聖グレゴリウスが求めている徳と人間性という二つの資質が欠けているからだ」とし、彼女の言っていることはあまりにも異端的で、かりに彼女が撤回したとしても、その後もずっと厳しく監視する必要があると述べている。

これらの神学者や博士たちが、超自然的な啓示と介在に対する信仰という中世全般の教理とその基盤をなしていた宗教的原理を、かくも躍起になって破壊しようとしているのは、奇妙な光景という以外にない。しかも彼らは、天使たちの啓示や介在を疑う一方で、悪魔のそうした介在については信じて疑わなかったのだから。

内なる啓示も、教会が黙っているよう命じたときは取り消さなければならないのか？　この問題が外の世界で喧しく論議されているとき、《乙女》もまた、最も強固に信じ確言しつつも、魂のなかでは検討していたのではなかろうか？　彼女の誠実で純粋な魂のなかでも、信仰の聖域に対する戦いとして繰り広げられていたのではないだろうか？

そのように信じるに足る理由がある。

彼女は、あるときは「法王さまに従います」と言って、自分を法王のもとに送ってほしいと要求し、あるときは、信仰箇条については法王や高位の聖職者そして教会に従うが、自分のしたことについては神さまにしか委ねることはできないと言って二つを区別し、また、あるときは、もはや、そうした区別もしないで、「わたしの王さまである天上と地上の審判者」にのみ服従すると言った。

このような人間的側面を、もっと神的であってほしいと願い、曖昧さのなかに隠しておこうとしても、そこにある「ぶれ」は明白である。これについては、裁判官たちが彼女を動揺させることに成功したからだと言われてきたが、それは誤りである。ある証人は「彼女はとても細やかで女性特有の繊細さを備えていた」と言っているが、わたしは、彼女を捕らえ、死の寸前にまで追い詰めていたこの病は、彼女の心のなかの戦いのせいだと考えたい。だからこそ、彼女に現れる天使が、戦いを司る聖ミカエルから神の恩寵と愛の天使である聖ガブリエルに交替したとき、彼女は持ち直したのだった。

彼女が病に倒れたのは聖週間〔訳注・復活祭に先立つ一週間。その初日の日曜日が、キリストのエルサレム入城を信者たちが棕櫚《シュロ》の枝をもって迎えたことに由来する「枝の主日dimanche des Rameaux」〕のことである。誘惑が始まったのは、おそらくこの枝の主日であった。森のなかの村で生まれ、田園で育って、ずっと青空のもとで生きてきた彼女が、花の復活祭を塔の底の牢獄で過ごさなければならなかったのだ。教会が祈ってくれる偉大な救いも、彼女のところにはやってこないのだ。「門は少しも開かれなかった。」門が開かれたのは、火曜日のことであった。しかし、それは、彼女を被告として城の大広間の裁判官たちの前に連れ出すためであった。ここで、彼女の答えから抽出された条項が読み聞かせられたのだが、それに先立ち、司教は、こう言っていた。

「これらの博士たちは、みな教会の人々で、聖俗の両法に通じた学者であり、寛大で憐れみ深く、報復も肉体的懲罰も求めず、ただ彼女を目覚めさせて真理と救いの道に入れることのみを願っている人たちである。ただ、彼女が高邁な問題には慣れていないので、司教と審問官は、そうしたことについて助言してくれる人を何人か選ぶよう提案する。」

彼女は、集まっている人々のなかに親しい顔が一つも見つからないので、穏やかに答えた。

「わたしの幸せと信仰について諭してくださったことについては感謝申し上げます。御提示くださった助言者に関しては、わたしは、我らの主のご助言を蔑ろにするつもりは全くありません。」

提示された最初の項目は、《服従》という重要な問題に触れたものであった。彼女の答えは、これまでと同じであった。

「わたしは、われらの聖なる父たる法王さま、司教そのほかの教会の方々は、キリスト教の《信仰》を守り、それに背く人々を罰するためにおられるのだと心から信じています。わたしの《行為》につきましては、わたしは天上の教会と神、聖母さま、天なる聖人・聖女さまがたにのみ従います。わたしはキリスト教の信仰に背いたことは、これまでも全くありませんし、背こうとも思いません。」

そして、さらに「わたしは、我らの主の御命令によってしたことを取り消すくらいなら、むしろ、死んだほうがましです」とまで言った。

この時代を特徴づけていたのが、精神を考慮しないで文字に盲目的に固執するこれらの博士たちの愚かさである。このため、彼らは、彼女が男の服装をしていることを何より重い罪とし、教会法を根拠に、彼女が自分の属する性に反した服装をしていることは神の前に忌むべきことであると断じた。これに対し彼女は、直ぐには答えようとせず、翌日まで延ばしてほしいと要求した。判事たちが彼女に男の服を脱ぐよう強引に迫ると、「わたしがいつ、この服を脱げるようになるかは言えません」と答えた。

「しかし、もし、そのためにミサに与ることを禁じられたら、どうするか?」

「けっこうです。わたしたちの主は、あなた方ぬきでも、ミサに与れるようにしてくださいます。」

「復活祭で救世主をお迎えするために、女の服を着ようとは思わないのか?」

「いいえ。わたしは、この服を脱ぐことはできません。我が主をお迎えするために、この服と他の服を区別しなければならないとは思いません。」

それから、彼女は動揺した様子で、せめてミサを聴くことは許してほしいと求め、「市民の娘たちが着ているような丈の長いドレスをいただけたら」と付け加えた。

彼女が弁明のために顔を赤らめていることは、よく分かった。哀れな娘は、牢獄のなかで、どのように絶え間ない危機に晒されているかは、あえて言わなかった。彼女は三人の兵士、それも、「ならずもの houspilleurs」と呼ばれていた連中と同じ部屋で寝起きしていた。しかも、彼女は太い鎖で梁に繋がれていたので、彼らのなすがままにされる恐れがあった。男装は、そのようななかで身を守る唯一の命綱だった。それを脱がせようとする裁判官たちの愚かさ、この恐るべき共謀ぶりは何といったらよいだろうか？

このような兵士たちに見張られ、不意に襲われたり侮辱されるたりする脅威にさらされたうえに、部屋の外からも監視されていた。ウィンチェスター枢機卿（ヘンリー・ボーフォート）、異端審問官（ジャン・ル・メートル）、ピエール・コーションが、それぞれに塔の鍵をもっていて、常時、彼女の様子を見張った。壁には幾つもの穴が開けられていた。いわば、この地獄のような監獄にあっては、壁の石の一つ一つが眼を持っていたわけである。

彼女にとって、当初、せめてもの慰めは、シャルル七世を支持して囚われの身になったと称する一人の司祭との接触を許されたことであった。この人物はロワズルールというイギリス方のノルマンディー人ということであったが、実はイギリス人の手先で、ジャンヌが彼を信頼して告解した内容は、物陰に潜んだ書記によって筆記されていた。ロワズルールは彼女に抵抗するよう唆したが、これも彼女を亡き者にするためだったと言われている。その証拠に、彼は、彼女を拷問にかけるかどうかが審議された（彼女は何も否定もしなければ隠しもしなかったから、拷問などは無用のことであったが）ときも、この残虐なやり方に賛成する意見を述べている。

囚われの乙女の悲嘆は、聖週間のあいだ宗教上の救いを剝奪されたことによって、いっそう深くなった。木曜日の聖晩餐（Cène）にも彼女は与らせてもらえなかった。これは、キリストの《最後の晩餐》にちなんで、あらゆる貧しい人がキリストの食事に招かれるという意義をこめた行事であったが、ここでも彼女は「忘れられた」のであった。

聖金曜日は「大いなる沈黙の日」である。すべての物音は絶え、各人が己の心にのみ耳を傾けるこの日、裁判官たちにあっても、人間性と宗教的感情が老いたスコラ学者の魂に語りかけたようであった。水曜日には三十五名が出廷していたのに、土曜日には九名しか出廷していない。おそらく残りの人々は、その日のお勤めを口実に欠席したのであろう。

反対に、彼女のほうが元気を取り戻した。自らの苦しみをキリストのそれに結びつけて立ち直ったのである。彼女は「《戦闘の教会》に身を任せます。わたしに不可能なことを命じられるのでない限り」と答えた。

「それでは、お前は、地上の教会に、われらの聖なる父たる法王そして枢機卿、大司教、司教な

ジャンヌが信頼して告解した内容は、物陰に潜んだ書記によって筆記されていた

ど高僧がたに服従すべきだとは思わないのか？」
「はい。お仕えするのは、われらの主に対してです。」
「お前の《声》は、戦闘の教会に服従することを禁じておるのか？」
「まずわれらの主に従うことで、そのうえでならば、禁じてはおりません。」

この頑固さは、土曜日にも揺るがなかった。しかし、その翌日の偉大な復活の日曜日には、どうなったか？　五百を数えるルーアンの教会の鐘がその慶びの音を大空に響かせ、キリスト教世界が救世主とともに蘇っているとき、彼女ひとり死のなかに留まっていたのだろうか？

キリスト教世界が一体感に浸っているこのとき、信仰に生きる若い魂にとって、この残酷な孤立は何だったろうか？《幻視》と《啓示》に彩られた内面生活のなかで、それでも教会が命じることには素直に従ってきた彼女、それまでは教会のよき娘であることを誇りにしてきた彼女にとって、その教会が自分に向かって居丈高に迫ってくるのを、恐怖なくして見ることができただろうか？天国の門が人類に開かれ、みんなが神と一つになる悦びに包まれているこのとき、自分だけがのけ者にされているのだ！

しかも、この排除を不当だといえただろうか？　自分にも神を迎え入れる権利があると断固として主張するには、彼女は、あまりにもキリスト教的であった。――要するに、これほどの偉い坊さまや博士の人々に口答えしたのだ。無知な小娘のくせに、学問を積んだ高位の人たちに刃向かったのだから、驕慢の罪を免れることはできないのではないだろうか？　――こうした恐怖心が彼女を襲ったことは想像に難くない。

だが、他方からすると、この反抗は、ジャンヌのなせるものではなく、彼女を支え、そのような答えを言わせた聖女がたや天使のなせることであった。

――ああ！　これほど助けにきてほしいときに、彼らが姿を現すのがこのように稀なのは、どうしてであろうか？　慰めに溢れた聖女たちの顔が、日毎に薄れ、ぼんやりしてきたのは、なぜなのか？　あれほど約束された《解放》が、どうしてやってこないのか？　囚われの乙女が、こうした疑問を、しばしば我が身に問いかけたであろうことは疑問の余地がないし、聖女や天使たちと秘かに、穏やかに論争したであろうことも疑いない。だが、約束を守ってくれないような天使が、はたして本物の天使だろうか？　――この恐るべき考えが彼女の心をよぎることはなかったとわたしたちは期待しよう。

逃げ道は一つあった。それは、否認はしないまでも、断定的に言うのではなく、「そうかもしれません」と、あいまいに言うことであった。法律家たちからすると、そんなことは簡単のように思われた。しかし、彼女にしてみると、それは、実質的に否認するのと同じで、天上の友の仲間入りをする美しい夢を棄て、聖なる姉たちを裏切ることに他ならなかった。それくらいなら、死んだほうがましだった。結局、不幸な乙女は、眼に見える教会からも天上の教会からも見捨てられ、この世からも自分自身からも責められて、気力を失ってしまった。魂の衰えに身体も従った。

ちょうどその日、彼女は、「憐れみ深いボーヴェの司教」（コーション）が差し入れてくれた魚を食べ、嘔吐した。彼女は、魚に毒を仕掛けられたと思ったようである。事実、司教は、そのことに関わりをもっていた。彼にとっては、ジャンヌが死んでくれたほうが、自分も裁判から解放されるであろうから、都合がよかった。しかし、それは、イギリス人たちの思惑に反することであった。ウォリック卿（リチャード・オブ・ボーシャン）はひどく心配して、こう言った。

「彼女が自然死を遂げることは、《王》の望んでおられることではない。《王》は、高い値で彼女を買われたのだ！　あくまで裁判を受け、焼き殺されなければならんのだ。——病気から回復させるよう取りはからえ。」

そこで、彼女には手当がされ瀉血が行われた。身体が衰弱し、いまにも死にそうであることを耳にして、裁判官たちは、彼女が前言を撤回しないまま死んでしまうのを恐れてか、あるいは、衰弱に乗じて精神も言うことを聞かせられると考えたからか、一つのことを試みた（四月十八日）。彼らは牢獄に彼女を訪ね、もしも助言を受け入れ教会に従わないなら重大な危険に陥るだろうと戒めたのである。彼女は言った。

「この病状からいって、わたしは死ぬかもしれません。もし、そうなら、神さまの御心のままに従い、告解して、わが救い主を受け入れて、聖なる土地に埋葬していただきたいと思います。」

「もしも、お前が教会の秘蹟に与ることを願うのなら、よきカトリック信者として、教会に服従することが必要である。」

彼女は、何も抗弁しなかった。そして、裁判官が同じ言葉を繰り返すと、こう言った。

「身体は牢獄で死んでも、あなた方はわたしを聖なる土地に埋めてくださるでしょうね。もし、そのようにしてくださらないなら、わたしは、我らの主に、そのことを報告します。」

すでに彼女は、尋問のなかで、自分の最後の願いの一つを表明していた。

「お前は、男の服装をしているのは神に命じられたからだと言っているくせに、死ぬときは女の服を着たいというのか？」

「丈が長ければよいのです。」

この感動的な答えは、この極限状況にあって彼女が命のことよりも羞じらいに心を向けていたことを物語っている。

博士たちは病人に長々と説教し、最後に、ニコラ・ミディ師が厳しい口調で言った。彼は、パリのスコラ学者の一人で、彼女に勧告する任務を特別に負っていたのである。

「お前は、もし教会に従わないなら、イスラム教徒として棄てられるであろう。」

それに対し彼女は穏やかに、「わたしは、よきキリスト教徒です。洗礼もちゃんと受けていますし、よきキリスト教徒として死ぬでしょう」と答えた。

このような裁判の遅滞ぶりに、イギリス人たちの苛立ちは頂点に達した。ウィンチェスター枢機卿は、これからの戦いの前に裁判の決着をつけ、囚われの乙女から自白を引き出してシャルル王に恥をかかせたいと考えていた。この一撃を食らわせてからルーヴィエを奪還し、ノルマンディー、セーヌ地方を確保すること、そうしてこそ、もう一つの神学上の戦いに歩を進め、バーゼルの公会議にキリスト教世界の裁定者として臨み、法王の任免も意のままに行うことができると考えたのであった。ところが今は、このような壮大な展望も抑えて、小娘に言いたいことを言わせておかなければならないのだ。それが彼には我慢がならなかった。

他方、コーションは、ルーアンの参事会に催促して乙女に不利な決議をさせようとしたが、その前に、不器用な彼は、人々に自分を「大司教猊下 Monseigneur l'archevêque」と呼ばせて、彼らの気分を害していた。ウィンチェスターは、これらのノルマンディー人の仕事の遅滞に呆れて、パリ大学の神学法廷に直接審議させることにした。

その返事を待つ間、《乙女》の抵抗を挫くため、策略と恐怖の幾つか新たな試みがなされた。二回目の訓戒〔五月二日〕において、説教師のシャティヨンはジャンヌに、彼女が見た《幻視》の真偽判定は彼女の支持者たち〔訳注・ランス大司教など〕に任せることを提案した。彼女は、この罠にかからず、「わたしにとって裁き主は、天と地の王であることに変わりありません」と述べ、以前のように「神と法王」とは言わなかった。

「よろしい！　お前は教会から見捨てられ、魂も身体も火に焼かれる危険に晒されることとなろう。」

「あなたは、身体にも魂にも危険を及ぼさないとおっしゃったのに、それでは守ってくださらないのですね。」

人々は、漠然とした嚇しでは足りないと考えた。三回目の訓戒（五月十一日に彼女の獄房で行われた）には、死刑執行人も同席し、拷問の準備が進められていることが言明された。――しかし、これは実行されなかった。彼女が勇気を取り戻し、しかも、これまでにないほど元気になったことは、見た目にも明らかであった。《誘惑》による一時の心の動揺から立ち直った彼女は、神の恩寵の源泉に向かって一段と高く昇っていた。彼女は言った。

「大天使ガブリエルさまが来られ、わたしを元気づけてくださいました。ガブリエルさまであることは、聖女がたがわたしに保証されました。わたしのなしたことを命じられたのは、いつも神さまであって、悪魔がわたしを支配したことは一度もありません。――たとえ手足をもがれ、魂をこの身体から抜かれることがあっても、この言葉を翻すことはありません。」

このように彼女には聖霊が輝いていたので、最後の敵である説教師のシャティヨンでさえ心を打たれ、彼女を弁護して、このような裁判のやり方は自分には無益に思われると言い出した。コーションは怒りに我を忘れて彼を黙らせた。

パリ大学の返事がついに来た。回答は、十二の命題について、この娘は悪魔の言うままになっており、両親にも従わず、キリスト教徒の血を正しく受け継いでいるとは言えないなどと結論づけていた。これが神学部の意見であったが、法学部の意見は、もっと穏健で、彼女を罰するにしても、それは、彼女が自分の考えに固執している場合と、正常な意識を保っている場合であると、二つの条件をつけていた。

同時にパリ大学は法王と枢機卿たち、イングランド王にも書簡を送り、ボーヴェの司教について、「彼はきわめて謹厳に、神聖にして正当な裁きを行ってその重責を全うしており、そのことについて各人は満足すべきであると思われる」と称賛している。

このパリ大学の回答を根拠に、何人かからは、もうこれ以上待たないで彼女を火刑にすべきだという意見が出された。そうすれば、彼女によって権威を傷つけられた博士たちは満足したであろうが、それではイギリス人たちは満足できなかった。イギリス人たちが求めたのは、彼女から《前言の撤回 rétractation》を引き出し、シャルル王に恥をかかせることであった。そこで新しい説教師のピエール・モリスが、「あらゆる学問の光」であるパリ大学の権威を利用して、もう一度訓戒を試みたが思うような結果は得られなかった。ジャンヌは「執行役人と火を目にしても、また火をつけられ、全身を火に包まれたときも、わたしはこれまでに言ったことしか言えないでしょう」とつっぱねた。

聖霊降臨祭の翌日の五月二十三日、木曜日。いつまでもルーアンに留まっているわけにいかないウィンチェスター枢機卿ヘンリー・ボーフォートは、頑固な《乙女》を怖がらせるか、少なくとも民衆に変化を起こさせることを狙って、大々的な公開の見せ場を演出した。前日の夕方には、ロワズルール、シャティヨン、モリスがジャンヌを訪れ、もし彼女が素直に言うことを聞いて男装を脱ぎ女の服に着替えるなら、身柄は教会関係者のもとへ移され、イギリス人たちの手から離されると約束した。

いずれにせよ、このおぞましい喜劇が演じられたのは、美しくも厳めしいサントゥアン修道院付き教会（当時、すでに、今見られるような姿になっていた）の裏手の墓地においてであった。桟敷が二つ設けられ、その一つにはウィンチェスター枢機卿、二人の裁判官、三十三人の陪席判事が並び、その下には書記たちが坐った。別の桟敷には、拷問役人と番人たちに囲まれて男装のジャンヌ、そして彼女に訓戒する説教師、彼女が過ちを自白した場合、それを書き取る書記たちがいた。その桟敷の足元の群衆のなかには、彼女が引き渡されるとそのまま刑場へ連行するため荷車を用意して待機している死刑執行人が人目を引いていた。

この日の説教師は高名な神学博士のギヨーム・エラールで、彼は、このすばらしい機会に存分に雄弁を振るおうと意気込んでいたが、熱を入れすぎて、すべてを台無しにした。

「ああ、気高きフランス王家よ。常に信仰の保護者でありし汝は、異端にして分裂主義者の女と結びついて、かくのごとく欺かれしか！」——声を張り上げ、指を立てて、「わたしが話しかけているのは、ジャンヌよ、お前に、だよ。お前の王は異端者で離教者だと言っているのだよ。」

このとき、それまで辛抱強く聞いていた驚嘆すべき娘は、全ての危険を忘れて、こう叫んだ。「畏れながら、わたしの名誉をかけて申し上げます。また命をかけて誓います。あの方はあらゆるキリスト教徒のなかで最も気高い方であり、誰よりも信仰と教会を愛しておられます。あなたが言われるような人ではありません。」

「彼女を黙らせよ！」――コーションが叫んだ。

あれほど労力とカネをかけて努力した結果が、こうしてふいになってしまったのだ。被告の女は、自分が言ってきたことを撤回しなかった。彼女から今度得られたのは、法王に従うということだけであった。それに対し、コーションは「法王がおられるところは、あまりにも遠い」と答え、前もって書かれていた判決文を読み始めた。そのなかには、とりわけ、次のように述べられていた。「さらに汝は、頑迷な精神によって聖なる父および公会議に服従することを拒絶した」云々。

その間、ロワズルールとエラールは彼女に、自らを愛おしむよう懇願し、司教も幾らか希望を取り戻して、読み上げを中断した。これにはイギリス人たちが怒り出した。ウィンチェスター枢機卿の秘書がコーションに「お前がこの娘に好意を抱いていることは見え見えだ」と言い、枢機卿付き司祭も同調した。司教が「そんなことは嘘だ！」と叫ぶと、もう一方は「それでは、お前は王を裏切っているのだ」と言い返し、二人は判事席で殴り合いを始めそうになった。

説教師のエラールは、挫けず、なおも脅したり賺したりした。「ジャンヌよ。わたしたちは、お前のことをこれほどまで可哀想に思っているのだ」と言ったかと思うと、「間違った考えを棄てよ！　さもなければ火焙りにされるぞ！」と嚇した。みんなが口を挟んだ。執行吏まで憐憫の情に駆られて譲歩するよう彼女に嘆願し、そうすれば、イギリス人たちの手から引き離されて教会に移されるのだと説得した。ついに彼女が「わかりました。署名しましょう」と言ったので、コーションは枢機卿に、「いかがしましょうか？」と恭しく訊ねた。すると、この聖職の君主は「改悛の秘蹟を彼女に認めてやることだ」と答えた。

ウィンチェスター枢機卿の秘書は、ローブの袖から「前言取消し状」〔原注・このときは六行から成る小さなものだったが、その後、公刊されたときは六ページから成るものになっていた〕を取り出し、彼女にペンを持たせた。しかし、彼女は署名の仕方を知らなかったので、微笑んで円を一つ描いた。秘書は、その手を執って十字の印を書き加えさせた。

恩赦の宣告文はきわめて厳しいものであった。

「ジャンヌよ。我々は、お前が、苦しみのパンと苦悩の水をもって牢獄のなかで残りの日々を過ごし、涙をもて罪を濯ぐよう申し渡す。」

彼女は、教会の判事によって悔悛の秘蹟を受けることを許されたが、それは、おそらく教会の牢獄のなかでなされるはずであった。それならば、《教会の地下牢》〔訳注・ラテン語で「in-pace」（インパスあるいはインパチェ）と呼ばれ、破戒僧などを懲らしめるために設けられていた〕に移されるのだから、それがいかに苛酷なものであったとしても、少なくとも彼女をイギリス人たちの手から逃れさせ、彼らの侮辱から庇護し、名誉を守ってくれるはずであった。司教が「女を囚われていたところへ連れ戻せ」と冷たく言い放ったときの彼女の驚きと絶望はいかばかりだったろうか！

何一つなされなかった。欺かれた彼女は、一度は前言を撤回したものの、結局はまた取り消さざるをえなかった。しかし、仮に彼女が固執しようとしても、イギリス人たちは、それを許さなかったであろう。彼らは、彼女が《魔女》として焼き殺されることを期待してサントゥアンにやってきて、息を弾ませて待っていたのだ。彼女が渋々、小さな羊皮紙に署名したくらいで彼らが納得するはずがなかった。司教コーションが判決文の朗読を中断したときでさえ、枢機卿への尊敬心などこへやら、幾つもの石が桟敷席に飛んできた。逃げ出そうとする博士たちが抜き身の剣を突きつけられる光景があちこちで見られた。イギリス人のなかでも最も穏和な人々は、「坊主どもめ！　お前たちは、王さまから、もうカネはもらえないぞ！」と侮辱的な言葉を吐くことでなんとかとどめ、博士たちは、「心配しないで下さい。われわれが、ちゃんとやりますから」と言いながら、慌てて逃げ出したのだった。

血への渇きを露呈したのは、ふだんから残忍な下級兵士や「モッブ mob」と呼ばれた下層のイギリス人だけではなかった。貴族や大貴族たちも、彼らに劣らない執念を見せた。王の側近で傅育係であったウォリック卿も、兵士と同様、「あの娘を焼き殺さなければ、王は病気になられるだろう」と言った。

ウォリック卿リチャード・ボーシャンは、イングランド人たちの考えでは「完成されたジェントトルマン」であり、「完全無欠のイギリス人」であった。勇敢で信仰心厚く、主君のヘンリー五世と同じく、英国国教会l'Eglise établie〔訳注・いわゆる「アングリカン・チャーチ」が制度化するのは十六世紀であるが、ミシュレは、すでに、この時代から、その萌芽はあったと見たのである〕の熱烈な擁護者であった。聖地エルサレムに巡礼し、騎士として各地に旅して騎馬試合をした。カレーの市門の前で騎馬試合を行って、フランスを代表する騎士たちを打ち負かした。この祭典は長く人々の記憶に残り、その勇名と華麗さは、「キング・メーカー faiseur de rois」への道をウォリックに用意するのに少なからず寄与した。〔訳注・いわゆる「キング・メーカー」は、同じウォリック伯の名を引き継ぐがヘンリー・ボーシャンの娘婿のリチャード・ネヴィルである。〕

この騎士道精神の権化のようなウォリックですら、戦争で捕らえられた一人の女の死を求める熱心さにおいては人後に落ちなかったのだ。イギリス人たちは、その最も優れた人間として尊敬されている人物でさえ、自分たちに剣で恥をかかせた女を、卑劣にも僧侶たちに裁かせて焼き殺すことに何の恥じらいも覚えなかったのである。

偉大なイギリス国民は、多くの長所をもっていたが、それらを帳消しにしてしまう短所をもっていた。その大きくて根深い短所こそ、《思い上がりl'orgueil》すなわち「傲慢」である。これは厄介な病であるが、それでもやはり、彼らの生き方の原理であることに変わりはなく、そのことが彼らの露呈するさまざまな矛盾と彼らの行動の謎を説明してくれる。彼らには幾つもの美徳と罪があるが、それらの帰着するところこそ《自尊心》すなわち《思い上がり》である。彼らの滑稽さも、まさに、ここから出てくる。この《思い上がり》は痛々しいほどに並外れて感受性に富んでいるため、彼らは限りなく苦しめられながら、その苦しみを、これまた自尊心から隠そうとするので、隠せば隠すほど露呈せずには済まない。

英語には、そうした《苦しみ》を表現するのに「disappointment」〔訳注・「失望」「期待はずれ」の意〕と「mortification」〔訳注・「屈辱」「悔しさ」の意〕という二つの独特の語彙があるが、いずれも、そこにあるのは「自己崇拝」――被造物である自分への内面的崇拝――であり、それがサタンの堕落の根源たる「究極の不敬罪 suprême impiété」なのである。〔訳注・キリスト教神学では、天使が堕落して悪魔になったとする。〕

イギリス人が、あれほど多くの人間的美徳をもち、まじめで、外面的には正直で、「聖書的精神の塔」を築き上げながら、どの国民よりも神の恩寵から遠い理由はそこにある。『キリストにまねびて Imitation de Christ』を書くことができたのはフランス人であり、ドイツ人、イタリア人もその可能性をもっていた。しかし、それを書くこともなかったし、おそらく決して書けない唯一の国民がイギリス人である。シェイクスピアからミルトンまで、ミルトンからバイロンまで、彼らの美しくも陰鬱な文学は、懐疑的でユダヤ的、悪魔的で、要するにアンチ・クリスト的である。アメリカ・インディアンたちは、しばしば、独創的な洞察力をもっているが、彼らなりの流儀で、こう言った。

「キリストは、イギリス人たちによってロンドンで磔にされたフランス人で、ポンティウス・ピラトは大英帝国に仕える役人であった。」

《乙女》に対するイギリス人たちの憎しみには、イエスに対するユダヤ人たちの憎しみを上回るものがあった。これは言っておかなくてはならないことだが、《乙女》は、イギリス人たちの素朴で根深い自尊心、思い上がりの最も敏感な部分を残酷に傷つけた。オルレアンでは、無敵を誇った重装騎兵隊と有名な弓兵隊をタルボットを先頭に敗走させた。オルレアン近郊のジャルジョーでは、彼らは、なす術もなく捕らえられた。パテー〔訳注・同じくオルレアンの近く〕では、小娘を前に一目散に逃亡しなければならなかった。このような惨めな敗走は、イギリス人たちにとっては考えるだけでも辛いことで、だからこそ心のなかで絶えず反芻せずにおれないことであった。――一人の娘が彼らを怯えさせたのであり、いまは鎖に繋がれていても、これからも、また怯えさせられないと限らなかった。「自分たちを怯えさせたのは、単なる小娘であるはずがなく、明らかに彼女が悪魔の手先だからである」――少なくとも、彼らは、そのように信じないではいられなかった。

しかしながら、それには難関が一つあった。それは彼女が《処女》と言われていることであった。悪魔が《処女》と契約を結べないことは、完全に証明済みの真理であった。イギリス人のなかでも最も賢明な摂政ベドフォード公ジョンは、この点を明らかにしようと決意した。彼の意を承けて、妻の公妃は産婆たちを遣わしたが、得られた結論は、彼女が間違いなく〈乙女 pucelle〉だということであった。しかし、ジャンヌにとって有利なこの報告が、別の迷信的な想像に取って代わられ、かえって、不利なものになった。彼女の力の元になっているのが、その《処女性》であるならば、これを奪えば、彼女は武器を失って魔力は砕かれ、ただの女になるというのである。

この危機に対して、哀れな娘が頼ったのが、男の服で身を守ることであった。しかし、奇妙なことに、なぜ彼女が男の服を脱がないのかを理解しようとは誰も思わなかった。敵だけでなく味方の人々も、このことでは彼女を責めた。彼女は、当初から、そのことについて、ポワティエの女たちにも釈明しなければならなかった。ジャン・ド・リュクサンブールに捕らえられて貴婦人たちの保護下に置かれたとき、善良な婦人たちは、ちゃんとした娘にふさわしい服装をするよう、うるさく彼女に勧めた。とくに純潔と貞淑にこだわるイングランドの女たちは、このような扮装を許し難い淫らなことと見なした。見かねたベドフォード公妃は、彼女に女性用のドレスを贈ることにしたが、そのために仕立屋の男を寄越した。この男は、彼女に袖通しをさせようとして、押し戻そうとする彼女に無遠慮にも手をかけた。フランスの旗を掲げた彼女の手に、馴れ馴れしくも仕立屋の手が重ねられたのだ。——彼女は、思わず平手打ちを彼に食らわした。

この女性固有の問題に対しては、婦人たちでさえ無理解だったのであるから、僧侶たちはなおさらではなかったろうか？　彼らは、四世紀の公会議の決議を根拠に、男女の服装を違えることを厳しく非難した。(原注・西暦三二四年に開かれたパフラゴニア公会議。「もしある女が習慣的に着るものを変え、あるいはいつも着る女の衣服の代わりに男を装うなら、呪われよ」とある。パフラゴニアとは小アジア半島の黒海沿岸にある。)

四世紀の時代というのは、人々が異教的乱脈ぶりから抜け出したばかりのころで、この禁令は、そうした時代に特例的にあてはまるものであったが、僧侶や神学者たちは、そのことは全く勘案しなかった。《乙女》を弁明したシャルル七世派の博士たちも、この点を正当化するうえでは、ひどく困惑した。彼らの一人〔原注・ジェルソンのことと思われる〕は、彼女が男装しているのは戦場で馬に乗るためで、戦場から離れれば女の衣装に戻っていると想像していた。彼は、エステルもユディトも神の民の敵と戦うために、ずっと自然で女らしいやり方を用いたことを認めている。

〔訳注・エステルは、史実性は認められないが、ユダヤ女性でありながら、美貌によってペルシア王クセルクセスの妃となり、ペルシア帝国内で迫害されていたユダヤ民族を守った。ユディトはユダヤの寡婦で、アッシリアの将軍が攻めてきたとき、その美貌を武器にこの将軍に近づき、殺して、祖国を守ったとされる。〕

これらの神学者たちは、魂のことで頭が一杯で、身体のことまで考えるゆとりがなかったようである。彼らは、文字に記された律法を守りさえすれば救われるのであって、肉体は、なるようになればよいと考えた。哀れな娘が肉体と魂をそう簡単に切り離すことができなかったからといって、大目に見てしかるべきであろう。

肉体と魂が密接に結合していること、魂が肉体を切り離せないためにさまざまな偶発事に遭遇するのであって、それにどう対処するかが、わたしたちのこの世界における苛酷な条件なのである。この運命の重圧は、いつの時代も変わらないが、侮辱に耐えるよう命じ、名誉が危機に瀕したとき肉体を放棄して精神の世界に逃避することを断固許さないような宗教的律法のもとでは、重圧は、どれほど増すことか！

金曜日と土曜日〔訳注・ジャンヌが前言取消宣言にサインし第一回の判決が出たのが五月二十四日、木曜日で、この金曜日、土曜日は二十五日、二十六日と考えられる〕、囚われの不幸な乙女は、男の服を脱がされ、ひどく怯えていなければならなかった。男の凶暴な本性、激しい憎悪と報復心――そうした全てが、彼女を死ぬ前に堕落させ、焼き殺す前に穢してやろうという気持ちを唆す恐れがあった。加えて、そうした彼らの醜悪さは、当時の《国是 raison d'Etat》〔訳注・イングランドの誇りのためなら、処女を凌辱する蛮行など問題ではないとする理念〕によって覆い隠される可能性があった。彼女の処女性を奪う野蛮な行為も、イギリス人たちを恐れさせていた秘密の力を壊して除去する英雄的行為になりえたからである。こうして彼女が一介の女でしかなかったことが明らかになれば、イギリス人たちは、勇気を取り戻すに違いなかった。

彼女の告解師の言うところによると、一人のイギリス人、それも下賤な兵士ではなく「れっきとしたジェントルマン」である貴族が、愛国心から実行を引き受け、鎖に繋がれている娘に挑んだが、事の成就にはいたらず、腹いせに彼女をげんこつで殴った。――そう彼女から打ち明けられたという。

一人のイギリス人が……鎖に繋がれている娘に挑んだが、事の成就にはいたらず、腹いせに彼女を殴った

「日曜の朝、《聖三位一体の日》のこととて、彼女は早く目を覚まし、見張りのイギリス人たちに鎖を外してくれるよう頼んだ。一人が彼女の女物の着物を奪い取り、袋から男の衣服を取り出して『起きろ』と言った。彼女は『それを禁じられていることは知っているでしょう。わたしは、それを着るわけにはいかないのです』と言った。この言い合いは昼頃まで続いた。そして、身体上の必要から、彼女は獄房から出なければならず、この男物の衣服を身に着けた。彼女が帰ってきてからも、彼らは、どんなに頼んでも、女の衣服は与えようとしなかった。」

こうして、彼女が再び男装することで、コーションたちが苦労して手に入れた《前言取消し》は無効にされたのだったが、要するに、それは、イギリス人たちにとっては、どうでもよいことであった。しかし、そのときには、彼らの怒りは限度を越えていた。フランス側の武将、サントライユは、ルーアンに向かって、大胆な試みに着手していた。(原注・彼は羊飼いの少年の道案内でルーアンをめざしたが、この少年が敵に捕らえられ、計画は失敗した。)もし、試みが成功していたら、判事たちもウィンチェスター枢機卿やベドフォード公も捕らえられてポワティエに連行されていただろう。

イギリス人たちにしてみると、この不吉な娘が生きているかぎり何が起きるか知れず、安心できなかった。おそらく彼女は、牢獄のなかでも、呪いをかけ続けているに違いなかった。どうしても、彼女は死ななければならなかったのである。

彼女が衣服を元にもどしたので見に来るよう報せを受けた陪席判事たちは、やってきたものの、中庭で百人ほどのイギリス兵たちに行く手を遮られた。イギリス人たちは、博士たちが中に入ると、すべてを駄目にしてしまう恐れがあると考えて妨害したのだった。兵士たちは斧や剣を振り上げて、「裏切り者のアルマニャック派め！」と罵りながら、彼らを追い払った。かろうじて中に入ったコーションは、ウォリック伯リチャード・ボーシャンに取り入るために、ことさらに陽気そうに、「彼女は、うまくひっかかりましたね」と言った。

月曜日（五月二十八日）、彼は、再び異端審問官と陪席判事八人とともに、《乙女》を尋問しにやってきて、服装を男物に戻した理由を訊ねた。彼女は、約束が守られず、見張りをしているのが男たちである以上、男の服装をしているほうが都合がよいからだと答えた。しかも彼女は聖女たちから、自分の命を守るために誓約を棄てるのは情けないことだと言われたのだった。――それでも、「もし居心地がよくて安心できる牢獄に移していただけるなら、教会の望まれるとおりにします」と、女の服に戻すことも拒むつもりはないと言った。

司教は、出がけに、ウォリックおよびイギリス人たちと遭った。彼は、自分をイギリスの味方であることを示そうとして、彼らの言葉で「Farewell, farewell」と言った。この陽気な挨拶は、「さようなら、さようなら。すべては終わりました」と言うに近かった。

火曜日（五月二十九日）、判事たちは大司教館で会議を開いた。陪席判事たちには、最初のうちだけ法廷に参加した人々もいれば、まったく参加しなかった人もおり、そのうえ、僧侶や法律家、医者も三人と、あらゆる種類の人が含まれていた。判事たちは、これまでの経緯を説明して意見を求めた。意見は、期待されていたのとはおよそ異なり、囚人の女に、その悔い改め宣誓書を読み聞かせるべきだというのであった。しかし、それができることかどうかは疑わしかった。激昂する兵士たちに囲まれたなかでそんなことのできる判事がいるとは思えなかったし、そのなかで裁判を行うこともできそうになかった。判事たち自身の流血も覚悟しなければならなかった。彼らは、翌日八時に通達されるよう召喚状を大急ぎで作成した。彼女が出頭するのは、もはや焼き殺されるためでしかありえなかった。

翌（五月三十日）朝、コーションは、修道士のマルタン・ラドヴニュを告解師として彼女のところに送った。それは、「彼女に死を通告し、改悛の秘蹟に与らせるため」であった。この修道士が、いよいよ今日、処刑が行われることを告げると、彼女は悲痛な様子で髪の毛を摑んで涙を流し、叫んだ。

「ああ！　そんな恐ろしい残酷な扱いを受けるなんて！　一度も穢されたことのないこの身体が、きょう焼き尽くされ、灰にされなければならないとは！　ああ！　そんなふうに焼かれるくらいなら、七度、首を切られるほうがましだわ！　ああ！　偉大な裁き主である神さま！　なんという過ちと暴力がわたしに加えられようとしているのでしょう！」

この苦悶の爆発のあと、彼女は我に帰って告解し、ついで聖体を拝領したいと願い出た。件の修道士が困惑して相談したところ、司教（コーション）は「彼女が求めることは、なんでも叶えるように」と答えた。こうして彼は、彼女を異端に逆戻りしたとして教会が排除したのと同じ瞬間に、教会がその信徒に与えるものを全て彼女に施したのだった。おそらく、この邪悪な裁判官の心のなかにも、最後の人間的感情が湧き出したのであろう。この哀れな被造物は焼き殺すだけで充分であり、なにも絶望させて罰する必要はあるまいと考えたのではなかろうか？　おそらくはまた、この邪悪な僧は、その精神の軽さから、聖体の秘蹟などは病める者を静かに黙らせておくためだけの、どうということもない何かにすぎないと考えたのであろうか？

そのうえ、人々は、当初、静かに執り行おうと、ストラ〔訳注・司祭が肩にかける帯〕も懸けず、蠟燭も灯さないで《聖体eucharistie》を運んできた。〔訳注・聖別されたパン。普通、「キボリウム」と呼ばれる容器に入れられ、「聖体ランプ」が灯された。〕しかし、修道士が、そのことで文句を言ったので、事の次第を知ったルーアンの教会も、コーションの判決について喜んで証言し、たくさんの聖職者たちに松明を灯させ、連禱を唱えさせながら《聖体》を送った。聖職者たちは、道々跪いて見送る民衆に「彼女のために祈られよ！」と呼びかけた。

溢れる涙とともに受けた《聖体拝領》のあと、彼女は司教の姿を認めると、こう言った。

「司教さま。わたしは、あなたによって死ぬのです。」

そして、さらに「もしあなたがわたしを教会の牢に入れ、教会の看守をつけてくださっていたら、こんなことにはなっていなかったでしょう。――ですから、わたしは、神さまの前で、あなたのことを訴えます。」

ついで説教師のピエール・モリスを見つけ、「ああ、ピエール尊師さま。わたしは、今夜には、どこにいるのでしょう?」と言った。それに対しピエールが「お前は主に対し期待していないのかね?」と言ったので、「ああ、そうでした。神さまに助けていただいて、天国にいるはずですね」と答えた。

九時、彼女は女の服に着替えさせられ、荷車に乗せられた。告解師のマルタン修道士、死刑執行人のマシューが付き添った。彼女に対し大きな愛と勇気を示してきた聖アウグスティヌス会士のイザンバールは、片時も彼女から離れようとしなかった。あの哀れなロワズルールもやってきて、彼女に赦しを乞うたことが確認されている。彼を見たイギリス人たちは激昂した。もしウォリック卿がいなかったら、彼を殺していたであろう。

それまで《乙女》は、おそらく聖週間の間の誘惑を別にすると、一度として希望を失ったことはなかった。時々は「このイギリス人たちは、わたしを殺すでしょう」といいながらも、心の中では、そうは信じていなかった。彼女は、自分が見捨てられるかもしれないなどとは想像だにせず、フランスの王とその善良な民衆を信じ切って「牢獄か法廷かで何か混乱が起きてわたしは解放され、偉大な勝利に終わるでしょう」と言っていた。そして、もし王も民衆も彼女を救ってくれなくとも、そのときは、別の意味で強力かつ確実な天上の友人たち、親しい聖女たちが助けてくれるであろう。――現に彼女がサン＝ピエール（ル＝ムーティエ）を攻囲したとき、そして襲来する敵のなかに味方によって置き去りにされたとき、聖女たちは見えざる軍勢を送って救出してくれたではないか？　この聖女たちが、自分たちに従順を貫いてきた娘を見捨てるわけがあろうか？　彼女たちは何度も、救いと解放を約束したではないか！

したがって、自分がほんとうに死ななければならないことを知り、荷車にのせられ、槍と剣をもった八百人のイギリス兵たちに監視されながら揺らめく群衆のなかを進んでいったとき、彼女の脳裏に去来したのは、どのような思いであったろう！　彼女は嘆いたが、王のことも聖女たちのことも責めはしなかった。彼女の口をついて出たのは「おお、ルーアン！　では、わたしはここで死ぬのね！」の一言であった。

この悲しい道行きの終着点は、ルーアンの中心、ヴィユー・マルシェの魚市場であった。桟敷が三つ設えられていた。一つには、司教と王族の席があり、イングランドの枢機卿の玉座が、配下の聖職者たちの席に囲まれるように設けられていた。別の桟敷では、この悲痛なドラマの登場人物たち、説教師、判事たちと代官、そして受刑者がその役を演じるはずであった。そして、最後が処刑される彼女のためのもので、少し離れて、石膏で造られた大きな台があり、そこには薪がうずたかく積み上げられていた。

薪の山が威圧するほど高く積み上げられていたのには、単に、刑の執行をより盛大にするためだけではなく、一つの意図があった。薪がこのように高く積み上げられていると、執行人も薪の下の部分にしか手が届かず、いつもやっているように、焔があっというまに届いて受刑者の苦しみを短くしてやることをできなくするためであった。ましてや、判決をごまかして、とどめを刺したのちに死体を火に投げ入れることなど、論外であった。縛り付けられた犠牲者が、生きたまま、身悶えしながら焼き殺されるのが広場のみんなから見えるよう、薪の山は、周りを囲む槍や剣を見下ろすほど高く積まれていることが必要であった。

好奇心に満ちた群衆の見守るなかで、焔がゆっくりと犠牲者の身体を舐めていけば、最後には彼女も、弱点をさらけ出し、信念の撤回ととれるような言葉を漏らすか、あるいは、少なくとも、慈悲を乞う叫びとか祈りと解釈されうる混濁した言葉が聞けるかもしれないと期待された。

親英的な年代記者も、ここでは、イギリス人たちを手厳しく非難している。それによると、イギリス人たちは、まず彼女の衣服が燃えて彼女の裸身がさらけ出されることによって「民衆の疑いは晴らされる」、しかるのちに火を遠ざけて、彼女の「女にありうる、あるいは、ありうべき全ての秘密」が見られるようにする。しかして、この恥知らずで残忍な見世物のあと、「死刑執行人が、この哀れな屍に盛大に火をかける」よう望んだ、という。

恐るべきセレモニーは、パリ大学の碩学の一人であるニコラ・ミディの説教によって始まった。

彼は「教会の四肢の一つが病んだときは、教会全体が病んでいる」とのテキストをもとに、この哀れな教会は、その病んだ一本の肢を切り離す以外に病を癒すことはできないと述べ、「ジャンヌよ。安らかに行くがよい。教会は、もう、これ以上、汝を守ることはできない」と締めくくった。

このとき、教会判事であるボーヴェ司教（ピエール・コーション）が、心を魂の救いに集中し、すべての悪行を思い起こし改悛するよう彼女に促した。判事たちは、彼が当然、悔悛宣誓書をもう一度彼女に読んで聞かせるものと思っていたが、この司教は、それについては何もしなかった。否認や異議申立をされるのを恐れたからであった。しかし、哀れな娘は、自分の人生について言いがかりをつけようなどとは考えていなかった。彼女の脳裏を去来したのは他のことであった。彼女は悔悛を促される前から、跪いて、神と聖母、聖ミカエル、聖カテリナの名を呼び、すべての者を赦してくれるよう求め、また、立会人たちに「わたしのために祈ってください！」と言った。とりわけ僧侶たちには、自分の魂のためにミサをあげてほしいと頼んだ。――このように、すべてが神への崇敬にあふれ、謙虚で感動的だったので、感極まった人々は自分を抑えることができなかった。ボーヴェの司教は涙を流し、ブーローニュの司教はすすり泣き、イギリス人たちさえ涙を抑えることができなかった。ウィンチェスター枢機卿も例外ではなかった。

このように伝染病のようにみんなが同情の涙に暮れるなかで、この不幸な娘もただの女に戻り、解放するという約束に騙されたこと、自分が間違っていたと認めただろうか？　その点については、イギリス側の肩を持つ年代記者の証言を過度に信じるわけにはいかないが、人間の本性というものを少しでも弁えているなら、彼女が期待を裏切られたことで、その信仰を揺るがされなかったかどうかは疑ってみるべきだろう。そのような言葉が彼女の口から出ることはなかったとしても、その心をよぎったことは間違いないと思う。

しかし、判事たちは、一瞬は狼狽したものの、すぐ我に帰り、強硬さを取り戻した。ボーヴェの司教（コーション）は、涙を拭うと、宣告文を読み始めた。彼は、彼女には離教と偶像崇拝、悪魔崇拝などの罪があると弾劾し、いったんは「贖罪」を赦されながら、またも、うそつきの王子に誘惑されて罪に堕ちたと指摘して、「おお、嘆かわしや！　これでは、自ら吐き出した汚物のところに戻る犬のようではないか！」と声をはりあげ、「このゆえに我らは、お前を腐った肢であり、教会から切り離さるべしと宣告するものなり。汝は俗権の手に委ねられるが、願わくは、裁きを軽減されて、死および四肢切断を免除されんことを！」と結んだ。

彼女は、このように教会から見捨てられることによって神への完き信仰に立ち返った。彼女が十字架を求めたのに対して、一人のイギリス兵がその場で棒きれを組み合わせて彼女に手渡した。彼女は、この粗末な十字架を恭しく受け取ってキスをすると、肌につけるように衣服の下に入れた。

――しかし、彼女が求めたのは教会の十字架であり、それを息絶えるまで目の前に掲げてもらうことであった。善良な獄吏マシューと修道士イザンバールとが、彼女の希望を満たそうとサン＝ソヴール教区教会から十字架を持ってこさせた。彼女がこの十字架に口づけをし、イザンバールが彼女を励ましていると、イギリス人たちは、こんなことをしていては長引いてしようがないと思い始めた。兵士たちは不満をもらし、隊長は「おい、坊さんよ。おれたちに、ここで夕飯をくわせようというのか？」と言った。

我慢できなくなった彼らは、執行責任者である代官の命令を待たないで、士官二人を台の上に上がらせ、司祭たちの手から彼女を引き離し、台の下の兵士たちに引き渡した。兵士たちは、死刑執行人に「お前の務めを果たせ」と言いながら彼女を渡した。この兵士たちの手荒さは、みんなを恐怖に陥れた。立会人たちの多くが（判事たちでさえ）、これ以上見ていたくないと言って、その場を去った。

彼女が、これらのイギリス兵たちに手を摑まれて広場におろされたとき、顔は青ざめ、身体は震えていた。この恐怖と混乱のなかで、彼女はふたたび「おお、ルーアンよ。お前がわたしの終の棲家になるとは！」と叫んだが、それ以上は言わず、「唇によって罪を犯すことはしなかった。」（聖書の『ヨブ記』にある一句）

彼女は、自分の王をも聖女たちをも責めなかった。しかし、高く積まれた薪の上に登らされ、この大きな町と、身じろぎもしないで静まり返っている群衆を見ると、「ああ！　ルーアン、ルーアン！　お前がわたしの死について苦しまなければならないことが、とても心配です」と言わずにはいられなかった。民衆を救い、その民衆から見捨てられた彼女が、その死に臨んで言ったのが、民衆への憐憫の思いだったのだ！　なんと賛嘆すべき心の優しさであることか！

彼女の頭にかぶせられた僧帽には、「異端者、戻り異端、棄教者、偶像崇拝者」（Hérétique, relapse, apostate, ydolastre）など辱めの言葉を並べた紙が張り付けられた。そのとき、死刑執行人が薪に火を付けた。それを上から見た彼女は、一声、叫び声を漏らしたが、たちまち大きくなる炎に、彼女を励ましつづける修道士の身を心配して、台から降りるよう促した。

それまで彼女が、前言を何一つ撤回していなかったことを証明する事実がある。それは、コーションが、この期に及んでも、薪の山のすぐ近くまで来て、自分の犠牲者の口から何らかの言葉を引き出そうと試みなければならなかったことである。そのように彼を駆り立てたのは、その心を支配していた悪魔的な慢心であったろう。しかし、そこで彼が得た言葉は、彼の希望を打ち砕くものであった。彼女が彼に優しい口調で言ったのは「司教さま。わたしはあなたのせいで死ぬのです。――もし、あなたが教会の牢に入れてくださっていたら、こんなことにはならなかったでしょう」という、すでに言っていたことであった。おそらく彼が期待したのは、彼女が自分の王に見捨てられたと思って、彼を非難する言葉を吐くことであった。だが、彼女はなおも王を弁護して「わたしのしたことが正しかったとしても、正しくなかったとしても、それは王さまには何の関わりもありません。わたしに、そのようにせよと助言されたのは、王さまではないのですから」と言った。

そうしている間にも焔は上がってきた。――炎が届いたとき、不幸な娘は身体を震わせて、「水を！」と叫んだ。それは、明らかに聖水を求める恐怖の叫びであった。――しかし、すぐ立ち直ると、その口からは神と彼女ゆかりの天使や聖女の名前しか聞かれなかった。

「そうです。わたしの聞いた声は神のお声でした。わたしの《お声》は、わたしを騙しはしませんでした！」——彼女は、そう証言した。

曖昧さは炎のなかで全て消滅した。このことから、わたしたちは、彼女が、約束された《解放》のために死を受け入れたこと、その《救い》を、それまでのようにユダヤ的・物質的意味には、もはや理解していなかったこと、彼女は、ついに暗がりから出て、それまでは彼女にとって欠けていた聖性の光を明瞭に見、かつ獲得したのだと信じることができる。この偉大な言葉は、彼女とともに薪の山に登り、彼女に促されて下に降りたものの、降りてからも、十字架を掲げながら彼女に話しかけ彼女の言葉を聞いたドミニコ会士の証言によって裏づけられている。

わたしたちは、この聖なる死についての証人をもう一人もっている。これは、非常に重要な証人で、おそらく彼自身が一人の聖人であった。歴史がその名を留めているこの人物こそ、聖アウグスティヌス会士で、本書でもすでに言及したイザンバール・ド・ラ・ピエールである。彼は、法廷でも《乙女》に助言したため、あやうく殺されそうになったにもかかわらず、さらにイギリス人の憎しみを買うことを承知のうえで、彼女といっしょに荷車に乗り、教区教会の十字架を彼女のために持ってこさせ、薪の山のふもとで彼女に最後まで付き添ったのだった。

この二十年後、平の修道士として清貧の生涯を全うし、この世に獲得すべきものも恐れるものも持たない、尊敬に値する上記二人の人物が供述した言葉が遺されている。

「わたしたちは、燃えさかる火のなかで彼女が聖女たちと天使の名を呼ぶのを聞いた。彼女は、救世主の御名を繰り返し呼んだ。最後に、ひときわ大きな声で『イエスさま！』と叫んで、がっくりと頭を落とした。」

「二万人の人々が涙を流した――」。何人かのイギリス人だけがせせら笑っていた。あるいは、努めて笑おうとしていた。彼らのなかでも最も怒りに囚われた男は、薪の山に粗朶の束を放り込んでやると息巻いていたが、彼が粗朶を投げ込んだ瞬間に彼女が息絶えたので、彼は卒倒した。仲間の連中が彼を居酒屋に運んで一杯呑ませて正気を取り戻させようとしたが、彼は、放心したように言った。

「おれは見たんだ。おれは、彼女の口から、最後の息といっしょに鳩が一羽飛び出すのを見たんだ。」

ほかにも、彼女が繰り返し叫んだ「イエスさま！」の言葉が炎のなかに文字となって浮かぶのを見たという人々もいる。

死刑執行人マシューーは、その夜、修道士イザンバールに会いに行き、恐れ戦いて告解したが、それでも、神が許してくださるとは思えなかった。イギリス王の秘書の一人は、帰る途中、大きな声で言った。

「われわれの負けだ！……われわれは聖女を焼き殺してしまったんだ。」

敵の人間が思わず漏らしたこの言葉には、それだけに重みがあり、それは、いつまでも遺ってゆくであろう。未来は、そのとおりになってゆく。キリスト教の宗教によっても、フランスの祖国によっても、ジャンヌ・ダルクは《聖女》であった。

この異論の余地のない歴史を超える、どんな美しい伝説があろうか？　しかし、そこから一つの伝説を作り出さないよう気を付けることが必要である。敬意を払われるべきは、この心を打つ恐るべき事実であり、その特徴（最も人間的なものも含めて）すべてが丁寧に保存されるべきである。

小説的精神があえてそれに触れようと言うなら、やってみるがよい。しかし、詩はけっしてそんなことはしないだろう。ああ！　詩が何を付け加えられるだろうか？　詩が中世全体を通じて内に抱き、伝説から伝説へと追い求めてきた理念が、最後に辿り着いたのが一人の女性だったのであり、この夢が今や現実になったのだ。騎士たちが天上に求めた「戦いを助けてくれる聖処女」は、じつは地上にいたのだ。しかも、驚くべきことに、人々から最も軽んじられる最も惨めな存在、フランスの貧しい田舎娘のなかに彼女は現れたのである。そこに一つの国民、一つのフランスがあったのだ！　過ぎし日の最後の人こそ、また、始まりゆく時代の最初の人でもあった。《聖処女》と《祖国》とが同時に彼女のなかに姿を現したのである。

これが、この偉大な事実の謳っている「詩」であり「哲学」であり崇高な「真実」である。しかし、だからといって、歴史的事実の確かさが減じるわけではない。それは、あまりにも実証的であり、すでに残酷なまでに検証されてきたことである。この生きている謎、すべての人が超自然的（天使か悪魔か、いずれにせよ）と判定したこの神秘的で、ある人々に言わせると、ある朝、天空遥かに飛び去るはずであったこの被造物が、じつは我々と同様に死すべき肉体に結びつけられていて、翼もなく、逃げることもできない哀れな小娘として、苦しみながら死んでいかなければならなかったことが判明したのだ。しかも、なんという恐ろしい死だったことか！

しかし、理想がふたたび姿を現し光を放つのは、まさしく下賤と見えるこの現実においてであり、悲しい人間性の試練を通じてである。当時の人々自身、そこにパリサイ人たちのなかでのキリストを認めたのであった。（原注・ボーヴェの司教コーション自身、《乙女》の受難をパリサイ人たちに囲まれたキリストになぞらえている。）しかしながら、わたしたちは、そこに、もっと別のことも見なければならない。それは、「聖処女の受難」すなわち「清らかなるものの殉教」である。

殉教した人たちは、たくさんいた。歴史を辿ると、数え切れないほどであり、そこには、純粋性においても、栄光の度合いにも、さまざまな違いがある。高慢さや憎しみ、論争精神から殉教した人もいる。自分のほうから殺すことができないで、殉教という恩寵のもとに死んでいった人は、いつの時代にもいた。だが、そのような狂信者は、ここでは問題外である。この娘は、そんなものは微塵ももっていなかった。彼女を際立って特徴づけていたのは、善意と慈愛、魂の優しさである。

彼女は、古代の殉教者たちの優しさをもっていた。しかし、違いが一つあった。初期キリスト教の殉教者たちが優しく純粋でいられたのは、行動を排除し、戦いと試練を回避することによってであった。それに対し、この娘は、最も烈しい戦いのなかにあっても優しさを失わず、邪悪な人々のなかにあっても善良でありつづけ、戦争自体のなかにあって平和的であった。悪魔が勝ち誇るこの戦争に、彼女は神の精神を持ち込んだのである。

彼女が武器を執ったのは「フランス王国を覆う悲惨さ」を知ったからであった。彼女は「フランスの血が流される」のを黙って見ていられなかった。この心の優しさを、彼女はあらゆる男たちに対して抱いた。戦いに勝ったあと、彼女は涙を流し、敵味方の区別なく傷ついた兵士たちを介抱した。

純粋さと優しさ、英雄的な善意――この魂の至高の美徳が一人のフランス娘のなかで出会ったことは、フランス国民を「軽薄さ légèreté」でしか判断しようとしない外国人たちを驚かせるかもしれない。そうした人々には、こう言ってやろう。――「この軽薄さの下で、さまざまな狂気や悪徳もあったが、古きフランスは、それでも、愛と慈悲の民だったのだ」と。

フランスの救済者は女性でなければならなかった。フランスそのものが《女性》であった。彼女は、移ろいやすかったが、また、愛すべき優しさ、軽快で魅力的な思いやり深さ、初動における卓抜さをもっていた。彼女は、虚しい優雅さや外面の洗練ぶりに満足しているときも、根底においては、誰よりも、自然への近さを保っていた。フランス人は、放蕩を尽くしているときも、ほかの誰よりも良識と良心を保っていた。

新しいフランスが、次のような古人の言葉を忘れなければよいが。

「善良であることにどれほど栄誉があるかを知っているのは、偉大な心の持ち主なればこそである。」

（原注・フェヌロンが『テレマックの冒険』のなかでピロクテテスに言わせている言葉。テレマックとはオデュッセウスの息子、テレマコス。）


人間どもの不正と神の摂理の苛烈さのなかにあって、善良でありつづけることは、恵まれた資質の賜であるだけでなく、力と雄々しさの証である。かくも刺々しい論敵どものなかで優しさと親切な気持ちを守り通すこと、この内なる宝を損なわないでこれらの試練を乗り越えること、これは神業といってよい。最後まで耐え抜き、歩み抜いた人々こそ、真の「選ばれし人々」であり、何度か険しい道に迷い込み、自らの弱さと幼さのために挫折したとしても、その人たちこそ「神の子ら les enfants de Dieu」でありつづけるのである！

第十一部　百年戦争からの脱出

第一章　ヘンリー六世とシャルル七世

イギリス人たちの考え方では、王〔ヘンリー六世〕は《乙女 la Pucelle》の死によって救われた。彼女が処刑を免れるかもしれないと思われたとき、傅育係のウォリック伯リチャード・ボーシャンが漏らした、「もしあの娘が焼き殺されなかったら、我らの王は病気になられるだろう」、また「王は彼女を高い値で買われた。なんとしても彼女を自然には死なせないことを望んでおられる」という言葉は、そのことを裏づけている。

当のヘンリーは、このときやっと九歳の無垢な子供であったが、すでに贖罪のため生け贄として印を付けられた哀れな子羊だったのである。彼がヘンリー五世の玉座に瀕死のフランスの青ざめた《ひとがた effigie》〔訳注・欠席裁判で死刑を宣告される被告に似せた人形〕として据えられたのは、運命の呪いによってだろうか、それとも神の裁きによってだったのか。いずれにせよ、この王座を空白のままにしておくためであり、その結果、イングランドは、半世紀以上にわたって王もいなければ法も不在という状況に置かれることとなる。

イギリスの英知は、自ら行動を起こしてフランスを賢くする役目を引き受けたのであったが、その強引な征服と結婚によって、相手方のシャルル六世と同じような王を今度は自分が戴くことになる。憎しみのなかで受胎し、涙のなかで出産させられたこの悲しい子は、多分、その母親〔訳注・シャルル六世の娘、カトリーヌ〕を通して、厄介で不吉な兆を帯びて、この世にやってきた。そのうえ、彼は善良で優しい子供であった。その優しさから、彼は、人々が自分の弱点につけ込むのを許したが、彼が必要としたのは忍耐強い《愛 l'Amour》と《思いやり深さ la Grâce》であったろう。

「イギリス的精神」とは法にはめこもうとする精神である。その形式主義、堅苦しさ、《偽善的な気取り le cant》は、当時すでに、今日と変わらないものになっていた。ほとんどがスコラ学の衒学者で、王と王国を同じ鞭で統治しようとする政治的聖職者の政府のもとでは、それはなおさらであった！　この「調教師」こそ荒々しいウォリック〔伯。リチャード・ボーシャン〕で、彼は、誠実さを買われ、あるときは行政官に、あるときは、牢番に抜擢された。勇敢で厳格、信仰心厚い彼は、「パトロン」が望むとおりに生徒であるヘンリー六世を懲らしめ、矯正し作り上げた。彼は、この患者を改良しようとして、あとに何も残らないほど念入りに剪定した。

「何も」とは人間らしさについてであるが、王としてはそれ以上で、辛うじて残ったのは、すべてについて受動的で非攻撃的な影のような何かであり、別の世界のために備える魂であった。イングランド人たちはこのような王に屈辱感を覚え、憤慨した。彼らは、この聖人には殉教者になる能しかないのを見て取った。煩い理屈屋たちは、この無垢な人間のなかにあるのは神の意に沿うものではなく、せいぜい単純な人々を感動させるものだけだと感じていた。

「殉教」は戴冠式から始まった。それは、二つの王国から集められた呪いの収穫祭でもあった。彼は、行路の危険が少なくなるのを待って九か月間カレーに滞在し、パリに連れられて来たのは、ようやく十二月になってからであった。それは民衆にとって苦難の季節で、食料の値段は高騰し、困窮のため人口は減少し、放棄された空き家が増えて摂政〔ベドフォード公ジョン〕は、そうした空き家の焼却を禁止しなければならないほどであった。

ヘンリー六世のフランス王としての祝聖はパリで執り行われたが、まったくイングランド式に行われた。このセレモニーのために組まれた行列に加わり、ウィンチェスター枢機卿〔訳注・ヘンリー六世の大叔父、ヘンリー・ボーフォート〕のあとに従ったフランス人は、イギリス人たちの手先としてジャンヌ・ダルク裁判を行ったピエール・コーションと何人かの司教たちだけで、それ以外には一人もいなかった。フランス王家の血を引いた公子もひとりもおらず、贋のブルゴーニュ公と贋のヌヴェール伯が参列しただけであった。祖母〔訳注・シャルル六世の未亡人、イザボー・ド・バヴィエール〕も招待されなかったらしく、彼女は盛大な儀礼的訪問の際に、辛うじて自分の孫を垣間見ることを許されただけであった。〔訳注・第九部第三章参照〕

当初、イギリス側はパリ市民を味方につけるため、パリ司教に司式させようとしたが、この祝聖式の費用を出した枢機卿ウィンチェスターは、この栄誉も自分のものにしたがり、自ら司教としてノートル＝ダム寺院で式を司り、幼い王を膝の上にのせてフランスの王冠をその頭に戴かせた。こうして、すべてがイギリス式に行われたことは、ノートル＝ダムの参事会にとっては屈辱的であった。とりわけ、祝聖においてワインを入れた鮮紅色の瓶を奉持するのは参事会員たちの権利であったが、これも、王側近のイギリス人たちによって奪われてしまった。

統治のための主要な機構も、少しも調整が行われず、それぞれが好き勝手なことをやっていた。高等法院はシャルル七世を排斥することに躍起となり、大学の博士たちは《乙女》の裁判に夢中で、市の助役たちは王（ヘンリー）が主宰する宴席にやってきてイギリス人たちと昵懇になりたがった。王宮では、行政官や博士たちが、鮮紅あるいは深紅色の毛皮のローブをまとい威厳に満ちて到着しても、案内人がいないので宮殿の入り口のところで待ちぼうけを食わされた。思い切って中に入り、民衆用の広間を、群衆から馬鹿にされ押されたり倒されたりしながら通過し、ようやく奥の広間の大理石のテーブルに辿り着いても、先に着席している靴直しや石工などの隣にしか席は見つからなかった。

騎馬槍試合では、式部官たちから図々しくも「贈り物 Largesse を！」と要求された。ましてや、帰りに持たされる手土産など何もなかったから、怒って「金銀細工師の結婚式のほうが、ずっとましだわい」と不満を洩らすのが常であった。人頭税を少しは安くしてもらえればと期待してやってきた人も、少しも減額などされなかった。囚人の釈放を請願しに来た人々も特赦などされなかった。

しかしながら、イギリス人たちは、そうしようと思ったときは、浪費のしかたは弁えていた。パリ市から出させた人頭税で盛大な宴会を催したことがあるが、このときのイギリス人たちの大食漢ぶりは、飢えて大きな口を開けた群衆を驚かせた。年代記者は、一回の宴会で、牛や羊の肉料理八百皿が平らげられ、ワインは四十ミュイ〔訳注・一ミュイは二百六十八リットル〕が飲み干されたと記している。

幼い王は、ルーアン経由で連れられてきた。彼が泊まった城のすぐ近くに《乙女》が囚われていた牢があったが、王がすぐ近くに来たからといって、彼女への扱いがよくなるわけではなかった。真にキリスト教的な時代であったら、王が近くにきただけで彼女は助命されたであろう。というのは、王の恩寵が彼女に及ぼされなかった場合は、逆に彼女の不幸が王のうえに及ぶと恐れられたからである。

幼いヘンリーは、イングランドに帰国すると、ロンドンでも、もう一つ王冠を受けなければならなかった。王のロンドン入城は、華麗ななかに、神学的・教育的重々しさを帯びていた。若いキリスト教君主の精神と心を形成するのにふさわしい道徳性を表すさまざまなパフォーマンスが行われた。まず、ロンドン橋のたもとでは、「恩寵の七つの贈り物」を歌ったバラードが歌われ、それから少し行ったところでは、《英知》と《七学問》を表す像、《真理》と《恩寵》をあらわす貴婦人二人に付き添われた王子の像が見られた。《純潔》についての説教を聞かされたあと、さらに進んで行くと《寛大さ》《恩寵》《感謝》を表す三つの噴水があった。王宮の宴会ではオールドカースルとヤン・フスを処刑し「神を畏れよ」と教えたヘンリー五世とジギスムントを讃えるバラードが歌われた。

〔訳注・オールドカースルはウィクリフの著作に触発されて教会改革を起こしたが、ヘンリー五世により捕らえられて処刑された。ヤン・フスはウィクリフの教えをもとにボヘミアで教会改革を起こしたが、皇帝ジギスムントが主宰したコンスタンツ公会議で異端宣告されて殺された。〕

娯楽的要素としては、スミスフィールド〔訳注・ロンドンのシティの北にあった家畜市場〕で一人の男が焼き殺され、そのほかにも、さまざまな喜劇（それらは、あまりにも露骨であった）が演じられ、この不吉な戴冠式に花を添えた。

洞察力にすぐれた人なら、この宗教と平和の儀式のなかに、このあとイングランドで繰り広げられる内戦の萌芽を見て取ったであろう。生徒である幼い王を囲む平和的な紫のローブをまとった高僧たちと、グロスター公ハンフリーを筆頭に揃いの服を着て王に臣従を誓うためにやってきた大貴族たちのなかには、血腥《ちなまぐさ》い殺戮という同じ一つの思想を祭壇に捧げる二つの党派、二つの軍団の睨み合いがすでに看取された。

グロスター公と配下の貴族たちは、怒りをあらわにして「もし僧侶たちが足を引っ張らなかったら、自分たちはフランスを完全に征服していただろう」と言った。――「司教たちは一シリング払うのも嫌がり、一四三〇年には、維持にカネがかかりすぎるといって、要塞の幾つかを壊すよう提言したが、これは、重大な裏切りではないか？　彼らが、グロスター公ばかりか王までも評議会から締め出したのも、おそらく裏切るためで、厚かましくも、選ばれてもいない人々をコミューンのメンバーとして議会に送ることまでした」――と。

グロスター公は、この非難の仕上げに、一つの恐るべき話を持ち出した。兄のヘンリー五世が語っていたところでは、王がある夜、ウィンチェスターに泊まったとき、犬が吠えるので調べさせたところ、物陰に男が一人隠れていた。この男は、叔父のウィンチェスター枢機卿から王の殺害を命じられて潜んでいたのだと白状したが、事を荒立てないために、テームズ川で秘かに溺死させられた、というのである。

他方、ウィンチェスター枢機卿ヘンリー・ボーフォートも烈しく応酬した。――グロスター公の暴虐ぶりは周知のことで、彼は、ロンドンを武力で制圧してロンドン塔を力づくで押し破り、不適切な結婚をし、イングランドにとって大事な同盟国に戦争をしかけて自分のために一つの国を造ろうとした――と。放埒なグロスター公は公然と二人の女性を妻にしており、貞淑なロンドンの淑女たちから議会に訴えられた。とくに二人目の妻は異端者として有名なオールドカースルにゆかりある家門の出で、レノラ（エレオノール）・コッバムといい、美しく才知に溢れているが性悪で、どのようにしてか分からないが、一種の魔力を使ってグロスター公をたぶらかしたのだ――というのである。

この女性のまわりには、風刺詩人や錬金術師、占星術師といった怪しげな人々が集まって一つの宮廷のようなものを作っていて、彼女は、そのなかで、敵対する人々の死を星座で占ったり、毒や呪いでその死を早めたりしたが、そんなことは教会に背かないでできることではなかった。そこには、教会裁判にかけるのに好都合な材料がたくさんあった。

一四三二年、ルーアンでのジャンヌ・ダルク処刑から帰ってきたウィンチェスター枢機卿は、ロンドンでも同じ場面を再現できると考えて、グロスター公妃と関係していると思われるマージェリーという名の魔女を捕らえさせ、ウィンザー城で尋問させた。しかし、このマージェリーには、好意を寄せる人々もあり、知恵も巧みだったので、何も引き出すことができなかった。

そのウィンチェスター枢機卿がバーゼルの公会議に出かけたのを見て、今度はグロスター公ハンフリーが勝機到れりと考え、枢機卿のカネが運び出されるところを押さえた。議会では国庫の莫大な赤字が報告され、驚愕した諸都市のコミューンは、王国統治のために指導者を要請したが、呼ばれたのは、ひそかに期待していたグロスター公ではなく、弟であるフランス摂政のベドフォード公ジョンであった。イギリス国民を特徴づけていることだが、ベドフォードが開口一番、自分に支払われる報酬は幾らかと訊ねたところ、みんな黙ってしまったという。

しかし、統治者がウィンチェスターであれベドフォードであれ、事態は悪化する一方であった。このとき、まさに、辛うじてブルゴーニュ公をイギリス人たちに結びつけていた絆が完全に断ち切れた。ベドフォード公の妻であったブルゴーニュ公フィリップの姉妹が死んだのである。

ブルゴーニュ公とイギリスとの同盟は、それ以前から、けっして堅固でも確実でもなかった。ブルゴーニュ公フィリップは、その手文庫のなかに、イギリス人たちの友情に関わる証拠書類を何通か持っていた。それは、グロスター公ハンフリーからベドフォード公ジョンにもちかけた、ブルゴーニュ公を捕らえて殺害する方法についての相談であった。ベドフォード公は、ブルゴーニュ公とは義理の兄弟であるにもかかわらず、事が厄介にならなければという条件つきで、グロスター公の考えに賛同していた。

イギリスとブルゴーニュの同盟の波乱に富んだ転変は、それだけで一つの歴史である。当初、ヘンリー五世は、ブルゴーニュ公を味方につけるためにカネを与えただけでなく、もっと大きな利益への期待を抱かせた。しかし、イギリス人たちは、彼を獲物の分け前に与らせなかったばかりか、ブルゴーニュ公が自分のものと見なしていたホラントとエノーの相続権を奪い取ろうとした。彼らは、利用するだけ利用すると、あとは背を向けるか、あるいは、亡き者にしようとした！ そのくせ、再び彼が必要になると、番犬のように、這いつくばって彼のもとへ擦り寄ったのだった。

イギリス軍は、エノーに出兵したものの、シャルル七世の軍勢に包囲されると、ブルゴーニュ公に助けを求め、その代価としてペロンヌとトゥルネー、さらにはバール、オーセール、マコンまで譲ることを約束した。一四二九年には、オルレアンだけはブルゴーニュ公に渡すまいとして包囲戦を始めたものの敗北し、今度はシャルル七世が祝聖のためにランスへ向かうのを遮るためにブルゴーニュ公の力を借りようと、モーを与える約束をし、パリを彼に託する振りまでした。そのくせ、《乙女》が捕らえられ、自分たちの王（ヘンリー）がパリのノートル＝ダムで祝聖を受けるなど、状況が自分たちに有利になるや、彼らは、ガン（ヘント）市民に保護を与える旨の書簡を送るなど、フランドルにおける君主権を行使しようとした。

したがって、ブルゴーニュ公としては、イギリス人たちを愛する理由はまったくなかったし、彼らを恐れなければならない理由もなかった。彼らが仕掛けたフランスの戦争は馬鹿げたものになっていた。シャルトルは、イギリス軍守備隊が説教を聴きに行っている間に、デュノワによって奪取された。ラニーの包囲戦では、摂政（ベドフォード）もウォリック伯リチャード・ボーシャンともにやってきたが、ようやく城壁に穴を開けて突入せんばかりになったとき、内側から敢然と反撃したきたので、二人とも、「このような猛り立った敵はそっとしておいたほうがよい」と言いながらパリへ引き揚げてしまった。それは、復活祭の前夜のことで、明らかに告解するためでもあった。

パリ市民たちはベドフォードのパリへの退却を喜んだが、だからといって、彼の結婚を馬鹿にしなかったわけではない。このとき五十歳になるベドフォード公が選んだ相手は、サン＝ポル伯の十七歳の「ぴちぴちした美しく優雅な娘」であった。サン＝ポル伯はブルゴーニュ公の臣下であったにもかかわらず、ベドフォード公は、この結婚を義弟（亡くなったばかりの妻の弟）であるブルゴーニュ公に何も報せないで、突然、こっそりと行った。もし、ブルゴーニュ公フィリップ・ル・ボンが事前に知っていたら、同意しなかったであろう。結局、サン＝ポル伯は激怒した主君ブルゴーニュ公によって国境地域の警備に回され、両方から狙われる役割を負わされたのだった。

ウィンチェスター枢機卿は、英国とブルゴーニュとの同盟が壊れると、戦争の局面は一転し、別の面でカネがかかるようになるし、不可避的に自分が頂点に立っている英国教会の負担が増えることも、よく理解していた。その場合、まず分担させせられるのは英軍占領下のフランスの教会で、フランスの教会は過去六十年間にイギリス人貴族から受けた寄進の返却を要求される恐れがあった。

このことを懸念した彼は、意欲的に和平のために取り組み、ベドフォード公とフィリップ善良公の間で会談を行わせることにして、ブルゴーニュ公をサン＝トメールにまで来させることに成功したが、そこまでだった。双方とも、自分のほうからは一歩を踏み出したがらなかった。ベドフォード公は、もしブルゴーニュ公を味方に引き戻せなかったらイギリス人たちはフランスにはいられなくなることをよく弁えていたはずであるが、彼はエチケットの問題に頑なに拘った。つまり、自分は英仏にまたがる王（ヘンリー六世）の名代であるから、王の臣下であるブルゴーニュ公のほうから自分を訪ねてくるべきだというのである。しかし、ブルゴーニュ公は動かず、決裂は決定的になった。

反対に、フランス王シャルル七世の陣営は、次第に結束を固めていった。このフランス人たち同士の歩み寄りは、とりわけアンジュー家の努力の賜であった。王（シャルル）の義母である老いたアンジュー公妃ヨランドがブリトン人たちを王に近づけ、軍司令官リシュモン〔訳注・ブルターニュ公の弟〕と協力して寵臣ラ・トレムイユを放逐したのであった。

しかし、ブルゴーニュ公フィリップをシャルル七世の味方につけることは、ずっと困難であった。ブルゴーニュ公はロレーヌにおいて、ヨランドの息子であるルネ・ダンジューに対抗して自分の弟のヴォードモンを支持していた。ルネ・ダンジューは、古いフランスの軽薄さをもっていたが、騎士時代の古きフランスのあらゆる愛すべき資質に恵まれ、その存在は、今も「よきルネ王 bon roi René」の名でアンジューやプロヴァンスの人々の思い出のなかに残っている。

彼はビュルニェヴィル〔訳注・ヴォージュ地方。ヴィッテルの近く〕でブルゴーニュ派に襲撃されて捕らえられ（一四三一年）、以来、幽囚の生活を送った。そのなかで、彼が日々の慰めとしたのは、シャルル・ドルレアンのように詩作ではなく絵を描くことであった。自分が囚われている牢獄の礼拝堂のために何枚もの板絵を作成しただけでなく、ディジョンのシャルトル会修道士たちのためや、さらには、自分を拘束している人々のためにも板絵を描いてやった。フィリップ善良公が彼に会いにきたときには、その父親のジャン無畏公の美しい肖像画を描いて贈ったので、ブルゴーニュ公としても、この愛すべき画家といつまでも敵対している術がなくなり、釈放したのであった。

公子たちが仲直りしたので、民衆も争いを終わらせないわけにはいかなかった。パリは、相変わらず支配しているコーションそのほかの司教たちを厄介払いし、イギリス人たちを追い出そうとした。「フランスの小イングランド」といわれるほど親英的なノルマンディーでさえ、あらゆる重荷をかけてきた戦争に飽き飽きしていた。低地ノルマンディーの田園地方では大規模な反乱が起きた。その指導者はカトルピエという農民であったが、何人かの騎士も加わっていて、単なる《ジャックリー》（農民一揆）ではなくなり、まもなくイギリス人たちは、この地方から立ち退かざるをえなかった。

イギリス人たち自身、絶望に陥ったようであった。ベドフォード公ジョンはパリを捨てた。飢饉

フィリップ善良公が彼に会いにきたとき、ルネ・ダンジューは善良公の父親
ジャン無畏公の美しい肖像画を描いて贈った

とペストの災厄に交互に打ちひしがれた哀れなこの都市に立ち入ることは、勇気を要した。それでもブルゴーニュ公フィリップ・ル・ボンは、あえてパリを訪問した。彼は、妻と息子を伴い、和平協定が行われるアラスへ向かう途中、立ち寄ったのである。〔訳注・彼は、一四一九年にシャルル六世の娘、ミシェルと結婚したが、彼女が一四二二年に亡くなったあと、一四二四年にボンヌ・ダルトワと、ついで一四二九年にイザボー・ド・ポルテュガルと結婚して息子シャルルを儲けた。イザボーはポルトガル王ジョアン一世とフィリッパ・ド・ランカストルの娘。〕パリ市民たちは、神から遣わされた天使のように彼を迎え、哀願した。

このアラスの会議（一四三五年八月）は、フランス代表団、ブルゴーニュ派代表団のほかに、法王と公会議の代表、皇帝使節、カスティリヤ王、アラゴンおよびナヴァール王の使節、ナポリ、ミラノ、シチリア、キプロス、ポーランド、デンマークの使節たちも参加しての、いわばキリスト教世界全体の代表が集う大規模なものであった。フランス、低地諸国の全王侯も自ら出席するか代理を送った。みんなが集まったところで、イギリスを代表してウィンチェスター枢機卿が到着した。

議題の第一は、シャルル七世とヘンリー六世の和解が可能かどうかであった。しかし、どのような方法によってか？　両者とも、フランスの王位は自分のものだと主張していた。シャルル七世は、イギリス人たちがまだ保有していたノルマンディーとアクィテーヌをイギリスに提供することを条件として提示した。イギリス側は、双方が保有している土地を交換によってまとめて保有し続けること、そのうえでフランス王位はイギリス王が兼務することを要求した。

イギリス人たちの奇妙な自惚れは、このアラス会議の四年後の一四三九年、イギリスの立場がさらに悪化しているなかで開催されたグラヴリーヌの和平会議の際に、ロンドンの評議会が枢機卿に与えた指示に顕著に表れている。〔訳注・グラヴリーヌはダンケルクの近くで、一四三九年七月、ブルゴーニュ公妃イザボー・ド・ポルテュガルの仲介で実現した。〕このときウィンチェスター枢機卿に託されたのは、まず、シャルル・ド・ヴァロワ〔訳注・すなわちシャルル七世〕にヘンリー王のフランス王国統治を妨げない旨を約束させること、平和のためにラングドックを封土としてフランス側に維持させるが、地代として二万リーヴルを払う、というものであった。

いずれにせよ、アラスの会議で、ウィンチェスター枢機卿ヘンリー・ボーフォートは、教会人として平和の重要性について演説を行い、その後、説得してシャルルの娘の一人とヘンリー王の結婚を承諾させて、フランスの二つの王国を認めさせることになっていた。しかし、フランス側は歩み寄ろうとはせず、イギリスの代表団も席を立って去った。

みんなの注目はブルゴーニュ公フィリップに向かった。人々は彼に、長期にわたる戦争で苦しみを与えてきたフランス王国とキリスト教世界に対し憐れみを抱くよう懇願した。しかし、これには彼の騎士としての名誉と良心が関わっていたので、かんたんには妥協できなかった。彼が暗殺された父親〔ジャン・サン＝プール〕の仇討ちの誓いに拘っているのではないかと考えた法王の使節たちは、自分たちは宣誓の束縛から解除する権限をもっているのだから、そのようなことには拘るなと言った。だが、それでも彼に腹を決めさせることはできなかった。人々は教会法では不充分と見て、市民法に助けを借りることにし、ブルゴーニュ派とオルレアン派の抗争をダレイオスとアハシュエロスになぞらえて助言した。

〔訳注・ダレイオスは前五世紀のペルシア帝国の大王。アハシュエロスはその息子のクセルクセス一世で、ダレイオスはユダヤ人たちの神殿建設を認め、クセルクセスはユダヤ人であった妃の言葉を容れて、宰相がユダヤ人を皆殺しにしようとしたのを阻止した。〕

イギリス人とフランス人の博士たちの意見は、予想されたとおり正反対であった。法王使節に随行してきたボローニャの博士たちは、フランス側の肩を持って、シャルル六世はトロワ条約〔訳注・シャルル七世に相続権はないとした英仏間の条約〕を締結することはできなかったとして、「まだ生きている人の相続を決めることは法によって禁じられているし、そのような良俗に反する誓約は無効である。そのうえ、この条約は、イギリス人たちの同意なくして父親〔シャルル六世〕は息子と交渉しないと約束しているが、もし息子が父親に対して罪を犯していたならば、父親である王は法王の前に訴えるべきであった。ある王子に対して相続の資格がないと宣言できるのは法王だけであるから」と言った。

ブルゴーニュ公は言い訳をしたが、心の中では、人々が求めた方向に変わっていた。イギリス人たちに、ほとほと嫌気がさしていたからである。フランドル人たちは、自分たちの伯たちに対しイギリス人との結びつきを維持するよう圧力をかけてきていただけに、ブルゴーニュ公とは対立した。

フランドル人たちはカレーの守備隊の私掠に苦しめられ、羊毛の大市に行くと、ひどい扱いをされた。彼らにとって、もっと深刻だったのは、イングランドでも羊毛の加工産業が始まったため、イギリス製のラシャが安い値でフランドルに入ってきて、あらゆる障壁を突き崩しはじめていたことであった。これに対しては、すでに一四二八年に禁止令が出されていたが効果がなく、その後も、一四四六、一四六四、さらに一四九四年と禁止令が出されなければならなかった。結局、一四九九年には、この流入を食い止める方法がなくなって、フランドルはそれらを受け入れることにしたのであった。

ともあれ、フランドルにとってイングランドはライバルであり敵になっていたのであり、仮に友好関係を維持していたとしても、あまり役に立たなくなっていた。ブルゴーニュ公は、本領のブルゴーニュを守るためには、イギリスと同盟しソンム川の境界線を維持する必要があったが、その同盟も、もはや彼の領地を保証するものではなくなっていた。イギリス人たち自身がバラバラで、それぞれが自分を守るのがやっとであった。ウィンチェスター枢機卿ヘンリー・ボーフォートとグロスター公ハンフリーの間の均衡を辛うじて守っていたベドフォード公ジョンも死んだ。このベドフォード公の死がブルゴーニュ公の良心の重荷を軽減した。これによって、フランスの摂政であったベドフォード公と結んだ協定が、さほど神聖ではなくなったからである。協定は、署名した人が生きている間は拘束力が続くが、その人が死ねば解放されるというのが、中世の考え方であった。

彼がこう決意したのには、ブルゴーニュ公の二人の義理の兄弟たち、ブルボン公シャルル一世

〔訳注・アニェス・ド・ブルゴーニュと結婚していた〕と軍司令官リシュモン（ブルターニュ公の弟）も、少なからず寄与した。リシュモンは、アザンクールでイングランドに捕虜となりヘンリー五世に連れられて各地を転々とするなかでイングランド人たちの傲慢ぶりを間近に見てきたので、心底からイギリス人が嫌いであった。ブルボン公のほうも、父親のジャン一世がイギリス人の捕虜になり、身代金を払っても頭を下げても自由を買い戻すことができず、幽囚の身のままで亡くなっていたことから、イギリス人を好きになれなかった。つい最近、彼らはクレルモン伯領をタルボットに譲ったが、それは、タルボットが聖ルイ王以来、ブルボン家に仕えた家門の人だったからである。

こうして、ブルゴーニュ公フィリップ善良公は、ブルボン公とリシュモン伯の度重なる要請で、イギリス人との同盟関係に終止符を打つ気になったのであって、シャルル七世とブルゴーニュ公の和解を決めたアラス条約は、それと切り離して意義づけることはできない。シャルル七世がブルゴーニュ公フィリップにその父ジャン無畏公の死に関して赦しを請い、ブルゴーニュ公は王に臣従礼を尽くす必要がなくなって、公と王とは対等の立場になった。その結果、ブルゴーニュ公は自らが獲得したもの（ペロンヌとソンム川沿いの要塞、そして、オーセールとマコン）については、自分で相続人を決められることとなった。

ジャン無畏公の死について釈明し謝罪することは、王にとってひどく屈辱的なことであった。そのころ王は、まだ若くて事情もよく知らなかったし、対処できるだけの思慮もなかったにもかかわらず、臣下たちの前で謝罪し、モントローの教会に礼拝堂を建て、そのうえ、十二人のシャルトルー会修道士のために修道院を建設、さらに、殺害が行われたモントロー橋の上には石の十字架を立て、それらの維持のための費用も出さなければならなくなったのである。

　この謝罪の儀式は、サン＝ヴァスト教会で行われた。パリ首席司祭のジャン・テュデールが王に代わってフィリップ公の足下に身を投げ、ジャン無畏公に対して犯した罪について赦しを請うた。フィリップ公は、感動した様子でジャン・テュデールを抱き起こし、抱擁して、今後、シャルル王と自分の間には戦いはないと言った。ついでブルボン公とリシュモンが和平を宣誓し、列席していた使節たちやフランスおよびブルゴーニュ派の領主たちがこれに唱和した。

　しかし、もしブルゴーニュ公がシャルル七世の義理の兄弟のルネ・ダンジューと確定的な協定を結ばなかったら、この和解は完璧ではないであろう。ルネは第一回の協定内容には満足できず、牢獄に戻るほうを選んだ。しかし、その後、すでに述べたような経緯でフィリップ善良公はルネを牢獄から解放し、ルネの息子と自分の姪マリー・ド・ブルボンの結婚のために、ルネの身代金の一部を返した。こうして、ブルゴーニュ、ブルボン、アンジューという有力な家門が和解して、王に協力していくことになったのである。

　まだ、どちらにもつかず漂流していたのがブルターニュ公家であった。ブルターニュ公ジャン五世は戦争に大きな利益を見出していたし、領土内にはノルマンディーからの避難民三万人を抱えていた。だが、ブルターニュ公が英仏のどちらにつくにせよ、弟のリシュモンはフランスの軍司令官で、彼についていたブルターニュ人部隊はシャルル七世の主力軍で「優良部隊 bons corps」と呼ばれていた。

　こうしてフランスで対立し合っていた両陣営が一つに和解したことで、イギリス人たちは茫然となった。彼らは、怒りで我を忘れ、まるでそれが楽しみであるかのように不幸の道に突入していった。ブルゴーニュ公フィリップは、彼らとうまくやっていくことを望み、仲介を申し出たのだが、イギリス人たちは、そんなことにはおかまいなく、ロンドン在住のフランドル人たちを掠奪し殺害した。そのため、今度はフランドル人たちが怒りを爆発させた。ブルゴーニュ公は、フランドルのコミューンを煽動し、カレーを攻囲させた。

　ブルゴーニュ派全体がこの動きに同調した。パリでは、とりわけ中央市場がブルゴーニュ派の中心であったが、王の側近や軍司令官を動かしてパリ市全体を勢力下に収めた。パリには、イギリス軍がまだ千五百人ほどいて、バスティーユに閉じこもったが、兵糧攻めを恐れて脱出しルーアンまでセーヌ川をくだった。ルーアンでは三人の司教が、イギリス人の権益を守るために苛酷な統治を布いていたが、蜂起した民衆によって放逐された。イギリスの大法官でもあったテルアンの司教は「狐野郎 au renard! au renard!」と罵声を背後から浴びせられた。

　パリ市民たちは、イギリス人たちを易々と立ち去らせたことを悔しがった。バスティーユには、まだイギリス軍の残党がおり、これを攻囲しなければならなかったが、フランス軍司令官リシュモン自身、その場しのぎの毎日で、戦うためのカネがなかった。王も、パリを奪還するために司令官

に与えることのできるカネは、一千フランしかなかった。(一四三六年)

イギリス人たちのフランス占領は、このあと十五年も長引いたが、彼らにとって状況は日毎に悪くなっていった。彼らは、いたるところで挫折したにもかかわらず、自分たちの無力ぶりを認めようとせず、互いに罪をなすりつけ合って裏切り者呼ばわりした。そうした彼らの思い上がりと憎しみが恐るべき病となって、「薔薇戦争guerre des Roses」などといういかにも詩的な名前が付けられているが、実質は気違いじみた凄惨な同士討ちとなっていくのである。

これ以後、フランス王は、恐れるものがなくなる。彼に必要なのは、待つこと、そしてチャンスが来れば適切な打撃を加えることである。海峡の向こうのことは心配しないで、こちら側の内部情報を集め、長期にわたった不幸のあとフランスの状態がどうなっているかを調べることができるようになった。

あらゆるものが廃墟と化し、混乱と悲惨に覆われているなかで、確固としているのが封建貴族階層と教会の二つであった。貴族階層は乞食同然の王を無償で支えてイギリス軍と戦った。そのためには、自らの資産を食いつぶし、領民たちを犠牲にしたが、それは、やがて償われると計算してのことであった。他方、教会は、いかにも貧しく弱っているようであったが、その貧しさは戦禍で収入が途絶えているためで、土台は全般的に健在であった。

貴族階層に借りを作った王は、返済のためには教会にカネを出してもらう以外になかった。しかし、教会に支出を強要することは難しく、危険を伴った。そこで、教会に自由を与えつつも、聖職者の選任と聖職禄の扱いについて領主たちの干渉を認め圧力を加えることによって、間接的にカネを出させるやり方があった。これは、法王が、イギリス支配下のフランスの教会禄付司祭に親英的な人々を任命するというしばしば使った方法でもあった。

これで苦い思いをさせられたシャルル七世は、『ブールジュ国本勅諚 Pragmatique de Bourges』(一四三八年七月七日)において、バーゼル公会議の決定を踏襲し、教会を後見している貴族たちに聖職禄を選定させるやり方を採用した。こうした教会のパトロンたちは、その教会を設立し庇護した信仰心厚い人たちの末裔であったから、その教会を自分の封地の一部とみなしていた。彼らは、これからもその教会を保護しようという気持ちはあったが、そこには、自分の身内の人間を入れて、修道士や祭式者たちに彼を院長なり主任司祭に選ばせたいという野心が含まれていた。

このバーゼル公会議の貴族優遇の改革は、教会の民主的分子である大学人たちが占めていた優位性から判断すると、予想外だったであろう。しかし、大学人たちも一つの教訓を得ていた。彼らは、コンスタンツ公会議(1414-1418)で改革のために熱心に努力したが、その割に成果が得られなかった。司教たちの多くは、大学人によって知識を身につけ訓育されたという恩義を忘れたわけではなかったが、聖職任免権を握っている領主たちの前ではびくびくしていて頼りにならず、大学人たちは見捨てられて飢え死にしかねない状況に追い込まれていた。パリ大学は落胆を隠そうとせず、役禄の授与は法王に任せるほうがましだと表明していた。そこでバーゼルでは、より一層用心して、教会禄の一定部分はパリ大学で十年、七年、三年と、神学だけでなく法学、医学を学んだ人々にも確保されるようにしたので、弁護士や医者も主任司祭や司教座参事会員の役禄を受ける権利を手に入れた。奇妙なことだが、これは、スコラ学者を目指さない人にとっても、必要な一歩であった。このようにして、大学人たちは、聖職禄選任の権限をパトロンの貴族たちに譲ることによって、自分たちのなかから何人かを指名してもらうという慎ましい役割を引き受けたのであった。

バーゼル公会議（1431-1449）は、困難な状況にあった。これに対抗して同じ時期に法王エウゲニウス四世がフェラーラ、ついでフィレンツェで公会議を開催し、ギリシア教会の統合を盛大に宣伝していたからである。バーゼルに集まった人々は、最後の段階で、貴族や司教、大学人たちを巻き込み、法王中心主義に対抗して地域的権力を彼らに与える、一つの大きな改革を実現した。この公会議によって、法王は聖職禄の授与に関してほとんど無力化され、法王に遺された権限は五十分の一になった。法王庁尚書局の財政上の権限も縮小された。さらに、これまであらゆる国のローマへの依存を余儀なくさせ、カネの流れもローマに集中させ、ローマの統合力の原因になっていた法王への上訴も、特殊な場合以外は禁じられた。たとえば、ローマまで四日以上旅をしなければならない場合は、法王に上訴しなくとも、地元で処理されることになった。（原注・ジャンヌ・ダルクが法王直接の裁きを要求したとき、ボーヴェ司教コーションが「法王はあまりにも遠くにおられる」といって拒絶したのは、このためであった。）これは、王の裁判権が地方行政官によって担われるようになっていたのと同じである。

このバーゼル公会議の決議が、当時はきわめて貧しかったフランスに歓迎されたことは、金貨・

銀貨の王国外への流出を禁じた『国本勅諚』に表れている。くだって、この禁令が廃止されたとき、高等法院はその建言のなかで、ローマに流れる金貨が数年間で何百万リーヴルにのぼると算定し、「ポン・ト・シャンジュ〔訳注・シテ島の裁判所のところから右岸のシャトレに渡る橋で、「シャンジュ」は両替を意味し、たくさんの両替商が店を構えていたことから、こう呼ばれた〕では、もはや両替商もいなくなって、帽子屋と人形屋ばかりとなろう」と述べている。高等法院は、誰がローマでどんな羊皮紙の返書を獲得してこようと、そんなことには関心を持たなかった。彼らが何よりも深刻に受け止めたのは、金貨がフランスの国内からなくなることであった。とくにシャルル七世のもとでは、戦争遂行のためにも、さまざまな事態に迅速に対応するためにも金貨が必要であった。銀行は、それまでローマへ送る教会十分の一税の両替と移送に携わっていたが、このころからイギリス人たちがノルマンディーとの間でやりとりする為替手形（lettre de change）を扱うようになっている。

イギリス人たちが追い出されたので、銀行業を担っていたイタリア人たちも追い出されるのは必然のように見えた。フランスは、教会と金融にまつわる業務を、彼らに代わって自分でやりたがった。イングランドの既成教会があのように攻撃を受けながら持ちこたえてきたのは、外国人を排除し、貴族の一門が親族や召使いなど身内だけを使って支えていたからで、これは、フランスの教会にとっても、見習うべきことではなかったろうか？

しかし、恐れなければならないことが一つあった。それは、このように法王庁の影響に対して閉ざされた教会が、「国や国民のもの nationale」になるのでなく「領主のもの」になるだけではないかということであった。法王が失ったものを継承するのは、王でも国家でもなく、領主と貴族たちである可能性が高かった。まだ国家の組織が弱体であった時代には、その力は遠隔地には届かなかった。ところが、領主は代替わりしても、つねにその土地にいて、姿を見せ命令したから、教会の参事会は領主の命じるとおり従順に司祭や司教を選ばざるをえなかった。それに対して、王は遥か遠くにいた。

重要なのは、その貴族が教会の問題に関し主導性を発揮するにふさわしい人物かどうか、司祭や司教の選任権を持つこの領主が、彼自身、魂の救済に関わる任務を全うできる純粋な魂の持ち主であるかどうか、そのようなデリケートな任務にふさわしく《聖霊》の光に照らされた人物であるかどうか、であった。

《中世》は、領主がこのような影響力を持つことは教会の滅亡につながるのではないかと危惧した。しかしながら、十二世紀には《王笏 sceptre》と《司教杖 crosse》の戦いにおいて《王笏》を助けた貴族たちも、さらには、ローマの城壁に皇帝旗を立てたゴドフロワ・ド・ブイヨン〔訳注・下ロレーヌ公の甥。皇帝ハインリヒ四世が法王グレゴリウス七世と争ったときハインリヒのために活躍した。十字軍に参加し、エルサレムを奪還し、初代エルサレム王となった。1061-1100〕のような人でさえ、根底においては神を畏れる人々であった。彼らは、自分の封地では精一杯誇り高く厳格で、文字には書かれなくとも当然のこととして尊重している一つの規範を持っていた。それが《慣例 l'usage》であり《慣習 la coutume》である。彼らは、家来たちが何か口を開く場合も、尊敬の姿勢を失った物腰をみせたりすると、許さなかった。彼自身も、何かあると「殿様、それは御家門のよき人々の慣習ではございませぬ」と戒めてくれる、「生きた慣例集」のような長老の《賢人たち》を身近に持っていた。人々は領主を毎日眼にし、領主のほうも、領民たちほとんどの名前を知っていた。若い領主の激しい怒りも、《いにしえの時代》を具象化したようなこれらの長老たちを前にすると、静まることが多かった。

神への畏敬と慣習の尊重――封建時代のこの二つのブレーキが壊れるのが十五世紀である。領主は、自分の領地にもはや住まず、領民の顔や名前も知らなければ、彼らの慣習も知らない。たまに領地に帰ってきても、それは兵士たちを引き連れてカネを急いで調達するためで、領民たちにとって彼の帰郷は嵐の襲来のようであり、「逃げろ」の警報が流れ、人々は大急ぎで姿を隠した。

彼は、領主の肩書を父親から引き継いでいるが、ほんとうの意味の領主ではない。通常は荒々しい隊長であり、貴族であり、辛うじてキリスト教徒である。彼は、《ブルボンの私生児》だの《ヴォーリュの私生児》と呼ばれたシャバンヌやラ・イールのように、「押し込み強盗 houspilleur」「刈込み屋 tondeurs」「皮剝 écorcheurs」の頭領である。「皮剝」というのは、まさに文字通りで、破産して下着一枚しかない人間からは下着を、裸の人間からは皮膚を剝ぐということから、こう呼ばれたのである。

しかも、そのように残忍だったのは、領地を持たない私生児たちだけだと思ったら間違いである。当時のおぞましい戦争のなかでは、大貴族や王族たちも、奇妙な流血好きを示した。ルクセンブルク家のジャン・ド・リニーが十五歳の子供であった甥のサン＝ポル伯ジャックに逃亡領民たちを虐殺させたのを見ると、なんと言ったらよいだろうか？

彼らは、自分の親族たちをも敵のように扱った。自分の身の安全のためには、親族より敵のほうが安心できた。この時代には親子も兄弟もなかった。アルクール伯の兄は実の弟によって一生牢獄に閉じこめられたし、フォワ伯夫人は姉を幽閉し、ジアックの領主は妻を牢獄に放り込み、ブルターニュ公は兄弟を飢え死にさせている。しかも、このブルターニュ公の行為は公然たるもので、城の近くを通りかかった多くの人が、パンを乞う声を恐怖をもって耳にしている。ゲルドル伯アドルフは、ある日（一月十日）の夕方、老いた父親をベッドから引きずり出し、雪のなかを五里も歩かせて地下牢に放り込んだ。――この息子にも言い分はあった。父親殺しは、この家門の習いだったのである。しかも、そうしたことは、この時代の大部分の名家、低地地方のあらゆる名門の家、バールやヴェルダン、アルマニャックの多くの貴族の家でも見られた。

したがって、こうしたことには人々も慣れっこであったが、そんな人々をも「大地がびっくりして黙り込んだ」と驚かせたのがジル・ド・レの事件である。

ブルターニュ公ジャン五世の従弟であり彼の尚書でもあったナントの司教ジャン・ド・マレストロワがラヴァルの大領主ジル・ド・レに対し思い切った行動を起こしたのは、ブルターニュ公が後ろ盾になってくれる保証があったからであった。ジルはブルターニュ公家の分家であるモンフォールの一族で、彼が呼び起こした恐怖は、その後十四年以上、人々から「レ Retz」の名を口にするのも忌み嫌われたほどであった。

その告発のきっかけになったのは、田園をうろつき回っているメフレと呼ばれる一人の老婆が家畜番や乞食をしている子供たちに近づいては、彼らをラヴァルのレの城に連れ込んでいるという奇妙な事件であった。しかも、一度連れ込まれた子供の姿は二度と見られなかった。犠牲になったのは、はじめは貧しい農民の子で、もともと家族から捨てられたような子供たちだったから、訴え出る人もいなかったが、次第にやり方が大胆になり、町の子供たちにも行方不明になる例が出始めた。しかも、ナントでもよく知られた画家の妻が、小さい弟をレ殿の家来から「城の礼拝堂の合唱隊にほしい」と言われ預けたところ、いつまでも返されてこないので訴えたことから、騒ぎが大きくなった。

ブルターニュ公は、この告発を受理した。司教も、ジル・ド・レによって自分の教会の一つが蹂躙されたことがあったので、その報復をしようと、異端審問官や公国判事のピエール・ド・ロピタルに加勢して審査団を編成した。ジル・ド・レは、逃げようと思えば逃げられたのだが、力を過信して何も恐れるには及ばないと思い、あっさり捕らえられた。

ジル・ド・レは、もともと大領主であったうえ、結婚によってトゥアール家の資産を手に入れ、さらに母方の祖父ジャン・ド・クラオンからシューズ、シャントセ、アングランドも相続していた。一般的に、こうしたメーヌ、ブルターニュ、ポワトゥーといった英仏海峡に近い地方の豪族たちは、

メフレと呼ばれる一人の老婆が家畜番や乞食をしている子供たちに近づいた……

英仏両国の裁判権と法律の隙間を歩いていた。それは、どちらの掣肘も受けないということでもあった。ジルは、自らも「優れた知性をもち、人柄も振舞いも高貴な人物」として信頼されていたうえ、学識豊かでラテン語を流暢に話す人々を大事にしていた。王にもよく仕えて元帥に任じられ、ランスの祝聖式のときは命じられてサン＝レミ修道院へ行き、聖水の甕を運んできた。

しかも、ジルは、司教との紛争にもかかわらず、信仰心の厚い人物として知られていた。当時流行の信心深さとは、カネに糸目をつけないで豪勢な礼拝堂を建て、たくさんの子供から成る合唱隊を育成し擁することであった。フランドルで教会音楽が発達したのがこの時代であり、歴代ブルゴーニュ公は、その推進者であった。ジル・ド・レも、大貴族としてたくさんのメンバーから成る楽団と大勢の子供から成る合唱隊を有していて、あちこち連れ歩いたから、子供たちは、そのためだったことは充分考えられる。

以上は、好意的に推定されることであるが、彼が裁判官たちから厳しく糾弾されたことも、紛れもない事実である。子供がいなくなって悲嘆に暮れる貧しい親たちは、列をなしてやってきて、自分の子供がいなくなった経緯を事細かに訴えた。拉致に関与した人々も貧しい人たちで、威して命じた張本人が落魄したのを見ると、もはや容赦しなかった。

そのため、彼も否認するのをやめて、涙を流して白状を始めた。それは、罪の告白には慣れていた裁判官や司祭たちも身震いし十字を切ったほどのものであった。まさに、そのおぞましさは、ローマ帝国のネロたちやランゴバルド王国の暴君たちをも凌ぐほどで、死海を覆い隠すほどたくさんの子供たちをさらって邪悪な神々に捧げて貪り食わせたというあの異教徒を思わせた。

シャントセの塔では大量の子供の骨が見つかり、約四十人の子供が犠牲になったと推定された。シューズ城の便所でも、また、彼が通過した何か所かの地でも、同じように子供の骨が見つかった。彼は行く先々で子供を殺しており、その数は百四十人を超えると見られた。

なぜ、そして、どのように殺したのか？ それは、死そのものより恐ろしいことであった。彼はオリエントで「バアル Barron」だの「ベルゼブル Belzébut, Belzébub」「サタン Satan」「ベリアル Bérial」などさまざまに呼ばれる悪魔を呼び出すため、生け贄として子供たちを殺したのだった。〔訳注・総括的に「悪魔」を指す「サタン Satan」はヘブライ語の「誹謗する者」に由来し、「ディアブル Diable」はギリシア語の「ディアボロス Diabolos」から来ている。「バアル」はヘブライに隣接する民が崇めた天候と豊饒を司る神。「ベルゼブル」は「バアル・ゼブブ」が本来の呼称。〕

何のためか？ それは、黄金と知識、力を授けてもらうためであった。そのために、彼は、これらの悪魔に会わせると約束した若い司祭をイタリアから招いていたし、悪魔を呼ぶのを手伝ってもらうためのイギリス人も一人いた。そのやり方の一つが、《万聖節》〔訳注・「諸聖人の祝日」ともいい、すべての聖人を祝う祭。十一月一日〕のお勤めの文句を邪悪な霊たちを称えるために唱えることであった。しかし、本来は神に命を捧げた聖人たちを愚弄するやり方で、これでは不充分であった。創造主に対抗する悪魔どもを動かすには、神の生き生きしたイメージを殺すだけの際立ったものが必要であった。そこで捧げられたのが、殺された子供の血と手、眼、心臓であった。

この悪魔信仰は、当人が人間として自身の内に有しているものを全て破壊し、本性まで悪魔にしていく恐ろしい力をもっていた。おそらくはじめは主人（悪魔）のためにいやいや殺していたのが、自分のために悦びをもって殺すようになっていった。犠牲者を殺すこと、それも、より大きな苦悶を与えることに楽しみを覚えるようになっていき、最後には時間つぶしの《滑稽劇》でしかなくなった。つんざくような悲鳴に彼の耳は心地よさを覚え、苦悶のあまりに歪む顔は彼を笑いころげさせた。最期のけいれんを見せる段階では、この恐るべき吸血鬼は犠牲者の身体の上に坐って、その引きつる動きを直接感じ取ろうとした。

偉大な想像力をもつある説教師は、地獄の責め苦のなかでは、火焔などは最も些細なもので、最大の苦痛は、悪徳と罪が際限なく続いていくことであり、そのなかで魂は異常になり、果てしない悪のなかに沈んでいく（しかも、その速度は幾何級数的に増す！）ことであると述べている。今わたしたちがその行状を語っている罪人は、生きているうちから、無限の悪業に向かって恐るべき落下を始めていたようである。

言うも悲しいことだが、彼は善悪の観念も判断力も失い、救いについてのよき助言も、もはや彼の心には届かなかった。この哀れな男は、悪魔と神を同時に引っかけようと考えたのかもしれない。というのは、彼は神を否認しないばかりか、ミサや行列式典にも熱心であった。おそらくそれによって、審判者である神を買収できると考えたのであろうか？　悪魔についても、彼は全てを捧げるといいながら、「自分の生命と魂以外は」との留保をつけ、分別を忘れなかった。魔術師と引き離されたとき、彼は泣きじゃくりながら、こんな奇妙な言葉を吐いた。

「さらば、わが友フランソワよ。わたしは神に、どうかお前のことを辛抱強く見てやってくださるよう、お願いしよう。お前が神について希望を失わなければ、わたしたちは天国の偉大な楽しみのなかで相まみえることであろう。」

彼は火あぶりの刑を宣告され、薪の山の上にいったんは据えられたが、焼き殺されることは免れた。その有力な家門と貴族身分全般への配慮から、焔がその身に届く前に絞殺されたのである。処刑のあと、薪が積まれたままのナントの牧草地に「高位の娘たち des damoiselles de grant estat」がやってきて、彼女らの高貴な手で彼の身体はきれいに洗われ、修道士たちの手でカルメル会の教会に丁重に埋葬されたのであった。

元帥ジル・ド・レのこの悪行は、誰もあえて告発しようとする人もなく、十五年間続いた。もしブルターニュ公とナント司教、そして国王という、対立を常とする三つの権力が一致をみるという稀な状況が現出しなかったら、彼は永久に告発もされなければ裁かれもしなかったであろう。

ジル・ド・レの一族が、メーヌとブルターニュ、ポワトゥーの境界地域に要塞線を築いて占拠していることは、ブルターニュ公にとっては、さぞかし目障りであったろう。司教にとっては、教会も司祭も大事にしないジル・ド・レは敵であったはずである。王にとっては、この男は頼りにできる存在であったが、その一方で、勝手気ままな所行は、いつまでも放置しておくわけにいかないものがあった。ブルターニュ公ジャン五世の弟でフランス軍司令官のリシュモン伯アルテュール三世は、野盗と魔術師を厳しく憎んでいた。それより二年前、まだ若かった王太子（のちのルイ十一世）がこの境界地域の平定のために派遣され、ジル・ド・レ元帥麾下のポワトゥーにおける指揮官の一人に任ぜられたことがあるが、それは多分、リシュモンの助言によるものであった。おそらく、王太子に対してすら容赦しない王の苛烈さがジル・ド・レの凋落を準備し、それでブルターニュ公も我が意を得たりと司教と異端審問官を動かして、三者がレ元帥追及に足並みを揃えることになったのであった。

このように諸勢力が合意を見ることは、容易に再現されることのない稀な事例であるとともに、これほどの身分の男が処罰されることも、ほとんどないことであった。おそらく同じくらいの重罪を犯した人はおそらく他にも何人もいたであろうし、戦争のあと自分の領主館に帰って、身を守る術をもたない貧しい人々に対して同様あるいはより残忍な悪行を続けた者もいたであろう。

このような慣習を一変させたことも、イギリス人たちがわたしたちフランスにもたらしたものの一つであった。アザンクールの戦場でも、イギリス人たちからは「自分たちはフランスを懲罰し正すために神から力を授かっているのだ」という声が聞かれた。事実、シャルル六世とシャルル・ドルレアンのフランスは、まさしく軽薄であった。イギリス人たちは、間違いなく、はるかに謹厳であった。この賢明な「後見人」たちが、その二十五年間にわたる滞在によってフランスにもたらした変化について今少し吟味してみよう。

彼らは、フランスがそれによってフランスであったもの、王国の統一性を成していたものを壊した。この幸せな統一性をあらわしていたのが封建領主たちの抗争の合間の、嵐の予感を秘めた一時的休戦すなわち『王の平和 paix du roi』であった。イギリス人たちは、それに代えて、恐るべき小戦争をいたるところに遺した。彼らのおかげで、この国は蛮族時代にまで逆戻りした。彼らは、百万人の殺戮に加えて、わたしたちがフランス王制を築き上げた二百年ないし三百年という長い歴史を無に帰したようにみえる。

こうして再度現れた蛮族性は、かつてのそれのような素朴さと信仰の善良さを、もはや持っていなかった。封建制は戻ってきたが、かつての忠誠心だの誠実さ、騎士道精神はなくなっていた。帰ってきた封建領主たちは、さまざまな未知の罪業を地獄から運んできた極悪人のようであった。

イギリス人たちが引き揚げていったあとも、フランスは自分で自分を消耗させ続けた。北フランスの諸州には荒れ地（landes）が広がった。中心部のボース地方は茨に覆われ、ここで戦う軍勢は、相手方の姿を見つけるのに苦労するほどであった。都市は田園地帯から避難してきたあらゆる人々を呑み込んだが、にもかかわらず人口減少は止まず、多くの家は空き家になり、閉ざされた門が開くことはなかった。貧しい人々は、こうした家から、身体を温めるのに役立ちそうな物は何でも引っぱり出した。オルレアンの町は火災で消失した。政府、大学、高等法院があり、大人物たちがたくさんいたこの都市でさえ、この有様であったから、他の町は推して知るべしである。

飢えと惨めさは種々の伝染病の温床になった。あまりはっきりとは分かっていないが、それを人々は、たまたま「ペスト」と呼んだ。シャルル七世は、まだ「パリ病」と呼ばれていたこの病気の恐ろしさを見て恐怖心に襲われ、パリから逃げ出した。イギリス人たちも、逃げ出して、もう戻ってこようとしなかった。こうして両者は、申し合わせたように、互いに遠ざかったのである。

それに代わって喜んでやってきたのが狼たちである。はじめ彼らは腐肉を漁りまわったが、そのうちに見境がなくなって人間に襲いかかるようになった。おそらく誇張もあるだろうが、当時の記録には、一四三八年九月、モンマルトルとサン＝タントワーヌ門の間で狼に食い殺された人が十四人を数えたと記されている。

同様の悲惨な状況についての記述は、『貧しいコミューンと貧しい労働者たちの嘆き Complainte du pauvre commun et des pauvres laboureurs』にも見られる。この著述では、嘆きと脅しが入り混じり、飢えに迫られた貧しい人々は、教会と国王、ブルジョワと商人たち、とりわけ領主たちに「火はあなたたちの館にも迫っている」と警告している。彼らは国王に救いを求めたが、無力でけちな「ブールジュの王」に過ぎないこの男にいったい何ができただろうか？　その冴えない風貌で、田園の野武士団や自分の城から恐怖を撒き散らしている厚かましい「小型の王」たちを力をもって押さえつけ、自分を尊敬し服従するように仕向けることが、どうしてできただろうか？　彼がイギリス人たちに戦いを仕掛けるために使うことができたのは、僅かな手持ちの隊長たちだけだった。

第二章　フランスの変革と平定（一四三九〜一四四八年）

シャルル七世の治世末期の何年かは、混乱はあったものの、「フランスの回復期」として要約できる。フランスが回復に向かったのに対し、イギリスは病に陥った。

フランスが回復することはありえないと思えるほどであったが、手足の末端で目覚めた生の本能がさまざまな力を集め、中心に集約した。苦しみに耐えてきたすべての人々が結束し合ったのである。

その「苦しみに耐えてきた人々」とは、一方では、一時は無にまで帰した王権であり、他方では、都市住民であれ農民であれ、無名の庶民である。これらの庶民たちは、王こそ混迷から何の利益も得ていない唯一の人であると考え、彼に視線を向けた。王のほうも、これらの庶民たちしか信じられないことを感じていた。彼は、平和実現を望む人々に戦争を託し、委ねられた人々も見事にやってのけた。ある商人は軍隊のためにカネを提供し、ある文人は砲隊を指揮して城を陥落させ、敵や反乱軍のいる都市や砦に突入した。

《戦争》は、かくも烈しく戦いを挑まれたために王国の外に出て行き、かつてフランスに《戦争》を投げつけたイングランドに襲いかかったのであった。

このようにして王権が民衆に支えられて大きくなるにつれて、民衆の支えのない大貴族たちは、王の前では小さい存在になっていき、次第に王を尊重せざるをえなくなっていく。だが、それには時間が必要で、四十年と二人の王の治世を必要とした。この変化は、シャルル七世のもとで徐々に始まったが、完成にはいたらなかった。王と並んで、もう一人の王、すなわちブルゴーニュ公が生きているかぎりは、この作業は続けられなければならなかった。〔訳注・ブルゴーニュ公フィリップ・ル・ボンが亡くなるのが一四六七年、その子、シャルル・ル・テメレールが亡くなるのが一四七七年である。〕

一四三九年十一月二日、シャルル七世はオルレアンの三部会で、これ以後は王のみが守備隊長の任命権者であること、王に仕える隊長と同じく、領主たちもその臣下のなすことについて責任を負うこと、この両者ともに、王政府の前で等しく責任を負う（すなわち、戦争、抗争は正義に従う）べきことを宣言した勅令（『オルレアン法令』）を発した。これによって、大領主たちも、戦争を口実にして領主としての権限を越えることは何もできなくなり、戦争は国王の仕事になった。三部会は年に百二十万リーヴルを国王に供与し、国王はそれぞれ六人の家来を従えた槍騎兵千五百を常備することになる。さらに時代がくだると、この槍騎兵隊を支援するため、コミューンの歩兵隊が新しく創設される。

この勅令に背いた者は容赦されなかった。かりに王は許したとしても、王政府は、それを無視した。この命令には、もっと直接的で効果的な脅しが付け加えられている。命令に背いた者の遺産である武器は、この謀反人を追撃した者の所有に帰する、というのである。これは、農民たちを武装させ、村の早鐘を鳴らさせることとなる。

イギリス人たちがまだフランスから撤退しないうちに、王があえて無秩序に対する戦い、このような変革を宣言したことは軽はずみではなかったろうか？　彼は、前文のなかで、この勅令は三部会の要請に基づくものであると述べているが、そこに列席していた王族や貴族たちが、はたして自分たちにも及んでくる変革を本気で懇請したか甚だ疑わしい。

この勅令のめざすものの大胆さを部分的ながら説明してくれるのが、自らは王に仕える隊長を名乗っているが実質は盗賊である連中が力を失ってきていたことである。そのなかには、バーゼルへ私掠に行って公会議を人質に取ろうとしたが、その途上で、アルザスの農民たちによってこっぴどくやっつけられ、さらにスイスには、もっと手強い農民たちが待ち構えていることを知って意気消沈して帰ってきた例もある。

他方シャルル七世は、みずから雄々しく戦ってモントローを奪取し、ついでモーを砲兵隊によって攻略したことですっかり自信をつけ、本拠をパリに移した（一四三九年）。それとともに、彼は、《戦争屋》たちについての善良な人々の不満と悲嘆を耳にし、そうした連中を迅速に裁判にかけ一掃するよう督励した。軍司令官リシュモン（アルテュール三世）は、この波に乗じて自ら裁判長（パリ総督）になり（1436-1463）、こうした連中を片っ端から捕らえ絞首刑や溺死刑に処した。彼の兄のブルターニュ公がジル・ド・レを裁判にかけたのも、こうした背景があってのことであった。このジル・ド・レ裁判は、一人の領主に対する裁きであったが、貴族階級全般に対しても、悪事を犯した場合、処罰を免除される道はないとの厳しい警告であることに変わりなかった。

王の身近にあって、このような方向に後押しした大胆な顧問たちは、どのような人たちだったのだろうか？　彼に変革を吹き込み、「よき臣下に恵まれしシャルル Charles le bien servi」なる別称を与えさせたのは、どのような臣下たちだったのだろうか？

シャルル七世の顧問のなかには、王族（princes）やメーヌ伯、ブルターニュ公の弟（リシュモン）、オルレアン公の庶子（デュノワ）といった人々と並んで、その勇猛さと実力を認められて王によって貴族に取り立てられたサントライユ、賢明で行政手腕に長けたピエール・ド・ブレゼがいた。また、収入と会計を担当したジャック・クール、砲術師のジャン・ビュローといった平民的な名前も見られる。平民も、爵位を授けられることによって、紋章を持ち、陽の当たる身になったのであり、ジャック・クールは自分の紋章のなかに三つの赤いハートと「勇敢な人間には不可能なことはない A vaillans riens impossible」という大胆な銘句を描き込ませている。ビュローは、その紋章の図柄に三つの小瓶（burette）を採用した。しかし、民衆は、もっと別の語源学的な解釈のほうを好んだ。

すなわち彼の「bureau」という名は褐色の粗末な毛織物をさす「bure」から来ており、そこから「Bureau vaut escalate」という諺が作られた。〔訳注・「escalate」は深紅を意味し、法王など高位の聖職者の衣を指す。褐色の粗末な衣を着ていても、高位の聖職者に負けないという意味である。また「bureau」は事務机をも意味する。〕

このビュローは砲術だけでなく司法や会計にも通じており、勝れた知性は万事に適応できることを身をもって示した。のちにアンリ四世〔在位1589-1610〕が一人の軍人〔訳注・シュリ公〕によって財政を改革するように、シャルル七世は一人の財政家〔訳注・ビュロー〕によって戦争の仕方を変革したのであった。

戦争には巨額のカネがかかる。そのカネをいかに調達するかを知っていたのがジャック・クールであった。では、彼は、どこでその知恵を身につけたか？　残念ながら明確には分かっていないが、彼は、一四三二年ごろからシリアのベイルートで商売をしていたのが、その後少しして、ブールジュで王の会計方になっている。この大商人は、その後もつねに、一方の足はオリエントに、もう片足はフランスに置いていた。そして、ここフランスでは、息子をブールジュの司教にし、あちらでは姪など親族の結婚相手を自分のガレー船団のパトロンにしていた。一方では、エジプトで商売を続けながら、他方では、ノルマンディー奪還のための巨額の資金を軍隊に投入している。

このような人々を王に紹介したのが誰であったかを追求していくと、もし、わたしの勘違いでなかったら、王にとっては義母であるアンジュー公妃ヨランドが浮かび上がる。彼女は、シャルル七世の治世の初めからさまざまな大きな影響を与えていた。彼が《乙女》を受け入れたのも彼女の影響であり、アランソン公（ジャン五世）が戦いの準備について意見を聞いたのもヨランドからであった。王に対する彼女の影響力は、寵臣たちのそれと均衡を保っていたが、一人の愛人を娟のために与えたときから、この老いた妃の影響力は無敵となった。事実、シャルル七世のアニェス・ソレルに対する寵愛は二十年間（一四二二年から一四五〇年にいたるまで）変わらず続いた。

ブラントームが記している有名な話がある。ある日、アニェスが王にこう言った。――自分は若いとき、占星術師から世界で最も勇敢な男に愛されると言われた。自分は、それはシャルルのことだと思ってきたが、今は、むしろ、シャルルからたくさんの美しい都市を奪って占拠しているイングランド王のことではないかと思うようになった。そこで彼に会いに行こうと思う――と。この言葉は、シャルルの胸に鋭く刺さった。それからは、「狩りも庭あそびもやめて奮起し」、ついにはフランス王国を占領していたイギリス人たちを追い出したのであった。〔訳注・小西茂也訳『艶婦伝』では下巻。第五講にある。〕

フランソワ一世（1494-1547）の気の利いた一句は、この言い伝えがブラントーム（1535-1614）よりもっと遡ることを証明している。〔原注・「Gentille Agnès, plus de los en mérite / (La cause estant de France recouvret), / Que ce peut, dedans un cloistre, ouvret / Close nonnain ou bien dévôt ermite.」〕

それはともかく、アニェスとほぼ同じ時代の人で敵方であったブルゴーニュの年代記者（オリ

アニェスなる優しい娘が愛人として王に与えられた

ヴィエ・ド・ラ・マルシェ）も、アニェスを称えて次のように言っている。

「アニェスは、確かにわたしがこれまでに見た最も美しい女性の一人であり、その資質を活かして王国に多くの善事をなした」。そしてさらに「彼女は若い武人たちや勝れた人々を王に引き合わせることを喜びとし、彼女が紹介した人々は、王の強力な補佐役となった。」アニェス・ラ・ソレル Agnès la Sorelle（または Surelle。ニワトコの木。彼女は金色のニワトコを紋章にしていた）は、法律家ジャン・シュローの娘に生まれたが、母方を通じて貴族身分であった。生まれたのはトゥレーヌで、この地方は今も農民たちは古いガリア語を話しており、その柔らかでゆったりした語調は素朴さを湛えている。このアニェスの素朴さが策略と打算の渦巻くロレーヌに移植され、イザベル・ド・ロレーヌの身近で育てられた。イザベルはロレーヌを婚資としてアンジューのルネのもとに嫁したのであったが、ルネがブルゴーニュ公のもとに囚われの身になると、イザベルは子供たちと幼友達のアニェスを伴って王（シャルル七世）のもとに救いを求めて赴いた。王にとってもイザベルにとっても義母で男勝りの策謀家であったヨランド・ダンジューは、シャルル七世をアンジュー＝ロレーヌ公家の利益にしっかり結びつけようと考えた。このアニェスなる優しい娘が愛人として王に与えられたのはそのためであったが、これは、ラ・トレムイユなどの寵臣たちを何としても遠ざけたがっていた王妃（マリー・ダンジュー）をも満足させた。

シャルル七世はアニェスの言うことに好ましい賢明さを見出した。老いた公妃はアニェスを通じて王に働きかけ、間違いなく、あらゆることについて重要な役割を果たした。老いたヨランドがジャンヌ・ダルクとアニェスという、「聖女」と「愛妾」になる二人の娘を共に王に推奨したのは、良心からというよりは政治的な考えからであったが、この二人とも、その方法は別々だったが、国王と王国の再興に大いに寄与したのであった。

こうした女性で成り上り者、平民から成る《顧問会議 Conseil》が、大して強い印象を与えなかったことは、言っておく必要がある。王らしからぬ地味な風貌のシャルル七世が、聖ルイ王の玉座に王国の審判者として坐り、聖ルイのような《神の平和》の守護者になるためには、もっと別の人々の協力が必要だったようである。老いた公妃、王妃、そして愛妾という三人の婦人同盟では誰も動かすことができなかった。

では、リシュモンはどうか？ 彼は死刑執行人にすぎなかった。ジャック・クールは？ 彼は、サラセン人たちの国と密売をやっている商人であった。ジャン・ビュローは？ 彼は、一介の法律屋の書記だったのが隊長になり、王国じゅうを大砲を引っ張ってまわりながら、立ちはだかる要塞を片っ端から破壊していたのだが、こんなことは、剣を執る人間からすると恥ずべき所業ではなかったろうか？ こうして、狐がライオンの役を演じるようになったのであって、本来の騎士は「法律の騎士 chevaliers ès-loix」に頭が上がらなくなる。最も高位の封建貴族の裁判官たちも、これ以後は「プロの司法官たち」を恐れなければならなくなる。自分の小姓が雌鶏をくすねただけで、主君たる貴族が二十里《リュー》も旅して、裁判所の記録課でローブを着た猿のようにうずくまっている男に帽子をとって話をしなければならなくなるのである。

それが王の側近たちの考えであったから、この勅令（オルレアン法令）が出たあとは、あれほど英軍を追い出すために献身したデュノワでさえも、評議会を去っていった。この「冷静な領主」は、王のために尽くしすぎたことを今では後悔していた。このオルレアン公ルイの庶子は、腹違いの兄シャルル・ドルレアンの采地であるオルレアンの町を守ることから自らの運命の道を歩みはじめ、ついでは、《乙女》の英雄的な純粋さを巧みに利用することによって大物の立場になってからは、王に対抗して自分の立場を高めようとした。不幸なのは、兄のオルレアン公シャルルがまだイングランドに囚われていたことであった。旧敵であったブルゴーニュ公フィリップがイングランド王に働きかけてオルレアン公を解放させたのは、おそらくデュノワの働きによるものであった。

アランソン公は向こう見ずに事件に関わっていった。ブルボン家とヴァンドーム家がこれを支援した。リシュモンによって逐われたかつての寵臣ラ・トレムイユも加わった。なかでも熱心だったのが、ブルボンの私生児やシャバンヌ〔訳注・リムーザンの領主〕、ル・サングリエといった、いうなれば「盗賊団を率いる領主たち」であった。事実、これは、彼らにとって切実な問題で、領主としての名誉と裁判権がかかっていただけでなく、斬首刑や絞首刑になるかもしれない問題であった。

彼らとして担ぐべき一人の首領がいなくてはならなかった。そこでオルレアン公の代わりに担がれたのが王太子〔訳注・のちのルイ十一世〕であった。年齢ではまだ子供だったが、名前で充分だと考えられた。しかし、子供と思われたこの人物は、すでに貴族を相手に、その初戦を経験していた。彼は、十四歳にしてブルターニュとポワティエの境界地域で戦い、最初の獲物としてジル・ド・レ元帥の副官を捕らえていた。このような始まりからして、彼が大貴族たちのよき友人であるはずがなかった。

だが彼は、友人であろうとなかろうと、提供してくれるものは鷹揚に受け入れた。彼の性格の主要な特徴は辛抱の欠如で、人が来るのも自分から行動するのも、じっと待っていることができなかった。彼は、人を動かす精神の活発さをもっていたが、人を思いやる気持ちは乏しく、友情も血縁も人間性も、彼にブレーキをかけることはできなかった。しばしば偏狭な信念につきまとわれたが、それによって拘束されることはなく、むしろ、躊躇いを吹き飛ばすのが常であった。

「昼も夜も、さまざまな考えが彼の頭をかすめた。毎日のように、突然、変わったことを思いついた。」

(ピエール・シャストラン)

奇妙なことに、この男には、些末な信心深さのなかにあっても、新しさへの生き生きした本能、近代的精神を特徴づける《不安》のような変化への欲求、すべてを踏みつぶし、父親の遺骨を踏み越えて前へ進もうとする本能があった。

この王太子は、父親のシャルル七世に似たものは何一つもっていなかった。彼は、むしろバール家とアラゴン王家出身の母方の祖母（ヨランド）の血を引き継いでいた。その性格の特徴の多くは、未来のギーズ家の人々を思い起こさせる。彼は、ギーズ家の人々と同じく、はじめは貴族たちの首領になって彼らを自分のために働かせたが、そうして働いた貴族たちは、あとになって、情け容赦なく自分たちの首を斬る人物を王に戴いていたのだと気づくのであった。

王シャルル七世は、復活祭の聖体拝領をポワティエで受けた。そして、聖餐の最中にサン＝メクサンがアランソン公ジャンとラ・ロッシュによって襲われたことを知らされた。リシュモンがブリトン語で「要塞のなかに閉じこもっていて捕虜になったリチャード二世のことが思い出されます」と言うと、王は、この助言を佳とし、直ちに馬にまたがると、騎士四百人を従えてサン＝メクサンへ急行した。そこでは、市民たちが王の救援を待って、この二十四時間、必死で戦っていた。そこへ王が救援にやってきたのだった。ラ・ロッシュの家来たちは、リシュモンのいつものやり方にしたがって斬首あるいは溺死させられたが、アランソン公の家来たちは送り返された。なんといっても、アランソン公は王家と血が繋がっていたし、これまで王のために尽くしてきていたので、ラ・ロッシュに対する扱いとは一線を画したのである。

ポワトゥーの要塞群は、一つ一つ、リシュモンによって攻め落とされていった。そこで、デュノワも考えた。——市民たちが王を支持しているのは、道路の安全が維持され、物資の供給がスムーズになって、食料などの値が安くなるのを期待したからである。また、戦乱で害を蒙っている農民にとって、兵士は敵でしかない。領主は農民が滅びたら、どんなに脅しても、力で搾り取ろうとしても、何も手に入れられなくなる。結局、野盗のようなことはやめて、王のもとに守備隊に入り、支給される給料で安定した生活ができるようになるほうがよいのではないか。——

デュノワは、これが時代の流れであることを理解すると、先に王に帰伏したほうがよい待遇を得られると考え、王に帰伏を申し入れ、喜んで迎え入れられると、すでに王のもとには騎兵四千八百、弓兵二千という想像した以上の強力な兵力があるのを見て、自らの選択に満足した。

デュノワのように考えたのは一人にとどまらなかった。南仏からも、多くの盗賊団（つまり武装した臣下を引き連れた領主たち）がやってきて王軍に加わって北仏の盗賊団と戦った。シャルル七世はブルボン公シャルル一世をその本領のブルボネに押し戻すと、諸都市や城塞は自分のものにして掠奪を禁じた。そして、オーヴェルニュの三部会を召集し、王は貧しい人々を掠奪から保護するものであり、反乱者たちは、それ以外のことを王に求めてはならない旨を宣言させた。

ブルゴーニュ公からも支援を受けられなくなった公子たちは、王のもとに服従した。まずアランソン公、ついでブルボン公、そして王太子ルイである。ラ・トレムイユそのほかについては、王は受け入れようとしなかった。王太子は、友人たちも含めて赦してもらえるかどうかで躊躇した。彼が王に「陛下。わたしは引き返さなくてはなりません。なぜなら、そのように約束してきたからです」と言うと、王は、素っ気なく、こう言った。「ルイよ。門はお前のために開かれているのだ。もし、それが充分に広くないなら、十六トワーズでも二十トワーズでも、わたしがおまえのために、壁を壊させよう。」

戦いは巧みに進められ、終わり方も悪くなかった。ブルボン公シャルル一世は、中央で持っていた役目〔コルベイユまたヴァンセンヌの王宮での仕事〕から外された。王太子ルイも遠ざけられ、東部の前線地を守るとともに、ここを相続分として与えられた。いわゆるドーフィネ Dauphiné という地名はその名残である。〔訳注・ドーファンすなわち王太子の領地の意。なお、ここでいうコルベイユとはパリの東南、セーヌ川とエッソンヌ川が合流するところにあり、パリへの物資供給の要衝になっていた。〕

このフランスの《プラグリー Praguerie》〔訳注・ボヘミアのフス戦争になぞらえて名付けられたもので、一四四〇年に貴族たちが王太子、のちのルイ十一世を担いで起こした反乱〕は、すぐ終わったが、その結果は、悲しむべきもので、軍隊の改革は遅延された。

イギリス人たちは、これで元気づいてアルフルールを奪取した。オルレアン公シャルルは、ブルゴーニュ公の要請で解放された。長年の敵が解放に尽力したのに、王がその身代金の保証について知らんぷりをして済ますわけにはいかなかった。オルレアン公は、解放されると、まっすぐブルゴーニュ家を訪ねた。ブルゴーニュ公は、金羊毛騎士団の鎖を彼の襟に懸けるとともに、自分の近親の女性〔訳注・クレーヴ公アドルフの娘マリー〕を紹介して結婚させた。仇同士であったこの二人の急速な接近に、王は警戒を強めた。

彼は、三部会に諮って、王国内の全聖職者から十分の一税を取ることを決議させ、ついで、ブルゴーニュ家の敵であるタンギ・デュ・シャテルを呼び寄せた。その一方で、軍勢を北方に差し向けてマルシュ地方に展開させ、この地方を荒廃させていた隊長たちを、ブルゴーニュ派だろうとロレーヌ派その他だろうとを問わず片っ端から捕らえ裁判にかけさせた。

この反抗的な連中の首領が、《ブルボンの私生児 bâtard de Bourbon》と呼ばれた人物で、彼は、ブルボン公だけでなくブルゴーニュ公の後ろ盾も得て、暴虐の限りを尽くしていた。当然、れっきとした貴族であったが、代官は彼を捕えると、他の盗賊たちとなんら区別することなく裁判にかけたうえで、袋詰めにして川に投げ込んだ。年代記者（モンストルレ）は「王家の血を引く者にさえこのように厳しい措置が下されたことは、田園を荒らし回っている有象無象の輩を本気で恐れさせ、足を洗うことを決心させる動機になった」と記している。

有益な教訓になった事実は、ほかにもある。若いサン＝ポル伯（ルイ・ド・リュクサンブール）は、ブルゴーニュ公が背後から守ってくれると信じて、王軍の大砲を奪った。それに対して、王は彼の最良の要塞を二つ奪わせたので、サン＝ポル伯は王のもとに駆けつけて赦しを請うたが、リニーの相続をめぐる紛争では、高等法院に屈服する以外に何の成果も得られなかった。王のところへさまざまな不満を訴えにいったブルゴーニュ公妃（訳注・ミシェル・ド・フランス。シャルル六世の娘で、シャルル七世の姉）も、丁重に迎えられ見送られたものの、実質的には何も得られなかった。

その間に、セーヌ下流域に強力な地盤を維持していたイギリス人たちがセーヌを遡ってポントワーズ〔訳注・パリの西北二十七キロ〕を奪取した。奪還しようとするフランス軍に対して防衛の指揮を執ったのが、のちに薔薇戦争でもその頑強さと執拗さで有名になるクリフォード卿〔訳注・その残虐さで『牛殺し the Butcher』と渾名された〕である。しかも、ポントワーズには、イギリス軍だけでなく、さまざまな脱走兵たちが集まっていて英軍に協力したから、これを攻め落とすことは容易ではなかった。しかし、フランス側としても、パリの目と鼻の先の要地を放っておくわけにはいかなかった。

両軍とも一歩も引かぬ構えをみせるなかで、ポントワーズ攻囲戦はトロイ戦争に似た様相を呈した。そこにノルマンディーの軍勢を率いてやってきたのが、のちにイギリスの内戦でクリフォードを殺すことになる《フランスの摂政》ヨーク公〔リチャード〕である。これには、タルボット伯ジョンも同行していた。イギリス人たちは、かつてのジャン王を相手にしていると思っていたが、シャルル七世の賢明で冷徹な顧問たちは騎士としての面子など気にしない人々であった。〔訳注・騎士道精神に心酔していたジャン二世は、騎士のマナーにこだわるあまり、敵に勝機を与え、惨敗した。〕

シャルル七世の顧問たちにとっては、戦争は単なる戦術の問題であった。シャルルはイギリス軍をやり過ごし、タルボットが自分の塔に戻るあいだに、さらに兵糧を補強した（七月）。ヨーク公リチャードは再度、軍勢を増強したが、この軍勢は、荒廃したイル＝ド＝フランスを空しく移動して回るなかで自滅した。王（シャルル七世）は、ポントワーズの近くに、難攻不落の要塞を築き、イギリス軍が四度にわたる補給のために力を消耗し、疲れ果てたのを見て、ポントワーズ攻囲にかかった。

ジャン・ビュローのめざましい活躍によって城壁に割れ目ができ、五時間にわたる激しい攻撃によって、まず方形堡になっていた教会を陥落させ、ついで町そのものを奪取した（一四四一年九月十六日）。こうして、フランス軍は、開けた平野での戦いの拡散を避けて、一回の攻撃でイギリス軍を打ち砕いたのである。

ポントワーズの奪還は、パリとその周辺地域に解放をもたらした。これによって耕作の再開が可能となり、生活の糧が確保された。だが、パリ市民たちは、そのことでは国王に全く感謝しなかった。彼らは、税の重みと現在の惨めさしか感じなかった。重税は各信心会や教会にも及び、不満の声が噴出した。

そうした民衆の不満に便乗して王族の公子たちが王政府に対して反旗を翻した。ブルゴーニュ公フィリップは、自身は出席しなかったが、ブルボン公、アングレーム伯、エタンプ伯、ヴァンドーム伯、デュノワ伯といった不満分子をヌヴェールに集めた（一四四二年三月）。自身の解放に関してブルゴーニュ公の世話になり、以後、その言いなりになっていたオルレアン公シャルルが、彼の代わりにこの集まりに出席した。王も、自分に逆らって行われたこの謀議であったが、尚書官を送って、彼らの言い分を喜んで聞くと伝えた。

このとき彼らが訴えた苦情と要求を見ると、彼らの考えの根底にあったものがよく分かる。彼らにすると、《プラグリーの乱》を挫折させたものが王に対する諸都市の忠誠であったことから、今度は、諸都市を王に刃向かわせ、民衆の苦しみについて非難が王に向かうようにする必要があった。彼らは「フランスのよき民衆への愛と社会的幸せへ願いのなかで」対英講和の必要性を王に建言したのだったが、そのくせ、フランスからアルフルールを失わせることによって平和を後退させたのが、まさしく彼らであった。また、彼らは盗賊団の鎮圧を要求したが、それには軍隊が必要であり、その軍隊に給料を支払うためには人頭税（tailles）や貢租（aides）が必要であった。ところが彼らは、それらの人頭税や貢租の廃止を要求しているのである。しかも、そうした盗賊団は、しばしば「ブルボンの私生児」と繋がっていて、人頭税などの廃止という偽善的な要求を掲げる一方で、自分の懐を肥やすためには平気で民衆に賦役を課し王からは年金を要求したのだった。

王の答えは穏やかで慎ましいものであった。とくに税の項目についてように返答している。

――《貢租 aides》は、取り立てられる領主たちの合意に基づいて実行する。《人頭税 tailles》は、本来は王国の一部が敵に占拠されたり被害を受けるなど緊急事態の際に、王がその権限において取り立てるのだが、今行われているのは三部会に諮って決めたものであるから、改めて三部会を集めることは不要である。これらに対し、《賦課租 charge》について、身分の高い人々が廃止を要求してきていないのは、その負担が貧しい人々のみにかかるものだからであろう――と。

ここで王は、大貴族たちを相手に戦うための戦費を大貴族たちに牛耳られている三部会から獲得することは至難の業であるから、これについては、言葉に出すのを控えている。貴族たちも、今度の《プラグリー》では、自分たちの不満を陳情書に表明することで満足した。

王は、ヌヴェールの会議で時間を浪費させられたので、もっと有効な旅を王国全体にわたって行った。その旅程は北のピカルディーから南はガスコーニュに及ぶ大々的なもので、途上のいたるところを平定していったが、とりわけ、マルシュ地方のポワトゥー、サントンジュ、リムーザンに平和を実現した。こうして、ポントワーズ奪取で北フランスの足場を固めたので、彼は南フランスでのイギリス人との対決に取りかかった。

南フランスでは、アルブレ伯がイギリス人たちを相手に戦っていたが、もし王が六月二十三日までにタルタス〔訳注・スペインとの国境に近い南西フランスの町〕に援軍に来てくれなかったら自分はイギリス軍に降伏すると公言していた。イギリス人たちは、王がやってくるわけがないと思っていたので、この条件に喜んだ。ところがフランス王は、指定された日より二日早い二十一日に、軍勢を率いて姿を現した。シャルル七世に従った伯や騎士、領主は百二十人に達し、戦場は、彼らの旗や吹流しで華々しく覆われた。この一事で、王を自分たちとは別世界の離れた存在だと考えていたガスコーニュ人たちも、王が自分たちにとっても王であることを初めて感じて王への臣従を誓い、王も彼らに正義を布くことを宣言した。

翌一四四三年三月、王は、アルマニャック伯、フォワ伯というピレネーの二人の暴君の間で弄ばれていた小さなコマンジュ伯領の帰趨をめぐる裁判を行った。コマンジュ伯領を相続していたのは女性で、彼女は無理矢理にアルマニャック人と結婚させられ、その後、フォワ伯と結婚させられた。とくにフォワ伯が彼女と結婚したのは露骨に財産目当てで、彼女から財産を贈与させると、牢獄に放り込んだ。このため彼女は二十年経っても牢獄に閉じ込められていたが、フォワ伯は、彼女をそのように幽閉したのは、彼女が男好きしすぎるための嫉妬からであると言い張った。だが、このとき、哀れな女は八十歳になっていた。シャルル七世は、コマンジュの三部会の懇願を受けて裁判を行った結果、フォワ伯に強く迫って、老いた女伯を解放させるとともに、コマンジュの領地については、用益権を二人の夫で分けさせ、所有権は自分のものにし、二人を監視下に置いた。この大胆な裁きは、それまで勝手気ままに振舞っていた領主たち全てに対し、大いなる警告となった。

それだけではなかった。王は、今後も彼らの間に審判者としての自分の存在を明確にするために、トゥールーズに王権による高等法院を設置した。この南仏における司法上の王権は、パリの高等法院とは全く別の機関であり、ここでは、裁判はこの地方に伝えられた成文法により、この地方の人々によって審理させるようにした。〔訳注・トゥールーズはローマ帝政時代からの都市で、早くから成文法が定着していた。〕シャルル七世は、この機構によってラングドックにおける秩序と正義の再建を期するとともに、貧しい人々に対しても、盗賊や野武士団を追い払うために、自分たちで裁判を行う権利を認めた。

王としては、北フランスも、いつまでも放置しておくわけにはいかなかった。ディエップは城壁が海中にそそり立っていて難攻不落と思われていて、相変わらずイギリス軍に占拠されていたが、一人のフランス側の隊長が引き潮のときに城壁をよじ登る方法に気づき、城内の市民たちの協力も得て、イギリス軍の寝込みを襲うという幸運な一撃で奪還された。

また敵に奪い返される危険性があったので、三つの塔を今も見られるように強化し、ディエップを高地ノルマンディーでの対英軍私掠戦の基地としたので、この勇敢な人々は、イギリス軍の小要塞の活動を麻痺させながら、一つまた一つと陥落させていった。それでも、イギリス人たちはまだアルク〔訳注・ディエップの港がある海岸地帯〕を保持しており、海岸部を制するうえでの要衝としてディエップを奪還する希望を失っていなかった。

イギリス本国は、強力な援軍が必要になったときはいつもそうであるように、今度もジョン・タルボットを派遣した。タルボットを投入することによって、ディエップの町の対岸のポレに要塞を築き、大砲と射石砲を設置したうえ、イングランドからは、さらに新しい部隊が送られてくることになっていた。フランス側では、王太子ルイとデュノワが派遣され、そのもとにピカルディーとノルマンディーの多くの貴族たちが参加した。王太子は、ディエップに到着した夕方には、直ちに砲台を築いて、運んできた大砲を設置し、濠を越えるために木造の橋を架け、イギリス方の要塞の城壁に攻撃をしかけた。市民たちが聖母マリアに加護を祈る行列をし、鐘の音が鳴り響いている間に、二度目の襲撃が行われ、この英軍の要塞は陥落した。

イギリスの艦隊がその威風堂々たる姿を見せたのはこの直後で、それは、あたかも解放のお祭騒ぎに証人として立ち会うためのようであった。ディエップには、まだ気違いじみた笑劇「mitouries de la mi-août」（真夏の祭）が必要であった。それは各教会で演じられた。王太子も、英軍要塞で捕らえられた約六十人のブルゴーニュ人たちを絞首刑にすることで自分の祭を行い、翌日も更に、フランス側が攻撃をしかけているときにディエップの城壁の上から罵声を浴びせたイギリス人たちを吟味して見分けると、近くのリンゴの木に吊り下げさせた。

この戦争は、イギリスにとって壮大な浪費となったが、指揮官のサマーセット公ジョン・ボーフォートに、ノルマンディーからアンジューへ、騎士として「散策」するチャンスを提供しただけであった。彼は、なんらの敵にも障碍にも遭遇することなく（ある夜、三十人の男たちを殺した事件は別にして）進軍し、小さなプアンセ〔訳注・アンジェの北西〕要塞を攻囲した。しかし、これも巧くゆかず、彼は、疲れを癒しにルーアンに戻り、ここで冬営した。

こうしてサマーセット公ジョン・ボーフォートが冬の休暇を楽しんでいる間に、フランス側の王太子ルイは、突如、イギリス人たちの最良の友を打倒するためにフランス王国を南北に縦断した。先に述べたようにコマンジュの帰趨について、自分を無視して下された裁定に不満を抱いたアルマニャック伯ジャン五世がフランス王に反旗を翻したのだった。彼は、今後、シャルル七世には一文たりとも納税するなと臣下たちに命じ、フランス王国の旗に対抗してアルマニャックの旗を掲げた。そうした彼の後ろ盾になっていたのがグロスター公ハンフリーで、彼は、主君ヘンリー六世の結婚相手としてアルマニャック伯の娘を切望していた。

遠征は春になって行われるのが普通であったが、貪欲な狩人である王太子は、真冬の一月に雪のなかを行軍し、増水した川を渡り、目指す獲物が巣に潜んでいるのを見つけた。

しかし、この砦は防備が堅固そうだったので、王太子は親族として優しく話しかけて誘き出した。捕らえられたアルマニャック伯は、その希望どおり家族ともども監視下に置かれ、二年後、ヘンリー六世がフランス王家の一人、アンジューのマルグリットと結婚してから解放された。このときには、イギリスは内戦で手一杯で、フランスに干渉するゆとりなどなくなっていた。

グロスターを首領とする好戦派も、アルマニャック伯を唆してフランス王に反旗を翻させることはできたが、守ってやることはできなかった。彼らは、ウィンチェスター枢機卿ヘンリー・ボーフォートやサフォーク、また司教たちの和平派に対して我が身を守るのに精一杯であった。結局、イギリス国内で決定的主導権を把握したウィンチェスター枢機卿たちが、イギリス人の誇り高さには苦痛を与えたものの、休戦を交渉し、国民同士とはいかないまでも、少なくとも双方の王同士を歩み寄らせるべく結婚話を進めたのであった。

しかし、この休戦の間にも、第三の好戦的な人々が波紋を起こしていた。スイス人たちである。多民族の寄せ集めで、遠い昔から国土を荒廃させてきたこの人々を、いったいどうしたらよかったろうか？　イギリス人もフランス人も、彼らを自分のもとに組み入れられるなどとは考えられなかった。せいぜい期待できることは、どこかよそで暴れてくれること、フランスから去ってバーゼルの公会議へ巡礼に行ってくれるか、ラインの神聖で豊かな諸都市に向かってくれるようにすることであった。

フランス王は、このとき二つの救援要請を受けた。一つはスイス人に悩まされたドイツ皇帝からのもの、もう一つは、帝国都市に苦しめられるロレーヌ公ルネ一世からのものであった。王は、どちらにも愛想よい返事をしたが、要請は、一方はドイツ人たちを助けるものであり、他方はドイツ人を敵とするものであった。

ドイツはよく「les Allemagnes」と複数形で呼ばれるように、たくさんの公国から成る巨大な集合体であり、それだけに、外から侵略されやすかった。「神聖帝国 Saint Empire」は細片化し、その断片の一つであるロレーヌ人もスイス人も、他のドイツ人たちとも、また、互いの間でも絶え間ない交戦状態にあった。

しかも、このときフランス王に対してなされた二つの要請は、根底的には、見かけほど矛盾しておらず、どちらも、都市とコミューンの攻勢から貴族階級を守るための応援要請であった。これらのコミューンは、自分たちの自由を勝ち取ったあと、しばしば、それをかなり悪用した。メッツそのほかのロレーヌの諸都市は、司教の支配から脱して豊かな商業共和国になると、その財力で最も勇猛な武士たちを雇い入れ、領主たちやロレーヌ公に対抗するようになっていた。こうして、メッツの人々は、公妃イザベルの愛人である貴族と諍いを起こしたばかりか、公妃自身をも攻撃の的にし、巡礼に行く途中の公妃一行を、ナンシーとポン＝タ＝ムソンの間で待ち伏せして襲撃し、その荷物をぶちまけて宝飾品だけでなく女性用衣類まで奪っている。こうした全く騎士道に反する暴力的行為も、ロレーヌでは、ずっと続いていた大きな抗争のなかでの一つのエピソードでしかなかった。メッツやそのほかの諸都市は、フランスの都市だったのか、それとも、ドイツの都市だったのか？　いずれが、ドイツ帝国の合法的な本当の境界線だったのだろうか？

帝国の法律と権利に関わるこの問題は、スイスと接する側では、さらに烈しい論議の的であった。スイスの諸州（cantons）は、自分たちはドイツとは決定的に別であるとしていたが、それにもかかわらず、チューリヒは皇帝すなわちオーストリア公〔訳注・皇帝としてはフルブレヒト三世、オーストリア公としてはアルブレヒト五世〕と同盟関係を更新したばかりであった。チューリヒの言い分では、スイス連邦は、相変わらずドイツ神聖ローマ帝国の一員であった。ほかの諸州は、チューリヒを攻囲して破壊しようとしたから、これは、情け容赦のない戦いになった。山岳民たちは、グライフェンゼー〔訳注・チューリヒの東方にある湖〕を支配下におさめ、部隊を渡した。彼らは、戦闘のあと、敵兵士の血を呑み、心臓を食らったという。

こうした暴力的な歴史は、十六世紀と十八世紀に二人の偉大な歴史家によって書かれた書では曖昧にされてきた。正直者のエギディウス・テュディ（1505-1572）は、素朴な依怙贔屓から、スイスの黄金時代について当時流布していた、愛国心による作り話をそのまま再録しており、彼は、そうした英雄主義が野蛮なものをもっていたことも隠さなかった。ついで来るのが、雄弁なヨハネス・フォン・ミュラー（1752-1809）である。彼は偉大なモラリストであるとともに偉大な市民で、国民的感情を鼓舞することに懸命で、その意図に叶ったものを選び、脚色した。野蛮な事柄についても否定はしなかったが、できるかぎり修辞法の花でそれを覆った。わたしは、これを残念に思う。このような歴史は、荒々しく粗野で野性的であったとしても些かも偉大さを減じるわけではなく、潤色などは一切なくてよい。アルプスの山々を均すことを引き受けた男のことを思い起こしてみよう。

スイスには、アルプスの山より偉大で、ユングフラウより高く、ルツェルンの湖より厳粛な何かがある。ルツェルンの町の黒ずんだ古文書館に入り、その鉄格子と鉄の扉、鉄の大箱を開けて、その染みのついた絹の切れ端にそっと触れてごらんなさい。これこそ、世界最古の自由の聖遺物であり、ゼンパハの戦い〔訳注・一三八六年、スイス民衆軍がオーストリア軍を打ち破った戦い〕で死んだグンドルフィンゲンの遺体を包んだ旗であり、この染みは彼の血痕なのである。

このことに関しては、スイス軍とブルゴーニュのシャルル突進公との戦いについて述べる段で立ち戻ることになるが、ここでは、この歴史については、時代区分を明確にする必要があることを指摘するにとどめておく。

十四世紀、スイス人たちは、小規模ながら永遠に記憶される三つないし四つの戦いによって自由を勝ち取った。彼らは、同時代のイギリス人たちと同じく、歩兵の有効性を広く知らしめた。同じ歩兵でも、そこには違いがある。イギリス人たちが弓兵として離れたところから能力を発揮したのに対し、スイス人たちは槍または矛槍（ハルベルト hallebarde）によって接近戦で力を発揮した。「接近戦」というのは、彼らは、この矛槍を存分に活かせるよう柄の真ん中あたりをしっかり持って操ったからで、これが、彼らの勝利の源泉になった。

この見事な勝利以来、牡牛が角を低く構えるように矛槍を前に構えて、がむしゃらに敵に立ち向かっていく戦い方がスイス民衆軍の定法《じょうほう》となった。槍で突くことができるだけでなく、槍の穂先と直角に交差する形で付けられた矛の刃で斬りつけることもできたし、その後方に突き出ている鉤を相手の騎士の鎧にひっかけて馬上から引きずり落とすこともできた。これは、集団で戦うからこその強みであったが、彼らは、馬鹿げた思い上がりから、個々の力の賜だと錯覚した。そのうえ、さまざまな作り話が人々に伝えられていった。たとえば、スイス人は血の気が多いので、致命的な傷を負っても、なお長時間戦い続けることができるというのである。イタリアでの戦争で、彼らが通過した土地の人々は、ワインに毒を入れて飲ませたが、そのために死ぬ者はほとんどなく、平然としているばかりか、この毒入りワインで、彼らは、ますます元気だった、と。

こうした強さへの思い上がりは、当然の結果を生んだ。彼らは、かなり早くから自身の身体を損じていた。十五世紀末、ニコラ・ド・フリュという修道士は、スイス民衆軍の堕落ぶりの証拠として、彼らが女や娘たちの集団を連れていることを挙げている。そもそも彼らは、移動に際してもさまざまな余計な物を詰め込んだたくさんの荷物を持っていて、一四二〇年、五千人から成るあるスイス人部隊が険しい峠を通ってアルプスを越えたときも、千五百頭以上のラバに荷物を山のように積んで運ばせたという。

兵士に限らずスイス人たちの貪欲ぶりは有名で、毎年、何らかの争いを求めて山地から降りてくるスイス人たちは、近隣諸国の人々にとって恐怖の的であった。彼らは、山の聖人たちやノートル＝ダム＝デゼルミトを崇拝していたが、だからといって隣人の財産を尊重しようという気はなかった。彼らは、同じゲルマン人ながらドイツとは敵対関係にあり、ドイツ帝国の法律を破りながら、それに代わる法律は持たなかった。彼らにとって法律とは矛槍であり、これで相手を突き刺し鉤先で引き倒すことであった。

力ずくのやり方と友好的方法とを巧みに使い分け、相続だの同盟関係だの種々の機会を捉えて、つねに奪い取るのが彼らのやり方で、文字の読めない単純な人々に対しては、文書で条約を結ぶことも内容を知らせることもしなかった。近隣の領主たちから奪い取るための常套手段は、その家臣たちを自分たちの力で保護するということであった。それを彼らは「解放」と呼んだが、結局は、自分たちのものにすることで、「解放」された人々は、この粗暴で活動的な領主のもとで、しばしば、先祖代々の主君を懐かしんだ。

領主にも、山の上の牛飼いであったり平地のブルジョワであったりさまざまあり、臣下を奪い合って確執を繰り返した。平地のブルジョワたちは、山上の人々が低地の市場に小麦を買いに来なければならないことにつけ込んで、他の人々を飢え死にさせることになるからと言って小麦を売るのを拒んだ。ある町長は、チューリヒが彼らにパンを売ったことを厳しく非難して、「ウズナッハの人々よ、あなた方の住んでいる国も、持っているものも、あなた方の胃袋も、われわれのものである」と言って非難している。〔訳注・ウズナッハは、チューリヒ湖を挟んだ対岸の町。〕

チューリヒは、他の州との抗争のなかでドイツ皇帝と同盟したが、帝国のほうからチューリヒを支援することはなかった。というのは、ドイツ諸邦は、この問題では簡単には動かず、皇帝の諮問に対して彼らは「スイスの問題に介入するのは門と蝶番の間に手を突っ込むようなものだ」と冷ややかに答えている。

何人かのドイツ貴族たちは、チューリヒ防衛のために市内に入ったが、スイス諸州軍が烈しい攻撃を仕掛けたので、チューリヒは、持ちこたえられそうになくなった。そこで、皇帝は、甥のジギスムントがフランス王シャルル七世の娘と結婚することになっていたよしみもあって、フランス王に援軍を要請した。他方、バーデンの辺境伯は、親戚であるフランス王妃マリー・ダンジューに助力を求めるとともに、シュヴァーベンの貴族は、シャルル七世のもとにブルクハルト・モンクを送り、事態は切迫しており、これは、貴族階級全般に危機をもたらす恐れがあると言わせた。

フランス王と王太子はチューリヒに向けてすでに出発していたが、トゥール、ラングル、ジョワンヴィル、モンベリアール、アルトキルシュと、向かう途中で次々と使節団の訪問を受けた。事実、情勢は緊迫していた。チューリヒ攻囲は、二か月に及んでいた。いつ陥落し、掠奪され、多くの市民が刃の露と消えるか知れなかった。

軍隊という巨大な盗賊集団を、このように遠い地へ移動させることは、どれほど知恵を絞り、彼らを謙虚にさせようとしても容易なことではなかった。そのなかには一万五千人のフランス人、八千人のイングランド人やスコットランド人、そのほかあらゆる種類の人々がいた。王太子ルイが総司令官になっていたが、これら多様な部隊がそれぞれの指揮官のもとで行軍した。通路にあたるブルゴーニュの人々は、ひどく不安がり、武器を手に臨戦態勢をとったが、大した騒ぎはなく、軍勢はアルザスに到着した。

チューリヒを攻囲していたスイス諸州軍の前衛であるバーゼルは大いに恐れを抱いた。法王がフランス王太子にカネを提供して、バーゼルの公会議を解散させようと画策したことも知られていた。市民たちも司教も、近づいてくるさまざまな民族の部隊について知り得た情報をスイス軍に知らせた。スイス諸州軍はチューリヒ攻囲を続けながら、何千人かを割いて、近づいてくる軍勢の様子を見るために派遣した。

フランスからの遠征軍は、部隊ごとにジュラ山地を迂回し、ジュラ山地から出ている小さなビルス川に向かい一列になって進み、一部隊はビルス川を渡った。そこにスイス人たちが襲いかかった。フランス軍は、同じ歩兵でも弓兵を相手とする戦いについてはイギリス人との戦いで経験していたが、矛槍を振るってくる歩兵を相手にするのは初めてだったので、ひどく驚いて混乱し、荷物を放り出して、来た道を逆戻りして逃げた。こうして、方向を転じた遠征軍部隊によって町の方向がふさがれ、市民たちはスイス人たちを支援したくとも助けることができず、スイス軍も町のなかに入ることはできなかった。

この二千人ほどのスイス兵たちは、自分たちがどんな軍勢を相手にしているか分からなかったので、さらに突っ込んでいこうとした。彼らは、出発にあたって、ビルス川より先へは行かないよう止められていたが、そんなことは忘れていた。スイス人の部隊は、平の兵士が指揮を執るなど民主的に統率されていた。バーゼルから使者が一人やってきて、敵の数の多さを知らせ、ビルス川より先へは行かないのが彼らのためだと告げた。ところが、気が荒く、逆上していた彼らは、この使者を殺してしまった。

結局、助言を無視して川を渡った五百人ほどの兵士たちは、大軍に遭遇し、粉砕されて一人も生還することはできなかった。約千人は、塔と城壁があり、生け垣とぶどうの木が生えている墓地にぶつかったので、バーゼルに到着したと思った。しかし、そこには、敵のブルクハルト・モンクが待ちかまえており、しかも壁のために前進を阻まれ、グライフェンゼーで経験したと同じ絶望的状況に陥って一人残らず殺された。

あるフランスの歴史家は、次のように証言している。

「長年イギリス人などと戦ってきた貴族たちも、このように雄々しく、命知らずに戦う連中は見たことがないとわたしに言った。」

これはスイス人たちにとって一つの名誉の敗北であり、一つの教訓であった。この名誉ある敗北をスイス人たちにもたらしたのはピエモンテ人のカルマニョーラ〔訳注・ヴェネツィアの傭兵隊長で、本名はフランチェスコ・ブッソーネという。一四三二年に反逆罪で斬首された〕を第一とすると、それに次ぐ第二の栄誉であった。彼らの歴史家たちが、事実の真相をどのような言葉の綾とレトリックをもって隠そうとしてきたかを見抜くことも必要であろう。

彼らは、スイス人の数を実際より遙かに少なくしアルマニャック軍の数をうんと多めにして、スイス人たちの敢闘を宣揚し、王太子ルイもそれを賛嘆したように記している。しかし、ルイはその場にはいなかったし、彼の性格からいって、彼がスイス人たちを賛嘆したとは信じがたい。しかも、彼らは、すばらしさを完璧なものに見せかけようとして、こんな小咄を付け加えている。

——シュヴァーベン人のブルクハルト・モンクは戦場をまわって、累々たる死体を見て「まるでバラが咲く野原を泳いでいるようだ」と笑いながら言った。ところが、この瀕死の兵たちのなかに息を吹き返したものがいて、石を投げつけた。それがモンクの頭に当たり、彼は、三日後、死んだ——というのである。

さらに、彼らは、スイス人たちの強さに恐れを抱いた王太子ルイは、急遽退却し、友好を求めるまでに変わったと言っているが、事実は逆で、退却したのはスイス人たちであり、彼らはチューリヒを放棄して山に帰っていった。王太子がバーゼルおよび公会議と和解しようとしても、バーゼルに残っていたスイス人たちは、あえて動こうとはしなかった。遠征軍部隊はジュラ山地とアーレ川の間に散らばり、敵の領域にはもはや奪うべきものがないと見極めると、味方のところに戻ってきて、アルザスとシュヴァーベンを掠奪しはじめた。

ドイツ人たちは怒りの声をあげた。しかし他方は、自分たちは約束の食料や給料が支給されないのだから仕方がないと答えた。最後にはブルゴーニュ公フィリップが仲裁を買って出た。彼が恐れたのは、フランス人たちがスイスとアルザスに居坐ることであった。王太子は、忘恩の輩を助けたことを後悔していたので、スイス人たちと喜んで仲直りした。思慮深い彼は、この勇猛で何ものも恐れず、理屈抜きで戦ってくれる人々は、簡単にカネで雇うことができるし、使い道があると見て取ったのであった。そこで「もし、バーゼルの貴族たちが折り合おうとしないなら自分が君たちの味方になって、ともに戦う」という態度を示した。彼は彼らにフランスへ来るよう誘いをかけたが、内心ではバーゼルの町が非常に気に入ったので、フランスのものにしたいとも思った。スイス人たちは、カネには目がなかったから、何千人かを傭兵としてフランスに貸すことを快く承諾した。

王太子が帰還しスイス人たちが敗北したとの噂は、ロレーヌ問題〔訳注・ロレーヌのフランス王国への編入〕を一挙に前進させた。帝国都市を名乗ってきたロレーヌの諸都市にしてみると、ドイツの皇帝や貴族はチューリヒ救援のためにフランス人たちをドイツの国内に要請したが、もし逆にフランスのマルシュ地方で問題が起きても、ドイツ皇帝や貴族は援軍に赴きはしなかったであろうことが明らかであった。こうして、トゥルとヴェルダンが、一転してフランス王を庇護者として認めるにいたった。

しかし、幾つかの町を配下に従え、二十四ないし三十の要塞を周辺に配置していたこの地域きっての大都市メッツは、その傲慢さからフランス王国に帰順することに抵抗した。しかしながら、エピナル〔訳注・ヴォージュ県の中心部、モーゼル川のほとりにある町〕をはじめ、幾つかの町が、いち早くフランス王の支配下に入る気配を見せたので、メッツはフランス王との交渉に応じることにした。メッツ市民たちが王に提示したのは、「自分たちはフランス王国のものでも、いかなる領主のものでもないが、フランス王がブルゴーニュ公そのほかと戦う事態になった場合は、王の軍隊を迎え入れ、兵員・糧食を補給するであろう」というものであった。

これに対してフランス王のほうは、高等法院総裁のジャン・ラバトーが、王命によって条件を提示した。いわく「王は、必要とあれば、メッツ市民が常に王と王国の臣民であったことを、勅許状によってであれ記録文書によってであれ、証明するであろう。とはいえ、彼らが、ドイツ皇帝の巨大な圧力を受けたときは、自分たちはフランス王国の臣民であると言い、フランス王が彼らを従わせようとしたときは、自分たちは皇帝の臣下であると言って、服従を拒み独立を守ってきたことを、王はよく知っている」云々と。

フランス王国とドイツ帝国の境界をめぐる紛争は、このように、イギリス戦争の休戦の合間に、ことのついでに解決できるものではなく、この問題は未解決のまま残った。王は、このメッツの豊かな都市には、カネを出させることで満足した。

加えて、彼(国王シャルル七世)は、望みうる全てをした。部隊の育成に専念し、きわめて安あがりにフランス軍の名声を高めた。それまではバラバラで、王への依存度が少なかった隊長たちが、これ以後、彼の旗のもとについてくるようになった。《プラグリーの乱》のために延期されていた軍隊の改革を仕上げるときが来たのである。

この作業はデリケートであったが、巧みに進められた。王は、自分に最も忠実な貴族たちに隊長たちを掌握させ、正規軍の指揮権を彼らに与えた。こうして、槍騎兵百（総員六百）から成る十五の部隊（compagnie）が編成され、各都市の間に配備した。ほんとうは各都市のなかに配備するつもりであったが、それでは、トロワやシャロン、ランスといった最大の都市でも槍騎兵は二十人から三十人になってしまうので、都市には自費で小さな分隊を擁させることにしたのである。どこでも、最も力を持っていたのはブルジョワで、彼らが兵士たちに良識ある行動をとらせるお目付役になった。この《部隊》や《分隊》に入れてもらえなかった《戦争屋たち》は、突然、おっぽり出された状況になり、姿を消した。

「マルシュ地方をはじめ、王国各地は、わずか二か月で、それまでの三十年間なかったほど安全で平和になった。」

（マチュー・ド・クーシィ）

だが、混乱によって得をする人々はたくさんいたから、この改革は、障碍なしには進まなかった。王室顧問会議のなかにすら、改革に乗り気でない人たちがいた。《戦争屋》たちは各地で蜂起を試み、王室には、改革を遂行するのに必要なだけのカネがなかった。

あらゆる改革に必要なのは財政改革であるが、この面を担っていたのがジャック・クールであった。財政改革についての一四四三年の勅令には、のちのコルベール（1619-1683）と同じように、商業の実務によって腕を磨いた男が、それを国家規模で巧みに応用している様子が観察される。

力を与えるのはカネである。一四四七年、王は浮浪者や犯罪者を取り締まる警察権と裁判権をパリ奉行（prévôt de Paris）に与えた。このパリ奉行の裁判権が、盗賊たちを捕らえ、その後援者である地方貴族の影響（このため、地方の裁判所は著しく弱体化していた）から引き離す唯一の手段となった。

この治療法の厳しさが分かると、強い不満の声があがったが、平和と秩序は戻ってきたし、人々は安心して各地を旅行できるようになった。

「商人たちは各地を動きまわって商売を始めた。同じように、農民たちも畑を耕し、家を建て直し、荒れ地を開墾してぶどうを植えたり、野菜を栽培しはじめた。多くの町や地方が息を吹き返し、人口も回復していった。かくも長期にわたった苦難と悲嘆のあと、それは、あたかも、ついに神が恩寵と慈悲を垂れ給うたように思われた。」

（マチュー・ド・クーシィ）

このフランスの再生を際立たせている偉大にして新しい事実がフランス歩兵隊（infanterie nationale）の創設である。軍事制度は財政制度から生まれる。一四四五年、王は人頭税（taille）割当ての任に当たる《選良les élus》〔訳注・人頭税や御用金の管理を司った役人がこう呼ばれた〕は、もはや領主の配下の裁判官や領主の召使いではなく、王から給与を支給され、中央権力である王にのみ依存し奉仕する役人でなければならないことを命じた。一四四八年には、これらの《選良》に対し、小教区ごとに一人を選んで、人頭税を免除する代わりに自費で武器を調え、日曜日には弓の腕前を競う祭典を催すべきことを命ずる勅令が発せられる。この《自由弓兵 franc-archer》は、戦いの際に限り一ソルドを支給された。

勅令では、《選良》たちは、小教区のなかで特に「戦いの経験のあるよき仲間」を選ぶよう定められていたが、こうした新しい民兵団は貴族階層の人々の嘲笑の的にされ、兵士でないものはいなくなったと皮肉られ、風刺する詩が生まれたが、そのなかで今も残っているのが『バニョレの義勇射手 Franc-Archer de Bagnolet』である。

これが笑えない事態であることに気づいた人は一人にとどまらなかった。とくに貴族階層は、この「刷新」がいかに深刻な事態を自分たちにもたらすかを見通していた。この試みから生まれたシャルル七世の《義勇射手 francs-archers》、フランソワ一世の《歩兵軍団 légions》によって国家の力と栄光を平民が左右する時代が到来したのである。まさに「バニョレの射手」こそ、ロクロワ〔訳注・アルデンヌの町で一六四三年、コンデ公が低地諸国を支配していたスペイン軍を破った戦いが行われた〕やアウステルリッツ〔訳注・南ドイツの町で一八〇五年、ナポレオンがオーストリア・ロシア連合軍を破った戦いが行われた〕の恐るべき兵士たちの先祖だったのである。

そのうえ、自由弓兵たちは、風刺詩が述べているより遥かに優秀な軍人だったようである。彼らは、ノルマンディーやギュイエンヌの奪還に効果的に貢献した。

もし、これらの戦いで彼らがそれほど役に立っていなかったとしても、この制度が一つの重大な

日曜日には弓の腕前を競う祭典も催され……

事実を証明したことに変わりはない。それは、都市住民や田舎の村人といった庶民たちが王の味方になったことによって、王は貴族の臣下たちを恐れる必要がなくなったということである。

十三世紀は「王の平和 la paix du roi」の世紀であった。王の役目は、互いに争い合う領主たちやコミューンに対して戦いを禁じ、武器を取り上げることであった。しかし、いまや、戦争は「王の戦争 la guerre du roi」となり、王自ら臣下たちに武器を持たせ、戦いに駆り立てることとなる。王は民衆に対して「王」となり、フランスはフランスに対して「フランス」となった。

このようにフランスが統一性を取り戻したまさにそのとき、イギリスは自らの統一性を失う。やがて見るように、一四五三年にはイギリス議会は一つの軍隊の創設を議決する。これは、人々に排除こそされなかったが、それが州同士の不和を呼び起こし、兵士たちは内戦に巻き込まれて、互いに争いはじめるのである。

第三章　イギリス軍のフランスからの撤退

イギリスがフランスにおける領土を失い、あらゆる不幸に見舞われるようになった根源は、マルグリット・ダンジュー（1430-1482）というフランス女を王妃に戴いたことにあるというのが、イギリスの年代記者たちが採用し、シェイクスピアによっても「聖別」された揺るぎのない見解である。歴史家も詩人たちもみんな、このマルグリットがイングランドに不運をもたらす悪霊を連れてきたと見ている。

だが、それを誰が予想しえたろうか？　マルグリットは、愛すべきアンジュー家を後にしたとき、やっと十五歳の少女であった。しかも、アンジュー家は、ほかのいかなる家にもましてフランスの公子たちを仲直りさせ、フランスをフランスたらしめることに寄与した名家である。彼女は、無垢の画人であり詩人で最後には羊飼いになることを望んだ「よきルネ王 bon roi René」という最も優しい男の娘であり、ナポリにあのように貴い思い出を遺したルイ・ダンジューの姪であった。（原注・シスモンディは、あらゆる王について厳しい評価をくだしているが、ルネがナポリに遺した思い出に

ついては例外的としている。〕
母方の血筋は、活動的で、ロレーヌの絶え間ない戦いに関わった家門であるから、多分、それほど安心できないものをもっていたが、そうした気質も、アンジューの血によって和らげられ、民衆を魅惑するものには欠けていなかったと思われる。このフランス女が「ギーズ家の狂った女 folle des Guise」であったのは、「愛を語ること少なすぎる故」で、彼女が姪のメアリー・スチュアートに遺した思い出がいかなるものであったかは周知のとおりである。これらのロレーヌの公子たちは、歴史のヒーローであるとともに、ロマンのヒーローであり、二世紀にわたってあらゆる王座を狙ったものの、結局、それらを逸することとなる。〔訳注・ロレーヌ公家のクロードがギーズ家と結びつき、このクロードの娘マリーがスコットランド王ジェームズ五世と結婚。その間に生まれたカレー奪還に活躍したフランソワの姪がメアリー・スチュアートである。〕
マルグリットは、ロマンに満ちた奇妙な人々のなかで生まれた。父親のルネは囚われの身〔訳注・ブルゴーニュ公フィリップ・ル・ボンに囚われていた〕であり、姉の一人はアンジュー家の敵に人質として嫁がされていた。父ルネは、虜囚生活のなかでナポリ王国の王冠を受け、牢獄のなかで統治を開始した。ナポリをめぐるライバルはアラゴンのアルフォンソであったが、この人もミラノに囚われていたから、両者は牢獄のなかにありながら戦ったわけである。ルネの妻、イザベル・ド・ロレーヌは、軍隊もカネもなく、公領を逐われたが、それでも、夫が受け継いだ王国を征服しにナポリに赴いた。そこで彼女はかつてないほど力を増大したアラゴン王アルフォンソを相手に三年間にわたる戦いの末、ようやく夫のルネを買い戻すが、彼女を待っていたのは破滅であり、解放されたルネを待ち受けていたのも挫折であった。

健気なイザベルは、娘マルグリットとその弟をマルセイユで降ろし、ルネが愛したプロヴァンス人たちに託していた。イザベルの勇敢さと子供たちの美しさは、プロヴァンス人たちの燃え上がりやすい熱狂に火をつけた。こうして、娘マルグリットは、アンジューとアラゴンの憎しみあいと戦いや術策がドラマティックに渦巻くなかで生長し、南フランスの過激派の息吹に触れながら、その精神と情念を増長させていった。彼女について、あるイギリス人年代記者は、こう言っている。

「彼女は偉大な精神をもつ女性であるが、それ以上に傲慢で栄光や名誉に対して貪欲であった。勤勉で気が利き、適応力があり、実務の経験もないわけではなかったが、それにもかかわらず、彼女は女であり、移り気なところがあった。風見鶏のように、突然、あることに夢中になると、ほかのことは見えなくなった。」

(Hall and Grafton)

この烈しく不安定な精神の持ち主は、非常な美人でもあった。イギリス人たちからは「鬼女 la furie」とか「悪魔 démon」などと呼ばれたが、プロヴァンス人年代記者からは「天使 ange」と称えられるような特徴も幾つか持っていた。齢を重ね、さまざまな不幸に打ちひしがれても、彼女は変わることなく美しく威厳があった。国を逐われ、フランドルの宮廷を頼ってきた彼女を目にした当時の最も偉大な歴史家シャストランは、そのような境遇にあっても威厳を失わない彼女に心を打たれて、こう記している。

「庇護者といっしょに現れた王妃の姿は、世界で最も美しい、貴婦人の鑑というべきものであった。」

あきらかに、マルグリットは一つの大きな不運としか結婚できなかった。彼女は、二度婚約したが、婚約者は二人とも運命の犠牲になった。一人はヌヴェール伯シャルルで、彼は、叔父〔ブルゴーニュ公フィリップ〕によって無一物にされた。もう一人のサン＝ポル伯〔訳注・ルイ・ド・リュクサンブール（1418-1475）〕はグレーヴ広場で露と消えた。彼女は、さらに悪い結婚をした。無秩序、内戦、不運と結婚したのである。是非はともかく、この不運は、いまも歴史のなかで続いている。

彼女の輝かしさ、卓越したもの、よそでなら役に立ったもの全てが、イングランドでは彼女に不利に働いた。これまで、失地王ジョン王のもとでも、エドワード二世のもとでも、リチャード二世のもとでも、フランスから嫁いできた王妃たちは、なべて人々から嫌われた〔訳注・ジョン王はイザベラ・ダングレームと結婚。エドワード二世はフィリップ美男王の娘イザベラと結婚。リチャード二世はシャルル六世の娘イザベルと結婚〕が、南仏生まれのマルグリットはなおさらであった。両国民の対照性が、烈しい勢いで噴出した。それは、モノトーンな霧のなかに突如、プロヴァンスの太陽が現れたようであった。詩人たちが謳っているように「北方の淡い色の花」は南フランスの鮮やかな花が現れると、傷つけられた思いを禁じ得なかったのだ。

彼女がやってくる前、まだ名前も知らされないときから、人々はやってくる王妃に対し反対運動を起こしていた。王（ヘンリー六世）が未婚の間は、イングランド王国の《ファースト・レディー》はエレオノール・コッバムすなわち王の叔父グロスター公の妻であった。これまでは、この叔父が甥である王の推定相続人であった。ところが、王妃マルグリット（英語風ではマーガレット）がやってきたことで、グロスター公妃は第二位に立場が下がり、グロスター公も相続人ではなくなる。彼は、中央から去り、王が生きている間に死ねば、どこかの領主館に埋葬されるほかはなかった。これを元へ戻す唯一の方途は、この善良なヘンリー王、この世には善良すぎる王が、まっすぐ天上へ送られることであった。そうなれば、グロスター公がウェストミンスター寺院で王冠を受けて王国に君臨し、すでに「ファースト・レディー」であることに馴染んでいるレディー・コッバムが王妃になる。

あまり細心でないこの貴婦人は、自分がそうした考えを抱き、行動に移そうとしていることを人々に知られていた。彼女は、最も怪しげな人々を取巻きにもっていた。この件についての推進役は邪悪な学問に長けたボリングブロークなる学者であった。グロスター公妃はウェストミンスター寺院のある参事会員とも相談したし、本書でも言及した魔女のマージェリーも使った。

目的は、王の死であった。王の蠟人形が作られ、これが溶けると、ヘンリーも溶けるはずであった。この作業の間、大魔術師のボリングブロークが笏杖と正義の剣を執って一種の玉座に坐った。玉座の四隅からは四本の剣が出てきて、四つの銅像を刺し貫いた。(原注・四つの銅像は、おそらく王ヘンリー六世とウィンチェスター枢機卿ヘンリー・ボーフォート、それとヨーク公リチャードとサマーセット公であった。)

しかし、事は思うように進まなかった。公妃自身、情念と欲望に我を忘れて夜中にこの黒い寺院の至聖所に押し入ったが、それが何のためだったかは分かっていない。墓の底から王権を自分の爪で掘り出そうとしたのか? それとも、虚栄心から、有名な《王の石》の上の玉座に坐りたかったのだろうか?

これは、ライバル側にすれば、グロスター公ハンフリーの妻を亡き者にし、公の家門を汚辱にまみれさせて打倒するよいチャンスであった。しかし、頑丈なその邸に入り、大勢の武装した家臣や貴族の友人たちの間を通って夫妻の部屋にまで辿り着き、グロスター公の腕のなかでかくも愛され、彼の姓を有しているこの女性を引きずり出すことは、老いたウィンチェスター枢機卿とその配下の司教たちに期待される勇気を遥かに超えていた。もし「魔女をやっつけろ！」と叫ぶ群衆の後押しがなかったら、とても、そんな勇気は彼らにはなかったであろう。

この時代、「魔女！」という言葉は底知れぬ恐怖を呼び起こした。この言葉が口にされるだけで、一つの町を狂乱に陥れるに充分であった。民衆は恐怖と怒りに囚われ、何もかも放り出して、悪魔との戦いに挑んだ。彼らは、焔によって正義が回復されないかぎりは、目にみえない爪に襲いかかられるのではないかという恐怖を払拭できなかったからである。

公妃は捕らえられて首座司教によって取り調べられ、召使いたちは吊されたり焼き殺された。彼女の処刑が保留されたのは一つの残忍な「思いやり」によってであった。この野心的な女性は、かつてロンドンに入城するのに盛大な行列を組んだことがあった。そこで今度は、贖罪のために、十一月の寒気に包まれた街のなかを、下着姿で手に松明を持たされ、街路から街路へ、三日間歩かされた。うしろからは下層民や職人の見習い小僧がひどい罵言を浴びせながらついていった。そのあと、ある貴族の監視のもと、海中遠く離れたマン島〔訳注・イングランドとアイルランドの間のアイリッシュ海の中程にある〕に、残りの生涯を泣いて過ごすべく送られた。

この騒ぎは、グロスター公ハンフリーを追い詰めることによって、彼が最後の手段として武器を執って内戦を始めるだろうが、しかし、今度は市民たちを敵に回しているので、間違いなく殺されるであろうことを期待して仕組まれたと考えたくなる。しかし、あらゆる人が驚いたことに、グロスター公は動かなかった。彼は、成り行きにまかせ、妻を捨てても、民衆にとって「よき公 bon duc」として生き残る道を選んだ。かくも気性の激しい男が、かくも恐るべき試練のなかで示した忍耐は、考えさせるものをもっていた。そこには、彼なりの深い意図があった。これまで彼は、二度低地諸国の君主になろうとし、いずれも失敗した。しかし、イングランドで君主になることは、間違いなく、それより容易であった。彼を玉座から引き離しているものは、王が結婚しないで子を儲けない間は、その一人の男の生命だけであった。

そのようなわけで、グロスター公に敵対している人々の側にすると、できるだけ早く王を結婚させることが必要であった。それも、フランスで結婚させ、フランスとの平和を実現することが必要だったのである。イングランドは、耳には聞こえないが、それ自身ではすでに、恐るべき戦争が唸り声をあげていた。

フランスとの和平は、これだけでも充分だったが、それに劣らず強力な理由がもう一つあった。それは、イングランドは、無駄な戦争をするには、あまりにも国力が涸渇していたことである。イギリスがフランスに所有している領土は、収益をもたらすどころか、カネがかかるばかりで、出費は刻々と増大し、国として何もできなくなっていた。はるかに状況がよかった一四二七年でも、フランスにある領土から引き出せたのは五万七千リーヴルであったのに対し、出費は六万八千リーヴルであった。しかも、その収益分も、王のもとには来なかった。これは、もう少し詳しい説明を要する。

本国からの支援もないまま、無数の障碍に直面し絶え間ない遠征に明け暮れたフランス摂政（ベドフォード公ジョン）は、家来として働いてくれる貴族たちに封地として優良な領地を分け与えなければならなかった。彼が城や砦を彼らの手に委ねたのは、彼らがそれぞれの臣下たちを使って守ってくれると期待してのことであった。ところが、このことが却って、貴族同士の間にも、また王の利益との間にも、不一致を生じ、それぞれが自分の利益を図るようになっていった。たとえば、ギュイエンヌに幾つもの城塞を所有しているグロスター公ハンフリーがアルマニャック派と同盟したのに対し、サフォーク公ウィリアムは自分の姪をアルマニャックとは敵対しているフォワ伯に嫁がせてグロスターの封地をこの夫に引き継がせている。北方では、タルボットがファレーズを領有し、ベドフォード公ジョンのあとフランスの摂政になったヨーク公リチャードは、北フランスにおける首都であるカンを自分のものにした。

もっと悪いのは、これらの貴族たちが、ここは自分の「終の棲家」ではないと感じて、自分が守る責任を負っているこれらの封地のために何もしなかったことである。城塞や塔の補修のためには一ペニーのカネを費やすことも惜しんで崩れ落ちて廃墟化するに任せ、領民からは取れるだけ取って本国の領主館（いわゆる「ホームhome」）へ送った。この「ホーム」主義こそ、外国にいるイギリス人たちの絶対にぬけきれない固定観念であり、このことから、今日では王たちにとっても大きすぎる、怪物のような城の建造のためにすべてが注ぎ込まれていったのだった。しかし、これでも、ウォリック一族だのノーサンバーランド一族だのは、跡取り息子のために夢見る家門の未来、すなわち何千人もの臣下を集めて催す盛大なクリスマスなどの饗宴には小さすぎると判断したのであった。彼らは、やがて内戦のなかで父も息子も、家臣たちも、資産や封地も、すべてが失われることなど予想もしなかった。全て。そう、すべてである。これらの塔の真実の主である木蔦（lierre）を除くすべてである。木蔦は、このころから、これらの塔を覆い始めていたが、巨大なウォリックの

城をもついにはすっかり覆い尽くすにいたる。〔訳注・ウォリック城は、エイヴォン川を見下ろす景勝の地にある。〕

だが、いま述べている時点では、フランスと和平を交渉しようという者は、誰であれ、こうした貴族全員を敵に回すことになった。彼らのなかには、大陸にある自分の封地を維持するためには、国が滅びてもやむなしという者もいた。要するに、彼らにとっては、自分の農園以外は何も眼中になかったわけである。しかし、もっと驚かされるのは、フランスに何ももっておらず影響を受けない人たちにも、戦争によって全てを失う人々の間にも戦争を支持する人々が、同じくらいいたことである。大陸に持っているのは「慢心の富」と「想像の王権」だけで、靴も履かないこれらの貧しい悪魔たちが、古いイングランドがアザンクールの戦いによって合法的に手に入れたフランス王国の切れ端を盗み取ろうとして《仲間》に加わってきたのだった。

このため、ウィンチェスター枢機卿だの、カンタベリーやソールズベリー、チチェスターなどの大司教や有力な司教たちは、戦費調達のために教会財産が奪われるのを恐れて、和平を交渉はしたが、もし武人であるサフォーク卿ウィリアムが推進しなかったら、あえて自分たちでは条約を締結しようとはしなかったであろう。平和を実現するには「戦さ人」が必要であった。

サフォーク卿は、古い家門の出ではなかった。デラポール（「ウィリアム・デラポール William de la Pole」が彼の本名であった）家は勇敢な海上商人であったが、スコットランド戦争のときにエドワード一世（1272-1307）のために糧食を補給した功績で貴族に列せられた。祖父マイケルは、リチャード二世の執事となり、海軍大将（amiral）、司令官（général）、国璽尚書（chancelier）として仕えたが、幸運の道をさらに開くことはできず、公金の不正流用で議会によって追及され、パリで死んだ。彼の父親ウィリアムは、家門を再興するために、一転してリチャード二世王に敵対したランカスター側に与《くみ》し、我が身だけでなく、息子たちのうち三人の命まで捧げた。

その最後の息子が、ここで述べている人物で、彼は、三十四歳でフランスでの戦争で勲功を挙げた。イングランド軍が敗北を喫したオルレアンとジャルジョーでも、彼は勇敢に戦い、その名に傷をつけることはなかった。ジャルジョーでは最後の一人になるまで戦ったあげく、一人のフランス人に「お前は騎士か？」と尋ね、相手が「いいえ」と答えたので、この男に降服した。そして二百万ないし三百万リーヴルの身代金を払ったため、無一文になってイングランドに帰還したが、それにもかかわらず、フランスに対し恨みを抱くどころか、和平派についた。不幸なことに、その彼が、この党派のなかに戦争の苛酷と厚顔無恥を持ち込んだ。

ウィンチェスター枢機卿ヘンリー・ボーフォートの考えは、イングランド王（ヘンリー六世）をフランス王の娘と結婚させて平和を実現することであったが、王の娘は不可能だというので、それでは姪でも、ということになって選ばれたのが、貧しい公子ルネの娘マルグリットであった。父親がルネなら、イングランド人たちに不安を抱かせる恐れが少なかったからであるが、この選択には、まだ利点があった。それは、イギリス側は出費を抑えるために海に面していないメーヌとアンジューを手放すことになったが、これらは、シャルル七世にではなくルネとその弟に返せばよかっ

彼は勇敢に戦い、その名に傷をつけることはなかった

たからで、これも、イングランド人の誇りをあまり傷つけないで済んだ。

この結婚と領地譲渡の協定は道理に叶ったものであったが、これをあえて締結しようとする人は、危険な事態になることを覚悟する必要があった。サフォーク卿も、そのことは百も承知していたから、評議会の承認だけでは不充分と考え、「判断の誤りを犯すかもしれない」ことを、前もって王にも許してもらい、議会からも追認を受けていた。

一部を返して他の部分の強化を計るやり方は、遡れば、フィリップ・オーギュストがジョン失地王から奪った諸州の幾つかをイギリス人たちに返した聖ルイ王の手法と同じであった。しかし、今度の場合、イングランド側がルネ王とその弟に与えることで同意したのは、メーヌの君主権(souveraineté)ではなく、一代限りの用益権(usufruit viager)であった。しかも、この用益権についても、メーヌ伯領のなかのイングランド王直轄地からあがる収益の十年分はフランスからイングランドに支払うことが条件になっていた。

このように、サフォーク卿が交わした条約の中身は、イングランドの国益を充分に考慮したものであったが、それにもかかわらず、帰国したサフォーク卿を迎えたのは、国を挙げての敵意であった。それまでは、この問題についての国内世論はさまざまだったが、多くの人は、荒廃したこれらの領地を守るためには皆が負担を覚悟しなければならないと見ていた。しかし、彼らが、はたして、そのような犠牲を覚悟していたかどうかは曖昧であった。面子に拘る人々は「守るべしoui」と言ったが、けちな人々は「そんな必要はないnon」と言った。そして、サフォーク卿が結んだ協定についても、騒いだのは面子派であった。戦争のための財政負担の最も少ない連中が、最も好戦的にいきり立ったのである。

そこには、イングランド人たちの隠れた奇妙な性格が特徴的に表われている。イングランド国家は、領地を守るためにも、有利な形で返すためにも、何もしようとしなかったから、領地を持っている人々はなんの補償もないまま、すべてを失うことは明らかであった。これは、わずかばかりの賢明さがあれば、充分予見できることであった。それに対し、サフォーク卿は、交渉人として、一部分を無償で返すことによって、それ以外を確保しようとしたのであったが、そのため、国じゅうから憎まれ、罵倒された挙げ句、死に追いやられたのであった。

マルグリット・ダンジューは、自分を後援してくれる人物がこのような悲しむべき状況にあるなかで、イングランドに上陸したのだった。彼女が、そこで見出したのは、このサフォーク卿ウィリアム・デラポールに対する、また、フランスとフランス人王妃に対する国を挙げての憤激であり、革命への熱い盛り上がりであった。王の一人〔訳注・結婚相手であるランカスター家のヘンリー六世〕はぐらついており、もう一人〔訳注・次の王位を狙っていたグロスター公とヨーク家のエドワード〕は満を持していた。グロスター公は、一貫して好戦派のあらゆる不満分子を味方にしていたし、みんなが不満を抱き、戦争を支持していた。したがって、彼が旗をかかげ、武者たちの長い行列を従え、庶民たちが「よき公爵さま」に挨拶をするなかを進んでいったとき、人々は、権力はここにあり、このように謙虚なお人こそ、国の主となって治めるべき人であるとの感を深めた。この点でも、グロスター公のほうが王位に近かったが、新しい君主となるのは、遅れてやってきたヨーク公リチャードであった。

他方、もう八十歳になる枢機卿ウィンチェスターなどの高位聖職者たちや若い王妃、精神的単純さが神聖さであるように見える王などについて、人々はどのように見ていたか？

不安が増大するなかで議会が召集され、民衆には、武器を執って王の身の安全を守るよう求められた。議会は、カンタベリー大司教と国璽尚書のチチェスター司教の、平和とよき助言についての説教をもって始まった。翌二月十一日には、グロスター公ハンフリーが捕らえられ、公が妻を解放させるために王の暗殺を謀ったという噂が広められた。それから何日も経たない二月二十三日、彼は牢獄で亡くなるが、これは突然のことでもなければ予想外のことでもなかった。彼の医師が何年も前に書いた書類によると、彼はかなり以前から健康とは程遠い状況にあったが、それが何日か前から重篤化していたのである。

にもかかわらず、民衆は皆、彼は殺害されたと信じたから、その死をめぐって、一つのロマンが作られた。それは、王妃はサフォーク卿ウィリアム・デラポールと愛人関係にあり、二人は枢機卿に、このことを打ち明けていた。（原注・もしそうだとすると、十七歳の王妃は五十ないし六十歳の男を愛人にしていたことになる！）前日の夕方には元気であったグロスターが翌朝、死体で発見されたのは、この秘密を知ったためだというのである。

では、どのようにして殺されたというのか？　ここで説は分かれる。ある人々は絞殺されたと言った。しかし、公開された遺体には、そのような痕跡は全くなかった。そこで、別の人々は、リチャード二世（1377-1399）の叔父である別のグロスター公〔訳注・トマス・オブ・ウッドストック〕が二枚のマットレスを使って窒息死させられた前例を持ち出し、更に別の人々はエドワード二世（1307-1327）について言われている、もっと恐ろしい「串刺し」説を持ち出した。

十七歳の少女が、すでにこのような罪をあえて実行する残忍な勇気をもっていたということは考えにくいし、神に召される日も遠くない八十歳の老人、枢機卿ウィンチェスターが人殺しを命じるのも滅多にあることではない。わたしは、年齢の異なる別のウィンチェスターをこの死に関わっているウィンチェスターと混同し、他方、憎悪と復讐心に燃えてヨーク公の血塗れの頭に紙の王冠を載せた後のマルグリットを、アンジューのルネの宮廷から出てきたばかりのうら若い王妃のなかに投影してしまったのではないかと思う。

サフォーク卿についていえば、王妃との関係という先のような告発もありえないことではなかった。また、彼がグロスターの死で金銭的な利益を手にしたことを考えると、言われているようなことを前もって準備しかねなかったであろう。しかしながら、彼に最も厳しく敵対した人々も、彼の生前に投げつけた告発のなかでは、この罪については全く言及していない。彼がこの問題で非難されるのは、死後、弁明ができなくなってからのことである。

そのうえ、彼にはこの罪をあえて犯す意味が全くなかった。王位継承権を要求できる有資格者は、ランカスターの血筋を引く人のなかではサマーセット公〔訳注・ジョン・ボーフォートは一四四四年に亡くなっており、この一四四六年の時点では第二代目のエドマンド〕がおり、さらに、別の血筋のなかにも、もう一人、ヨーク公（リチャード）がいた。そもそもランカスター家は、エドワード三世の四番目の息子（ジョン・オブ・ゴーント）の末裔でしかなく、ヨーク公は、三番目の息子の末裔であったから、順位は彼のほうが上で、グロスター公の死は、より危険な王位請求者を登場させることになったからである。〔訳注・正しくは、ランカスター家の祖、ジョン・オブ・ゴーントはエドワード三世の末子であり、ヨーク公は母親が同二番目の息子であるクラレンス公ライオネルの血を引いていた。〕

グロスター公が死んだとき、ウィンチェスター枢機卿は明らかに病気で、一か月後に亡くなっている。この彼の死は重大な出来事であった。彼は、五十年間にわたってイギリスの教会の首長であり、彼の名のもとで教会は一つにまとまった。サフォーク卿ウィリアムは武人であり、その彼がこのような危機にあって僧侶たちのやり方に従うことなど、ありえなかった。高位聖職者たちは、既成の体制（Establissement）を守るためにランカスター家を王位につけ、そのもとで協力したのだったが、今は離れ、諦めて、それが転落するに任せたのだった。

そのうえ教会は、もう役に立たないばかりか害を及ぼしているものを救うために、すでに脅かされている《体制》をさらに危険に晒す理由があったろうか？　サフォーク卿は、まず修道士たちからカネを取り始めたが、やがて、司教たちがその標的になることは、充分予想された。友人がこのように振舞っているのだから、敵がそれ以上の何をすることができただろうか？

事実、サフォーク卿の困窮はますますひどくなり議会からも全てを拒絶されたので、司教区まで幾つか売却した。これは、教会を敵に回すだけでなく、自分の礼拝堂司祭や召使いを司教にしてその聖職禄で借金を穴埋めすることが多かった貴族たちをも敵に回すことになった。大貴族たちはフランスに持っていた封地を失ったうえに、教会に対する影響力を奪われ、もっとも感じやすい部分で二重に傷を受けた。彼らがメーヌに持っていた土地について約束されていた手当金はゼロになった。これは、それまでノルマンディーのイギリス領マルシュがフランス人たちに支払ってきた額の交換条件として新しい協定で決められたもので、イングランド王は、メーヌの臣下たちに手当を支払う義務を負い、自分は一文も受け取らないということであった。

大貴族たちには資産を失わせ、民衆に対しては誇りを傷つけ、教会からの支持も失った権力が存続できるはずがなかった。では、この大貴族たちの凋落で利益を得るのは誰か？　それが問題であった。

王座に最も近いのは、ヨーク公リチャードとサマーセット公エドマンドであった。サフォーク卿ウィリアムは、この二人とも自分の掌中にあると思っていた。彼は、より危険なヨーク公からは主要な軍隊（フランスのそれ）を取り上げ、彼をアイルランドの統治に当たらせた。ランカスター家の血を引いていてヘンリー六世と最も近い親族であるサマーセット公エドマンドには「フランス摂政」というポストを与え、最大の部隊を託した。

しかし、だからといってサマーセット公が敵にまわる心配がないわけではなかった。彼は、フランスにおける主要拠点が次々陥落し、メーヌが失われてノルマンディー自体も危うくなっているときに、支援もないまま自分をフランスへ送るのは、自分を抹殺するためではないか、と心で思うだけでなく、口にも出して言っていた。

一四四九年一月、議会は「フランス摂政」のサマーセット公エドマンドから正式の提訴を受理した。「休戦期間が終わり、フランス王が六万の兵力をもって攻勢に出てくる可能性がある。もし、早く援軍を寄越さなければ、イギリスは大陸におけるすべての領土を失うであろう」というのである。これは、《フランスにおけるイギリス Angleterre française》のいわば遺言であった。賢明な議会はこれを受け入れたが、それは、サフォーク卿ウィリアムを貶めるためで、男一人たりともカネ一シリングたりとも送る決議はしなかった。もし支援したらサフォーク卿を支えることになったからである。議会にとって、いまや、戦う相手はフランスではなくサフォーク卿であった。たとえサフォーク卿とともに、ノルマンディー、ギュイエンヌを失い、イングランド自体まで滅びたとしても、である！

サマーセット公エドマンドは、自分が受けるであろう侮辱を見事に予言していた。休戦が破られてメーヌがフランス側の手で解放されると、イギリス側で戦ってきたあるアラゴン人隊長は、部下たちのためにノルマンディーに避難所を求めてやってきたが、どの都市も、この逃亡者たちと飢えの苦しみを分かち合うことを嫌って城門を閉ざした。彼は自分で活路を開かなければならず、国境地帯に二つの町を見つけたが、いずれも荒れ果てて何もなかったため、ブルターニュの比較的大きな都市であったフジェール〔訳注・レンヌの北東〕に襲いかかった。こうして戦争が再開されたのである。

フランス王（シャルル七世）とブルターニュ公（フランソワ一世）は、賠償金を条件に、サマーセット公（エドマンド）に対し、このアラゴン人隊長を説得して町を返還させるよう要求した。しかし、サマーセット公は、その要求に応えることができたとしても、あえて、そうはしなかった。彼にとって心配だったのは、フランスよりイギリスのことであった。フランス人たちは、一四四九年五月十五日、ルーアンから四里のポン＝ド＝ラルシュを、その一か月後にはヴェルヌイユを征圧した。フランス軍はデュノワの指揮のもと、エヴルーから、ブリトン人たちはバス＝ノルマンディーから、ブルゴーニュ人たちはオート＝ノルマンディーから入った。他方、南仏ではフォワ伯がギュイエンヌを襲った。みんながこの争奪戦に加わりたがった。

王（シャルル七世）はカンとルーアンの間の交通を遮断し、リジュー、マント、グルネーの臣従を受け入れて、ヴェルヌイユ、エヴルー、ルーヴィエに平和的に入城。ルネ・ダンジューもこれに合流した。さらに王は、全軍を集結し、ルーアンに降伏を迫った。すでに心では降伏していたルーアンは、赤い十字旗のもと、全市民がフランス人に戻った。サマーセット公エドマンドは老いたタルボットと一緒に、このルーアンにいたが、イギリス人によって守ってもらおうなどと望んでいないこの住民を守ろうという気持ちをなくして城館のなかに引っ込んだ。たちまち、町全体が白い十字旗を掲げた。サマーセット公は妻と子供たちを伴っていたが、市民たちに包囲されてしまったので、脱出できる希望は失われ、交渉を決意した。シャルル七世は、彼とその家族、率いている部隊について五万エキュという僅かなカネを受け取ることで満足した。これは、たとえばサフォーク卿ウィリアム一人の身代金が二百四十万フランであったことを考えると、当時としては破格であった。〔訳注・時代と地域によって異なるが、三から六フランが一エキュ。〕サマーセット公は、自身の名誉と実直さから、これに上乗せして支払ったが、我が身を救うために、「フランス摂政」として、アルクの城塞〔訳注・ディエップを守る要衝になっていた〕をフランス軍に明け渡し、コードベック、リール、タンカルヴィル、そしてセーヌ河口のオンフルールなどセーヌ下流域を引き渡すことを約束した。これはイギリス王を破滅させることであった。

しかし、人々が、そのような贈り物をすることが彼にできるのか訝ったので、信じてもらうためには更によい贈り物をする以外になかった。すなわち、自分の右腕で、イギリス人たちの唯一の信頼の的である老将タルボットを抵当に入れたのである。しかし、彼は、この抵当を請け出すことも約束を満たすこともできなかった。オンフルールが降伏しないので、タルボットは引き続いてフランス軍のもとに留められ、自分の配下の人々が惨めにも敗北し滅亡するのを目撃することになった。オンフルールのイギリス軍は援軍もないまま取り残され、アルフルールの町も、冬の最中、ジャン・ビュローの砲隊によって攻め落とされる（一四四九年十二月）。オンフルールのイギリス軍はサマーセット公エドマンドに救援を求めたが、もとよりこれは無駄で、最後は降伏した（一四五〇年二月十八日）。

イギリス軍守備隊は、アルフルールだけで千六百人いたことを考えれば、サマーセット公がフランス側に約束したようにイギリス軍のノルマンディー撤退が行われたようには見えない。しかし、これらのイギリス軍部隊の多くは、各都市に少人数で分散し、敵意をもつ住民たちに囲まれていた。そんな彼らが、仮にもっと多かったとしても、フランスへの復帰を求める市民たちの大きな動きに対していったい何ができたろうか？

それを理解している人は、イギリス本国には一人もいなかった。ノルマンディーはとっくに武装を解かれ、裏切られ、売り渡されていたのだ。フランス王の軍勢のなかには、イングランド王妃の父親（ルネ・ダンジュー）の姿も見られたのではないだろうか？

この戦いの結果、イギリスはセーヌ地方を失い、ルーアンはフランス側に奪還され、「イングランドの剣」と謳われたタルボットは敵方に囚われていた。こうした不幸と恥辱の全てがサフォーク卿ウィリアム・デラポールの頭上に真っ逆様に降りかかってきたのであった。

一四五〇年一月二十八日、庶民院（chambre basse）は、一つの控え目な建白書を提出した。

「王国の貧しいコミューンは、君主たる貴族に服属しているかぎり、愛情と熱意と真心をもって尽くす。」

その「愛情」には血を捧げることも含まれていた。この奇妙な文書のなかには、まるで正反対の矛盾することが同時に述べられている。すなわち、サフォーク卿はフランス王シャルル七世と「イングランド王妃の父」（ルネ・ダンジュー）にイギリスを売り渡し、侵入してくる敵軍のために弾薬と糧食を満たした城を用意しているのだ。では、なぜサフォーク卿が王妃の親族や友だちであるフランス人たちを呼び寄せようとしているのかというと、それは、自分の息子をイギリス王にするためだ、というのである。この主張は、「ジョン・ブルJohn Bull」（イギリス人）にとっては論理的で筋の通った理屈で、疑いを差し挟む余地がなかった！

矛盾と馬鹿馬鹿しさは明白であったから、これには答えようがなかった。にもかかわらず、サフォーク卿ウィリアム・デラポールは何とか答えようとした。彼は、自分の一族がいかに国のために尽くしてきたかを、国のために犠牲になった人たちを一人一人挙げて述べ、自らについても、三十四年間をフランスでの戦争に捧げ、連続十七回の冬を我が家に帰ることなく戦場で過ごし、身代金を支払うために全資産を費消し、ついで十二年間、評議会で国に尽くしたことを指摘し、そのような人生と事績を一つの裏切りによって台無しにしてしまおうなどということがありうるだろうか？と。

しかし、彼がどのように言い訳をし言葉を並べても、そのたびに、荷物が増えるように悪い情報が飛び出してきた。イングランドの港に入ってくる船で、新しい不幸を彼にもたらさない船はなかった。きょうはアルフルール、あすはオンフルールというように、バス＝ノルマンディー地方の都市の陥落が報じられ、ホラント〔訳注・今日につながるオランダとして独立するのは一五八一年である〕でもイングランド製ラシャの取引が禁止されたとのニュースがやってきた。

こうして、沈痛な騒ぎが休みなく続いた。それは、あたかも、サフォーク卿の死を宣告する鐘の音が向こう岸から伝わってくるかのようであった。民衆の怒りの深さは、当人とその友人たちの名前を皮肉をこめて葬送の文句に織り込んだ当時のバラードに伺い知ることができる。

王妃マルグリットは、彼を救うために、ある一つの方法を試みた。サフォーク卿を五年間、国外に追放する旨を王に宣告させたのである。彼は、血に飢えた猟犬の群のなかを突っ切るように、辛うじてロンドンを脱出した。しかし、それは、フランスに渡るためではなく自分の領地で最後の賭けの結果を待つためであった。というのは、彼は、その前に、勇猛なトマス・キリエルに三千人の兵をつけてフランスのシェルブールへ送っていた。これは、サマーセットを滅ぼしたのとは反対に、軍勢を糾合して攻勢に打って出させるためであった。

一つの見事な戦いがサフォーク卿を救うはずであった。手始めにキリエルは、ヴァローニュ〔訳注・シェルブールの南方〕を攻囲し、これを奪取した。そして、そこから海岸伝いに進んで、サマーセット軍に合流するはずであった。ところが、これがフォルミニー〔現在のカルヴァドス県〕、クレルモン伯を後衛に、リシュモンを前衛とするフランス軍によって行く手を阻まれ〔一四五〇年四月十五日〕、キリエルは果敢に戦った末に玉砕した。死者は四千人足らずであったが、彼らとともに、イギリス人の思い上がりと信念、希望が打ち砕かれた。アザンクールは、もはや両国民の記憶のなかで「最後の戦い la dernière bataille」ではなくなった。

これで、サフォーク卿ウィリアムも最後を迎えた。彼は、そのことを理解し、それに備えた。彼が息子に宛てた手紙には高潔さと謙虚さが溢れ、神を畏れ、王を守り、母を敬うよう勧めている。ついで彼は、近隣の郷士たちを呼び、彼らの前で聖体のパンにかけて自分が無実であることを誓った。それが済むと、小さな小屋に籠もって神の保護に身を委ねた。しかし、利害の絡む人が多すぎた。ヨーク公リチャードは彼をランカスター家の代弁者と見ていた。サマーセット公エドマンドは戦場から帰ってくると、ある告発者に脅かされた。イギリスは、ノルマンディーを失うにいたった罪がサマーセットにあるのかサフォークにあるのかを明確にする必要があろう。

フランドルの人々からイングランドの実情、とりわけ海上の問題について情報を得ていたモンストルレとマチュー・ド・クーシィによると、サマーセット公エドマンドが捕らえられたのは友人たちの船上においてであった。裁判は陸上に上がって行われたが、そこには、民衆の報復裁判を思わせるものがあった。彼を捕らえた水夫たちが陪審員になって有罪を宣告した。彼の身分を考慮して絞首刑ではなく斬首刑に処されたが、これらの未経験な陪審員は、死刑執行人としても未経験であった。彼らの剣はすっかり錆びていて、二度振り下ろして、やっと首を斬ることができたのであった。

しかし、彼の死によっては何も終わらなかった。英軍敗北がもたらした動揺とともに陰鬱な怒りが渦巻き、それに便乗して野心家たちが、それぞれの勢力増大のために事を起こした。国がこのように病んでいるときの民衆の扱い方については、すでに古くから経験を積んだこの国は、よくわきまえていた。民衆は、「イギリス病」ともいうべき慢心の高ぶりから、盲目の獣と化していた。この発作が起きている間、練達の指導者たちは、民衆に自分たちを振り回している手もロープも見分けさせないで、それこそ引きずり回されていることすら感じさせないで、右へ左へ引き回すことができた。

まず最初に、恐怖の一撃が教会の上に振り下ろされた。この衝撃で教会は充分な力を持ちながらも、もはや立ち直ることができず、貴族たちの言うままになった。このためには、サフォーク卿ウィリアムより以前から（あるいは一緒に）国を支配してきた二人の高位聖職者が殺されれば充分であった。しかし、直接手を下したのが誰かは、よく分かっていない。貴族たちの配下の誰かだったのか？　それとも、港の下層民の暴徒（mob）だったのか？

これを機に、一つの大きな動きが生じた。これは、ケントの農民たちのなかから自発的に生まれた運動で、もし賢明な手によって一つの民衆運動に集約されていたら、決定的な革命になっていた可能性がある。ロンドンとパリを結ぶ大道に沿ったこの地域の群衆は、つねに火種を抱え、想像もできないような精神的不安定さに支配され、古くからの貧困に加えて狂熱に引きずられやすい特殊な気風を帯びていた。

彼らには、運動の先頭に立って引っ張ってくれる人が必要であった。それは詐欺師などではなく、まじめな農民でなければならなかった。候補として、一人のアイルランド人が見つかった。この男は私生児で、さんざん悪事を働いた末にフランスへ渡ったが、帰ってきて、ぶらぶらしていた。まだ若く、かっこよく勇敢であったが、精神的にかなり神がかり的なところがあった。

ジョン・ケイドというのが彼の名前であったが、おもしろがって「モーティマーMortimer」と名乗り王子を気取った。これは、信じがたい図々しさであった。モーティマーと呼ばれた人は何人かいて、最近ではエドワード三世の孫のウェールズ辺境伯、ロジャー・モーティマーがいるが、この人がすでに亡くなり埋葬されたことは周知の事実だったからである。だが、そんなことは大したことではなかった。この新しいモーティマーは、見事な成功を収めた。彼はアイルランド人らしい快活な男で、人を惹きつける力があり、よき王子の役割を演じて民衆を喜ばせた。

気違いには、気違いが話が通じるものである。彼は馬鹿げた宣言をし、それがすばらしい効果を生んだ。そこで彼が述べたことは、ケント地方全体を破壊して、その無垢のコミューンを、サフォーク卿ウィリアム・デラポールの死を弔う生け贄として一つの森にしようというのである。そのあと、王に対する忠誠の表明が来る。人々が願っているのは、王が、真の貴族であり正統な助言者であるヨーク公（リチャード）、エクセター公（トマス・ボーフォート）、バッキンガム公（ハンフリー）、ノーフォーク公（ジョン）を身辺に侍らせ給うことである、と。以後、エクセター公の伝令官とノーフォーク公の家臣がこのケントの下層民の民衆運動についてまわり、すべてに監視の眼を注ぐのが見られた。

ジョン・ケイドに従ったのは、当初は二万人ほどであったが、進むにつれて増えていった。それに対して、幾つかの討伐部隊が送られたが、悉く撃破された。ついで、カンタベリー大司教、バッキンガム公といった要人たちが派遣された。ケイドは、平静さと威厳をもって迎え、議論においては、慎ましやかながら一歩も引かない姿勢を示した。

その間、王軍の兵士たちが「ヨーク公は従弟のモーティマーと仲直りし、王妃とその共犯者たちを裁判にかけよ」と騒ぎ出した。権力者たちは、裁判は行われるからと言って彼らをなだめ、攻撃の的であったイギリス財務官のセイ卿をロンドン塔に閉じこめた。

ロンドンは周りを群衆に占拠されたので、市長は市門を開放すべきかどうかを市民の代表に諮問した。ひとりだけ「ノー」と答えたが、この人物は牢に放り込まれた。群衆が市内に入ると、ケイドは跳ね橋を揚げられないようロープを切り、「モーティマーこそロンドンの君主である」と重々しく宣言した。そして群衆に向かって、盗みを働いた者は死刑に処すると言明したが、つい先頃、士官の一人を不服従の罪で斬首させていただけに、この命令は真剣に受け止められた。ついで、セイ卿を塔から引き出し、チープサイド〔訳注・現在は金融街（ザ・シティ）の一画になっているが、中世には市場があった〕の街中で、恐怖で半死半生の状態の市長や市参事会員（adelmen）たちによって裁判を行わせた。これは、ロンドンの行政官たちを否応なしに巻き込もうとしたのであった。

しかし、この街の辻での裁判と死刑執行という見世物が済むと、ケントの人々はロンドンじゅうに散らばり、門を閉ざした家々を前に獲物の匂いを嗅ぐと抑えきれず掠奪を始めた。モーティマーもこれは食い止めることができなかったばかりか、自身も、フランスでの戦争の古い習慣が甦ったのか、食事を御馳走してくれた家から、僅かな物ではあるが盗みを働いてしまった。

それまでは好意的に見ていた市民たちも、高価な商品や貴重な品が手当たり次第に盗み出されることに怒りを爆発させた。こうして、商店主など豊かなブルジョワだけでなく、職人や見習い小僧たちまで武器を執って立ち上がったので、街路でもロンドン橋でも、いたるところで激しい衝突が起きた。

ケントの人々は郊外に追い出され、市内で受けたこの「もてなし」に茫然としながら夜を明かすうちに、次第に冷静になった。説得するチャンスと見て取った市側は、ヨークの大司教と首座大司教に王の玉璽を託して交渉に当たらせた。小舟でサザク Southwark〔訳注・テムズ川南岸〕へ渡った大司教たちは、群衆が要求するとおりに認可の判を押したので、要求が認められて満足したケントの人々は、ジョン・ケイドに挨拶もしないで去っていった。ケイドは、残った人々を率いて運動を続行しようとしたが、彼らが獲物をめぐって争い合うことしか眼中にないのを見ると、逃げ出した。しかし、彼の首には懸賞金がかけられ、まもなく殺された。（一四五〇年七月）

この恐るべき笑劇も、一つの前奏曲でしかなかった。ケイドが「モーティマー」という周知の人物に名を借りたのは、いかにも粗雑な仮想劇であったが、民衆の心に対しては、最初の衝撃を与える効果をもっていた。ケイドとケントの群衆が演じたのは、あたかも『ハムレット』におけるように、理解を助けるための「劇中劇」であり、歴史を説明するための一つのフィクションであり、難解な法律の問題を凡人の手の届くところに置くための一つの注釈であった。

この「ダミー人形」が退場すると、本格的に王位をうかがう役者が登場する。ヨーク公リチャードがアイルランドから駆けつけたのは、サマーセット公エドマンドが用意しておいた脚本にしたがって演じるためであった。というのは、この悲劇の将軍（サマーセット）は、ルーアンでの冒険をカンでも繰り返し、再び捕虜になったが、その敗北は、一層、祖国への裏切りに似たものをもっていた。少なくとも、そのような噂が流れた。

この摂政は、イギリス人が好んでするように、どこへでも妻子を同伴した。この危なっかしく貴重な荷物は、ある場合には、戦いの人を柔和に、雄々しい男を女々しくする可能性がある。サマーセット公の場合、攻囲され、撃ち込まれた石弾の一つがすぐ近くに落ちたのを見た。夫人は夫のところへ駆けていって跪いて、かわいそうな子供たちを憐れんでくれるよう懇願した。この不幸な男は、もう降伏する以外にないと思った。ところが、この都市の守備隊長はヨーク公リチャードの家来で、主君のために最後まで戦うと言い張った。告発者たちの言うところによると、そこでサマーセット公は、臆病者として厳しく責められても仕方ない行動に出た。彼は、カンのブルジョワたちと気脈を通じ、ひそかに降伏するよう勧めたというのである。結局、この都市は解放され、守備隊長は脱出して、まっすぐアイルランドへ赴き、ヨーク公リチャードに事の顚末を報告した。その結果、ヨーク公は、王の命令もないまま、突然、部隊を伴ってアイルランドを離れ、イングランドを横断してロンドンに現れ、王の前ではへりくだった姿勢を取りつつも、ぶしつけに不満を露わにした。

ヨーク公リチャードにも王位継承権があることは、口にする人はまだいなかったが、みんなが考えていたことであった。王妃マーガレットにとって信頼できたのは、ランカスターの血を受け継いでいて王の推定相続人であるサマーセット公エドマンドだけであったから、彼が自由の剣をフランスに返却したとき、王妃は彼を軍司令官にして、王国の剣をその手に委ねた。しかし、すでにノルマンディーを失っていた彼にとっては、自らを守ることさえ苦労を要した。「王の守護者」であるためには、少なくとも、力を回復することが必要だったが、その試みのために、こんどはギュイエンヌが失われた。

シャルル七世は、ファレーズとシェルブール征服をもってノルマンディー奪還を仕上げ、冬には、軍勢を南フランスへ送った。新しく創設した《義勇射手》から成る「国民軍 milice nationale」は幾つかの戦功で重きをなしはじめていた。ジャン・ビュローは、その無敗の射撃隊を伴って各地を転戦した。この攻勢に堪えられる都市は、ほとんどなかった。「ガスコーニュの小王たち」と呼ばれたアルブレ、フォワ、アルマニャックの諸侯は、王の力が強大化しているのを見て取ると、援軍に加わり、忠誠心と熱意を示した。彼らは、王の手伝いをしてイギリス人たちからフランスの国土を奪還するとともに、王が自分たちに分け前を遺してくれることを期待したのであった。こうして、同時に四つの包囲戦が始められた。

このようにガスコーニュ人たちがすばやく《改宗》していくなかで、ひとり抵抗を続けたのがボルドーで、この町の「南西フランスの首都」という地位は低下の一途をたどった。これまでボルドーの扱いにとりわけ気を遣い、ボルドー産のワインを買って飲んでくれたイギリス人たちは、ボルドーにとってワインを消費してくれる最良の顧客であった。他方、ボルドー市民のほうでもイギリス人を「主人」と仰ぎ、イギリス王のためには剣を執ることも辞さず、もし陥落したときは、全速力で逃げ出すことまで考えている人々も少なくなかった。

ジャン・ビュローは、すでにブレBlaye〔訳注・ボルドーからジロンド川を少し下流にくだったところにある町〕を奪取し、この町でボルドー市長と助役たちを捕らえ、シャバンヌそのほかの人々とともに調停に当たらせた。フランス王側は、降伏の条件として、この地方の諸都市に対して税を要求することもなく、領主たちには身代金も求めず、諸特権を確認し、さらには増やしさえするという、考えられないほど柔軟な姿勢を示した。しかも、フランス人として残りたくない人は自由に去ってよいとし、その場合、商人は事業の準備に六か月間を猶予され、領主は、封地を子供たちに譲ることを許された。これほど柔軟で寛大な措置を示した戦いは、例がなかった。王は、それに加えて、降伏を決議する時間的猶予も与えた。結局、ボルドーは援軍もないまま、六月二十三日に開城し、さらに南方のバイヨンヌも、なお二か月粘った末に降伏した。(八月二十一日)

このように、イギリスに対して忠誠を貫いた都市が支援もないまま失われたという情報は、本国イングランドでは、現政権のランカスター家と対抗するヨーク公にとって、役に立つ強力な武器となった。ヨーク公リチャードの支持者たちは、これを誇張して、イギリスはアクィテーヌを失うことによって大司教区を三つ、司教区を三十四、伯領を十五、男爵領百二、そして千を超える港湾事務所を失ったと喧伝した。そして、すでに失われたノルマンディー、メーヌ、アンジューについで、やがてはカレーも失われるだろう、否、裏切り者のサマーセット公エドマンドはすでにカレーをブルゴーニュ公に売ってしまったのだと言いふらした。

力を増したヨーク公リチャードに、配下の一人が、王位推定継承者（heritier présomptif）として名乗りを挙げるよう進言した。その意図は明白であったが、これは時期尚早であった。国内には、現国王（ヘンリー六世）への忠誠心が根強く残っていたから、こうした言葉はコミューンの反発を招き、この軽率な男はロンドン塔に放り込まれた。

軍隊を掌握する試みもあまりうまくいかなかった。ヨーク公は部隊を集め、王に迫るためにやってきたが、兵士たちにためらいがあるのを見て、自ら彼らを解散させて降伏した。彼は、自分の命を奪われる事態になることはなく、そのまま退去させてもらえることを知っていたし、セント＝ポール寺院で聖体のパンに王への忠誠を厳かに誓うことによって、事実、そのようになった。だが、それは大したことではなかった。このイギリスの内戦のなかでは、過激派の首領たちが恭順の姿勢を示して忠誠を宣誓する姿をしばしば見ることができるし、民衆もそのことで憤慨しているようには思えないからである。

王妃は、このときは、フランス女である自分がフランスによって奪われたギュイエンヌをフランスから取り戻せば、自分がイギリス人たちを裏切っていないことを立証できるという希望を持っていた。長年イギリス王を君主と仰いできたギュイエンヌ人たちは、新しい主人（フランス王）にすでにうんざりしていて、フランス王国の法に従いたいとも思わなかったし、その法律に従って王国軍隊を宿営させ、給与を支払わされることなど望んでいなかった。フランス王が、ガスコーニュ人の信義を当てにせず、ギュイエンヌ防衛はあくまで王政府軍に委ねようとしていることも彼らにしてみると気に食わなかった。他方、ガスコーニュの領主たちは、あとに遺してきた自分の領地を、早く再び見たいという焦りがあり、しかもイギリス軍がガスコーニュを再征服しても、英軍が支配するのは海上のみで、領地は自分たちに返されるとの確約をロンドンで手に入れていた。

王妃とサマーセット公エドマンドは、ギュイエンヌをイギリスの手に奪還する必要があり、それにはまずボルドーを守るためにタルボットを派遣したのだった。この人は、八十歳になっていたがイギリスの提督のなかでは意欲においても勇気においても最も若々しく、とりわけ忠誠心が厚く、彼の言葉は信頼感を呼び起こした。人々は彼に、交渉権を託すとともに交戦の権利も与えた。

ボルドー市民から守備隊を委ねられたタルボットは、冬期のあいだに周辺の要塞を奪還した。フランス王軍のほうは、おそらくイギリスの内輪もめを当てにした嫌いもあるが、当時の慣行で、ギュイエンヌから部隊を撤退させ、ほとんど空にしていた。春になってギュイエンヌに戻ってきたフランス軍は、ジャン・ビュローの指揮のもと、まずドルドーニュを支配下に収めるべく、ボルドーから八里のシャティヨンを攻囲した。守備側のタルボットは、フランス軍が塹壕に身を隠していることも、強力な射撃隊がいることも眼にしたが、あまり大したことと思わなかったし、フランス側も、大袈裟に喧伝することをわざとしなかった。この血気盛んな老将は、朝のミサを聴いているときフランス軍が塹壕から撤退しているとの報がもたらされると、「ミサは、あやつらを叩きのめしたあとだ！」と言って、ミサも司祭も放り出して出撃した。途中で、配下の者がフランス軍撤退の情報が間違いであったことを告げたが、彼は、これを無視して進み続けた。

しかしながら、塹壕と大砲の背後では、策謀に長けたジャン・ビュローが、この「中世の遍歴の騎士 paladin」を冷静に待ち受けていた。タルボットは小型の馬に乗っていたが、赤いビロードの外套で、すぐ、それと見分けられた。最初の一斉射撃で周りの部下たちがバタバタと倒された。それでも彼は持ちこたえ、自分の旗印を防壁の上に立てさせた。二度目の射撃で、その旗は吹き飛び、タルボットも倒された。フランス軍が塹壕から出てきて白兵戦になった。彼は、敵方に捕らえられたかと思うと味方に奪い返され、混戦のなかで兵士の短剣で喉を突かれて絶命した。

こうして、フランスにとってのイギリス人たちの災厄は完結した。死者の数は、伝令官たちの報告によると、四千人を数えたという。

ギュイエンヌ全体がフランス側に奪還され、ボルドーもまわりを全てフランス軍に占められて、いまや風前の灯火であった。海上でも、イギリスとボルドーの艦船は、ジロンド川の封鎖に来るフランス王の艦隊を阻止することができなかった。しかし、実際のところ「フランス王の艦隊」など

二度目の射撃で、タルボットの旗は吹き飛び……

はなく、それらは、ボルドー市のライバルであるラ・ロシェル市が送った十六隻の武装船とブルターニュが貸与した船団にホラントの艦隊、またフランス王がカスティリヤから借りた何隻かが加わったものであった。

大都市ボルドーは、イギリス人と雇われたガスコーニュ人の部隊が守備していたが、その数は、もはや糧食が入ってこなくなったこの都市には釣り合わなくなっていた。他方、この守備隊同士の間でも、利害得失が異なっていた。もし陥落した場合、イギリス人たちにとっての心配は捕虜になることだけだったが、ガスコーニュ人の場合は、ガスコーニュがフランス王国に併合されていたため「反逆者」として扱われる恐れがあった。すでに近くの要塞のイギリス人たちは個別にフランス側と交渉しているという噂が流れ、互いの間に不信感が高まった。

警戒したボルドー市民たちは、財産と生命の保証を求めて、フランス王のもとに交渉団を送った。王は、わざとはっきりした返事を避けた。代表団がいる前で、ジャン・ビュローが王に近寄って「陛下、わたしは砲撃に都合のよい場所を選ぶために、ボルドーのまわりを視察してきました。もし、陛下がお望みとあれば、ほんの何日かでボルドーを廃墟にすることを我が命にかけてお約束申し上げます」と言ったため、彼らは悲痛な思いに囚われて退出するという一場面もあった。

しかし、これはお芝居で、王は本心から平和的解決を望んでいたし、陣営のなかは、そうした熱気がみなぎっていた。彼は、降伏したボルドーに対して厳しいやり方を採らず、賠償金十万エキュを取り、有罪と思われる人々二十人を追放するだけで満足した。それ以外は全員恩赦となり、イギリス人たちも自由に出国することを許された。ボルドーは幾つかの特権を失ったが、この地方における首都の地位はそのまま残されたうえ、パリの高等法院からもトゥールーズのそれからも独立した高等法院が設置された。ボルドーの高等法院の管轄権はリムーザンとラ・ロシェルにまで及んだ。

こうしてイギリスは、フランスにおいて、カレーを除いてはノルマンディーもアクィテーヌも全てを失った。

ノルマンディーは、もう一つのイングランド自身であり、外見から見ても生産物からいってもイギリスの土地で、それ以後もずっと、イギリスは、目の前に見ながら、これを失ったことを悔やむこととなる。他方、アクィテーヌは、フランスにあるイギリスの楽園であり、オリーヴ、ワイン、そして太陽の光といった南方の恵みの宝庫である。イングランドがアリエノールとともにこのアクィテーヌと結婚したのは、ほぼ三百年前のことである。それは、花嫁というより愛人であり、イギリス人たちは、しばしばイングランド自体よりこのアクィテーヌを愛した。黒太子はボルドーをわが家と感じ、ロンドンでは異邦人のようでさえあった。

フランス生まれのイギリスの王子は枚挙にいとまがない。フランスで死に、フランスに埋めてもらうことを望んだ王子も一人や二人にとどまらない。ヘンリー五世の弟にして賢明なフランス摂政、ベドフォード公ジョンは、こうしてルーアンに埋葬された。さらに遡っていえば、リチャード獅子心王の心臓は、フォントヴロー大修道院の修道女たちに託された。

イングランドが失ったのは領地だけではなかった。二百年、三百年来のさまざまな努力と戦い、彼らにとって最良の思い出であった古い栄光も最近の栄光も失われた。ポワティエとアザンクール、ブラック・プリンスとヘンリー五世……。これらの死者たちは、彼らが征服した土地に生きていて、ついさっき死んだばかりのように思われていた。

イギリス人たちは、フランスにおける敗北の衝撃があまりにも痛烈だったので、内部での争いを忘れるのではないか、少なくとも休戦するのではないかと思われた。議会は《援助金 subsides》を慣例どおり三年間ではなく、「王の命のため」に出すことを議決し、アザンクールの二万の弓兵隊と同等の軍隊を創設することを可決した。

難問は、そのための財源をどう確保するかであった。国じゅういたるところが衰弱し、意気消沈し、厭戦気分に覆われていた。高慢から転じた恐怖は、不平不満と憤慨になり、意欲の低下を招いていた。そこには、議会が二万の弓兵育成の目標を一万三千に減らしたものの、一人も集まらなかったという悲しい秘密がさらけ出される危険があった。

神の手がイングランドの上に重くのしかかっていた。海外領地を失ったうえに、いまや本国の滅亡さえ現実となりかねなかった。イギリス人たちは、フランスで行うことができなくなった戦争を、自分の国土で始めたのである。音も聞こえず激しい戦闘光景もなく、一方が勝てば国の統一を回復されるという悲しい希望さえない戦いが始まったのだ。サマーセット公という指導者はいなくなったものの、ヨーク公はまだ統治を始めることができなかった。王権は消滅こそしなかったが、日に日に孤立し、人々から見捨てられていった。王は自分の領地を分割して臣下たちに与えたうえ、議会から何ももらえなくなったため、王国で最も貧しい人になった。夜、王が家族で食事するときも、王と王妃が食卓についていても、ろくな食べ物もなかった。

善良なヘンリー六世は、すべてを忍受した。高慢な貴族たちのなかで、ロンドンの最も貧しい市民のような服を着て、貧しく思いやりのある人々と交わりながら、困窮生活に耐えた。評議会に出る時以外は、歴史書を読んだり、聖書について思索することで時間を費やした。この苛酷な時代が彼に与えた渾名は「simple」(質素)であったが、中世だったら、きっと「saint」(聖)と付けられていたであろう。彼は全般的に、王の名に値しないように見えたが、ときとして、並の王を超越していた。彼には卑俗な用心深さが欠けていたが、その埋め合わせとして、天上の光に照らされたように見える瞬間があった。

この平和の人は、人生をさまざまな軋轢のなかで過ごし、自分に固有の権利についての際限なき論争に立ち会うという運命を課された。彼が語ったとされる幾つかの賢明な言葉によって、彼がその良心を安んじたのは、長時間の憑依によってであったことが分かる。彼は、生後七か月で王位に就いて以来、四十年間にわたって君臨した。彼の前には父親のヘンリー五世、さらにその前には祖父のヘンリー四世がいる。この祖父はエドワード三世の四番目の息子であったジョン・オブ・ゴーントの息子で、長男の黒太子の息子リチャード二世から王位を受け継いだのだったが、それが「簒奪」だったとしても、ヘンリー六世が誰かに譲り渡すことができただろうか? 彼の瞑想と祈りの長い時間のなかには、聖なる王を思わせる何かがあった。フランスでの度重なる英軍の敗北は、ランカスター家に対する一種の神の裁きであり、その徴ではなかったろうか？――ランカスター家は、教会によって、教会と一緒になって統治した。ところが、いまや、教会はランカスター家と距離を置くようになっていた。神は、この王国を支配してきたウィンチェスター枢機卿〔訳注・ヘンリー六世の叔父〕、国璽尚書のチチェスター司教〔王は、彼を最も賢明な貴族の一人として信用した〕、そしてイングランドの首座大司教たるカンタベリー大司教といった高位聖職者たちをランカスター家から引き離したもうたのである。

平和を愛する人々は去っていった。しかし、暴力を事とする人々も同じであった。サフォーク伯ウィリアム・デラポールは亡くなり、サマーセット公〔訳注・これまで出てきたエドマンドの息子ヘンリー〕はロンドン塔に閉じこめられ、王妃マーガレットは病に臥した。彼女は王子を一人生むが、この子は内戦の生け贄となる。〔訳注・ヘンリー六世とマーガレットの間には、一四五三年にエドワードが生まれるが、彼は一四七一年にに亡くなる。〕

かわいそうな王は、それまで支え、また支えようとしてくれた皆から置き去りにされ、ついには独りぼっちになった。彼の弱々しい精神は、義務を放棄して、よりよい地を求めて去っていった。このことで彼は、全く邪気のないまま、敵対者たちを困惑させた。

周知のように、イギリス法の理論では、王は完全であり、死ぬことも誤りを犯すことも、忘却することも錯乱することもありえなかった。したがって、摂政を設けたり、首座大司教を指名するには、王の絶対権を否定する言葉を王自身から得るか、少なくとも摂政設置の正当性を証明するように見えるなんらかの徴が必要であった。この形式主義の人々にあっては、《規範》を超える方法はなかった。王が自分の意志を理解させずしては、市民も聖職者も治めることができず、行政官も司教も《王の平和》も《神の平和》もなかった。《国家 l'Etat》は存在できなくなり、イギリスは法的に死んでしまった。

俗人と聖職者、それぞれ十二人から成る代表団がウィンザー城のヘンリー六世のもとへ送られた。「彼らは王が食事を済ませるのを待って、それからチチェスター司教が要求書の最初の何項目かを説明した。彼が何も答えないので、司教は、残りの項目を説明した。だが、王は一言も発せず、なんの反応も示さなかった。貴族たちが何かを嘆願し、何かを勧めても、効き目はなかった。そこで彼らは食事に行き、帰ってきてから、さらに王の身体に触れ、揺さぶってみたのだったが、言葉も発しなければ反応も示さなかった。そこで、召使いたちに、王を広間から別の部屋に移させ、ふたたび揺さぶり目覚めさせて言葉を引き出そうとしたが、やはり、この嗜眠症患者は、言葉も発しなければ反応もしなかった。王であるこの人物は、まだ呼吸もしたし食事もしたが、もう、話すことも聴くことも、理解することもできなかった。」 (Parl, Rolls)

わたしたちは、この物言わぬ贖罪の像の前で足を止めよう。この沈黙は、すべての人、すべての

王の身体に触れ、揺さぶってみたが、言葉も発しなければ反応も示さなかった

国民が聞き取れる言葉を声高に語りかけてくる。事実、この光景の前では、フランス人だのイギリス人だのは、もはやない。あるのは「人間」のみである。

とはいえ、わたしたちがフランスの視点から見たいと思うのは、ただただ、遺恨ぬきで、すべての後に残ったものを冷静に自問したいからに他ならない。

すでに見たように、イギリス人たちが大陸に遺したものは、廃墟だけであった。まじめで政治的なこの人々は、長期にわたる征服のなかで、ほとんど何も打ち立てることはしなかった。それにもかかわらず、彼らは、見間違いようもなくフランスの国のために奉仕したのである。

それまでフランスは、中世に普遍的な共同体的生活を営んできた。フランスは、「フランス的」である前に、「カトリック的」であり「封建的」であった。イギリスは、そのフランスを厳しく押し戻し、力ずくで自らに帰らせた。そのなかで、フランスがその民衆の生活の底へ深く降り、探し求めて見つけたのが「フランス」であった。フランスが、自らを国民として自覚できたのは、まさに、このライバルのおかげであった。

それでもなお、気持ちを鎮めるには、力強い男性的な慰めと深刻な思考が必要である。その場合、わたしたちは、しばしば海のほうへ、ラ・オーグ岬やダンケルクの海岸へ、重くのしかかってくる過去へ向かう。いまは、この《忘却の石 Pierre d'oubli》は、新しい教会（プロテスタント）との境界に移されるだろう。わたしたちの父親たちが破壊したものを再建するために、善良で信仰心厚い一人のイギリス女性がブーローニュに置いたものがそれである。

（原注・一八三〇年ごろ、ブーローニュのある修道院長のところへ一人のイギリス人の娘が訪ねてきて、ここにあった教会堂を昔、イギリス軍が破壊したことを知ったので、その償いとして自分が出せるのは二十五フランであるが、これを教会堂の再建のために役立ててほしいといった。修道院長はこの二十五フランで最初の石を買い、寄付を募って教会堂を再建したという）。

このことからも、誰が、この海に向かって、対岸の砂丘に向かって、「呪い合いを捨てて赦し合おう My curse shall be forgiveness!」と言わないでいられようか？

この点をもっとよく見てみよう。大西洋の波は、一方の岸から他方の岸へ、交互に寄せては返し、寄せては返ししており、そこには公平さが観察される。ここでは、その巨大な水とともに、大規模な人々の往復運動がはっきり見分けられる。ローマ皇帝とキリスト教を向こう岸へ運んだ潮流は、今度は逆に、ペラギウスとコルンバヌスをこちらへ運んできた。その後も、この潮は、ギヨーム（ウィリアム）征服王、アリエノール、プランタジュネット家の人々を押しやったかと思うと、返す潮はエドワードとヘンリー五世を連れてきた。アン女王のときはイギリスがフランスを模倣し、ルイ十六世のときは、フランスがイギリスを模倣した。昨日わたしたちフランス人に《自由》を教えてくれたのは、この偉大なライバルであったが、明日は、そのことを感謝したフランスが《平等》を彼に教えるであろう。そのようなのが、ここに見られる荘厳な均衡であり、それによって、一方の岸から他方の岸へ、豊かな土壌が行き来するのである。この海はけっして「不毛の海 la mère stérile」（ホメロス）などではない。

両者は、戦争まではしないが、その対抗関係は厳しい！　この二つの国民は、永久に互いに観察し合い、嫉妬し合い、模倣し合い、発展を競い合うのである。

「彼らは、求め合うことも憎み合うこともやめられない。神は、彼らを互いに向き合うようにされた。ちょうど、異様なまでに愛し合う二人が、一方で惹き合い、他方で避け合うように。なぜなら、彼らは、敵であると同時に親戚でもあるからだ。」

（ジョセフ・ド・メートル〔訳注・著述家。1753-1821〕）

第十二部　ブルゴーニュ公国の盛衰

第一章　フランドルでの戦争（一四三六〜一四五三年）

イギリスの老将タルボットが南仏ギュイエンヌに上陸したとの報がブルゴーニュの宮廷にもたらされたとき、フィリップ善良公の側近の一人は、思わず、こう言った。

「イギリス人たちがルーアンやノルマンディー全体でも巧くやってくれればよいのだが。」

この同じ瞬間に、北方ではフランドル人たちがブルゴーニュ公に対し武力蜂起しており、もしタルボットのギュイエンヌ上陸がなかったら、フランス国王シャルル七世はガンの町の宗主、庇護者としてフランドルを助けに来ていただろう、ということである。〔訳注・もしも、イギリス人たちがノルマンディに侵入してくれれば、フランス国王がブルゴーニュ公とフランドルの問題に介入することはないだろうということである。〕

そのうえ、フランス王とブルゴーニュ公の不一致は、それより以前、《アラス条約》〔訳注・

一四三五年、シャルル七世とブルゴーニュ公フィリップ善良の間で前者に対する後者の封建的臣属を解除することを条件に結ばれた和解〕が締結された日から始まっていた。フランス王家の分家でありながらブルゴーニュ公家は、次第に王家と敵対してイギリス人たちと結びつき、イギリス王家と血縁関係まで結ぶこととなる。母を通してランカスターの血を引いていた政略家のブルゴーニュ公妃イザベル〔訳注・善良公の三人目の妃、イザベル・ド・ポルテュガル〕は、息子〔シャルル軽率公〕をイギリス女性であるヨークのマーガレット〔訳注・エドワード四世の妹〕と結婚させる。このマーガレットも、継子のマリー〔訳注・マリーはマーガレットの前妻イザベル・ド・ブルボン（1465没）とシャルルの子。マーガレットがシャルルに嫁したのは一四六八年〕をオーストリアのマクシミリアンに嫁がせるが、マクシミリアンは、母方の先祖に何人ものランカスターを持っており、彼の孫であるカール五世は奇妙な婚姻の結果として、ブルゴーニュ人でありイスパニア人でありオーストリア人であるとともに、それらに三倍するランカスターの血を受けているのである。

これは、すべて憎悪から、愛の手段である同盟と婚姻により、女たちから女たちへ引き継がれた長期にわたる作業の結果であった。イザベル、マーガレット、マリーといったこれら低地諸国の「スカートをはいた王たち」は、一世紀以上にわたって、その美しい手で、フランスをそのなかに捉えることとなる巨大な布を織っていたのだった。

いまや、戦いは、一方にシャルル七世、他方にフィリップ善良公とその妃イザベル・ド・ポルテュガルの間に移った。それは、国王と大公の戦いというよりむしろ二人の王の間の戦いである。

ブルゴーニュ公フィリップは、二人の間では、やはり王なのである。

彼は、シャルル七世が彼に対して持っているより以上の影響力を王に対して持っていた。彼は、オセール〔訳注・パリの東南〕とペロンヌ〔訳注・パリの北東〕を足場にパリを間近から抑えていたし、さらにそのまわりは、従兄弟の《金羊毛騎士たち chevaliers de Toison d'or》がヌムール、モンフォール、ヴァンドームの要所によって制圧していた。

もし彼がフランスの中心部に入ってゆきたいと思えば、オルレアン公シャルルがロワール川を渡してくれた。大貴族たちは、国王が権力を強めれば強めるほど、ブルゴーニュ公に気持ちを移したから、彼は自分が働きかけないところでも影響を及ぼすことができた。他方で、国境地域については、戦いか相続によって、あるいは財力によって手に入れ、いまや王国を包囲するまでになっていた。

このようなブルゴーニュ公フィリップに対抗するのにフランス王シャルル七世はどのような武器を持っていたか？　上級裁判権がある。しかし、フランスの諸州は王に裁きを求めるどころか、むしろ王国に併合されることによって、そのひどい困窮ぶりを共有するのを恐れた。たとえばブルゴーニュ州は、ブルゴーニュ公から人的資源は求められたがカネを求められることはほとんどなかったので、王に掛かり合うことを全く望まなかった。

その反対に、フランス人ではないためにフランスの税制に侵食される心配のない国々は、あまり躊躇せずフランス王に助けを求め、裁判までいかなくとも、少なくとも調停を要請した。リエージュやガンがそうで、これらの都市は日常的にフランスと交流があり、フランス王のほうでも、さまざまな動きに対応するためや、ときには策動するために人材を配置していた。これらの都市は、攻撃をしかけてくる敵に対しては、それを跳ね返す民衆から成る強力な機械として、おおいに王のために役立ったからである。

ブルゴーニュ公にとっては、人口稠密で裕福なこれらの都市を持っていることは強みである反面、その不安定さは弱みでもあった。《死》が優位を占めた十五世紀という時代にあって、フランドルでは、一つの強力な生命が沸騰していた。生命に勝る美しいものがあろうか？　しかしまた、これ以上に不安定で統べがたいものがあろうか？

この国がいかに多くの混乱の芽を蔵していたかは、驚くほどである。フランドルは労働者の国であり、「労働」は「平和」の別名であった。フランドルの勤勉な織工は、聖アントニオスと聖パコミオス〔訳注・ともに、三〜四世紀にエジプトで活動し、修道生活の基礎を築いた〕を崇める敬虔な労働者であり、聖ベネディクトゥスの「修道士たることは働く人たることなり」との精神を受け継いだ「ロンバルディアのフミリアーティ humiliati」〔訳注・「フミリアーティ」とは謙虚な人の意〕の兄弟である。これ以上に神聖で平和的な人々がいるだろうか？

織工の生き方は修道士のそれと共通するものをもっていた。狭い街路と深い地下蔵の暗がりのなかで長時間労働と低賃金に耐えながら、神に感謝しつつ独りで働いているのだ。彼の信条は、人間が自身でできる唯一のことが愛し信じることだというにある。この労働者こそ「ベガール

beghards」(祈る人々)とも「ロラード lollards」〔訳注・行脚しながら病人を世話した贖罪者〕とも呼ばれた人々である。彼らは、子守歌に似た信仰の哀歌を歌いながら労働した。常に自らを子供であると感じていた彼らは、その不安と苦しみを眠らせるために神の前に跪き、子守歌を口ずさんだのであった。

その優しい女性的な神秘主義の奥にあるのが「ベガール」というよりも「ベギーヌ béguines」の精神である。彼らのなかのある人々は、生きながらにして《聖者》として崇められた。フランス王フィリップ三世ル・アルディ(1245-1285)は助言を受けるためにニヴェル〔訳注・ネイフェル。ブリュッセルの南にあり、七世紀に創建された尼僧院をはじめ、十一世紀に建設された教会がある〕に使者を送っている。一般的に彼女たちは、仕事場と学校が結合しており、そばに病院があって病人の介護に献身していたベギン修道女たちと一緒に生活した。

ベギン会は社会から隔離されていない開放的な修道会で、ベギン修道女は誓いを強いられることもなく(誓いを守るにしてもごく短期間であった)、終われば職人と結婚して、敬虔な主婦として過ごした。そうした家は、彼女のおかげで聖化され、薄暗い仕事場は優しい恩寵の光で輝いた。

「人間は孤独になってはいけない」——これは、どこでも当てはまる真理であるが、とりわけ雨が多く(ここには、氷に覆われた北国の詩情はない)、霧に包まれ、日が短いこの地方に当てはまる。《低地諸国》(フランス語で「Pays-Bas」)とは、遙かな内陸の奥から長旅をしてきたために疲れ果てて大洋に辿り着いた大河が砂と泥、泥炭を堆積して出来た国に他ならない。

そのように自然が物悲しいだけに、温かい炉辺が貴重である。他のどこにもまして、炉辺こそ家庭生活と労働、そして共同体生活における安らぎと幸せの場である。二階から上が街路の上に迫り出しているため、空間は狭く、陽当りもよくないが、フランドル人たちは競って窓辺で花を育てる。家のなかは、お互いの顔を見分けられないほど暗いが、そんなことは、どうでもよい。家族がそばにいるだけで心は満たされるのだ。必要不可欠なのは自然ではない。田舎へ行って燦々たる太陽の光を浴びるよりも、妻や子供たちの眼の輝きを見られるほうが遙かに幸せではないか?

家族と家庭。――その基盤が愛である。彼らは、同業者信心会やコミューンにも、「リールの友情 amitié de Lille」「エールの友情 amitié d'Aire」等々というように、愛または友情を謳う名をつけた。いわゆる《ギルド ghilde》の根底になっているのも犠牲的精神をもってする相互貢献である。各人のためにみんながあり、みんなのために各人がある。クルトレー〔訳注・コルトライク。一三〇二年、フランドルの市民軍がフランス騎士軍を打ち破った戦い〕に人々が結集したときの合言葉が「わが友、わが盾」であった。

美しい簡素な組織。都市のなかにあっては、各人、各家族が都市のためにカネを惜しまず、都市の求めに応じた。フランドル伯も皆と同じように、その「フランドルのハノタン Hanotin de Flandre」というささやかな名前にふさわしい家を持たなければならない。友人たちや信心会の家族それぞれも、同様に、競って家の内外を彫刻や絵画で飾り立てた。とくに都市の施設である『友愛の家』はカネに糸目を付けないで飾り、前面を大きく取り、十里離れた隣町からも野原の地平線の上に空をついて聳えて見えるほどの高い塔が建てられた。

その手本というべきがブリュージュ（ブルッヘ）の塔で、ほっそりしているが威厳を湛え、その足元の市場では、十七の諸国から集まった宝物が商われた。イープル（イーペル）の取引所のファサードは、全長がパリのノートル＝ダムのそれを百ピエ上回り、他を圧倒している。最大の帝国にこそふさわしいこの建物を、このような小さな町のなかで突然眼にした人は、その壮大さの前に言葉を失う。この建物の独自性は、そのフォルムと調和性、プランの統一性にあり、そこには、建設に要した長い年月の間、この町を支配した意志の統一があったことが窺われる。あなた方はそこに、一人の人間のように意志をもった民衆と、一世紀以上に及ぶ持続的な《友愛 amitié》を感知されるであろう。

これは、すぐ隣り合って聳えている《神のカテドラル》に、高さにおいて引けを取らない《人民のカテドラル》である。これらの都市が自らの生きる目的をとことん追求し、この《人民のカテドラル》がその使命を全うしていたとすれば、「友愛の家」はついには町全体を、――商人の売り台だけではなく、職人たちの工房、各家庭の炉や食卓をも統合したものとなり、その鐘楼は各街区、各信心会、各裁判区の鐘楼を結合したものになっていたであろう。

これらのあらゆる声を超えて厳かに鳴り響いたのが「法のカリヨン」であった。ブロンズ製のこの鐘を鳴らす鐘打ち人形のマルタンあるいはジャックマールは、同じく鉄製の妻のジャックリーヌとともに、町一番の年長者でありながら最も陽気で、およそ疲れというものを知らない。彼らが一時間ごとや十五分ごとに昼も夜も唄う「Quam jucundum est fratres habitare in unum」〔訳注・「一つ家に住む兄弟は、なんと幸せであることよ」の意〕は、愛で結ばれて労働する人々の理想と夢がそこにあるということだろうか？　だが、悪魔は嫉妬深い。

悪魔に広い場所は要らない。彼は、つねに最も神聖な家のなかに隠れ場をもっている。悪魔が捕まるのは、ベギン修道女の小さな部屋である。ルーカス・ファン・レイデン（1494-1533）〔訳注・画家。レイデン市会議場の「天国」「地獄」「最後の審判」の三幅対が代表作〕がその告示を引き出したのが、まさにそこからであった。悪魔はありふれた家庭の小さな庭でも見つかる。彼を隠すには、美しい百合の一枚の葉で充分である。

一枚の葉っぱどころか、呼吸の一息、口ずさむ歌でも充分である。ついこの間わたしたちが耳にした織工の哀歌はすべて神を讃えたものというのは確かだろうか？　彼が口ずさむ歌は、教会の儀礼的雰囲気も同業者信心会の格式ばった空気も思い起こさせはしない。この郊外の隠遁者、野や森の隠者の秘密の思想とは、どのようなものだろうか？　福音書に述べられている「最も貧しき者こそ最も偉大なり」という言葉が彼の身に読まれる日がいつ来るのだろうか？　世に捨てられ神の養い子となった彼は、父の遺産として、この世を要求するつもりだろうか？

周知のように、フィリップ・ファン・アルテフェルデ（1340-1382）〔訳注・ガン市民を率いてフランドル伯（フランドル伯は、一人娘のマルグリットを経て一四〇五年以後は彼女が嫁したブルゴーニュ公家の兼務となる）に反抗したが、敗れてローゼベケで殺されたラシャ商人〕は《ロラード lollard》〔訳注・贖罪のために病人を世話しながら行脚した集団〕の生活を送っていたが、ある朝、エスコー〔スケルデ〕川でフランドル人たちの暴君を釣り上げた夢を見た。このレイデンの仕立屋の王は、布を裁断するように諸王国を裁断する使命を神から託されたと考えたのだった。

これらの神秘主義的労働者は、一つの混乱の要因を宿していた。それは、まだ漠然としていたが、表面に表れている騒がしい嵐よりもずっと危険なものであった。地下の工房や穴蔵では、聴く能力をもった人には、やがて来る革命の微かで遠い地鳴りが聞こえていた。

当時の規範では、《ロラード》は教会とコミューンのため、織工は同業組合のため、田園は町のため、小さい町は大都市のために存在するのであって、小さい町はあまり塔を高くしすぎないことが大事であった。また、職人は、明確な承認を得ないで品物を作って売ったりしないよう気をつける必要があった。これは厳しい規範であったが、もしもフランドルが別のやり方をしていたら、生き残ることはできなかったであろう。もっとはっきりいえば、明らかにフランドルは決して存在しなかったであろう。

このことは、説明を要する。

フランドルは、いわば自然に逆らって人間が作り上げた国である。その西側部分についていうと、一二五一年にはブリュージュのすぐそばまで海であったのを埋め立てて陸地にしたのであった。したがって一三四八年にいたるまで、土地を売買する場合、もしその土地が十年以内に海に逆戻りしたときは、契約を解消する旨が明記されていた。

他方、東側の部分は、淡水との戦いによって生み出された。この地域は多くの水路が横切っており、堤防を築き、排水し、干拓する必要があった。今日では、もっとも乾いた土地のように見える部分でも、地名から、そこがかつては水に覆われた土地であったことが分かる。

当時は人口も少なかったから、水に覆われた不健康な土地を田園に作り変えるには、厳しい労働と莫大な先行投資をし、とりわけ忍耐強く待つことが必要であった。それは、幾つかの有力な都市で工業が発展し、人とカネが蓄積され、その有り余る人口によって郊外地や市場町、小集落が形成され、その小集落が町に成長したとき、はじめて現実化していったのだった。

このように、全般的にいって低地諸国では、田園は町によって創出され、土地は人間によって造成されたのであって、農業は、ほかの産業の成功から生み出された最後の産業だったのである。国をゼロから創り出し、それを基盤にして、至高の地位と特権を享受したのが工業で、その中心として、フランドルを支える三本の脚となったのが、ガンとイープル、ブリュージュの三都市であった。この三つの町からすると、それ以外の町や村の大部分は、あたかも植民地や属国のようであった。事実、多くの小都市が連なるフランドルの田園地帯は、これらの町の庭園であり、中心都市に聳える塔から目の届くところ、場合によっては、鐘の音が届く範囲にある小都市は、この中心都市にすべてを依存していた。小都市のほうも、これらの盟主である都市との近さからさまざまな利益を享受し、その威光に守られた。

フランドルの工房は世界のために優れた品物を製造したし、世界のほうも、それこそヴェネツィアからもベルゲン（ノルウェー）やノヴゴロド（ロシア）からも、フランドルに品物を買い付けにやってきた。このようにして、世界の富がフランドルの地に集まり蓄積され、その富によって多くの人民が養われたのであって、それがなかったら、不健康な低湿地を人間の住める土地に変える大事業は達成されなかったであろう。したがって、外国の人々にすれば、「フランドルを造ったのは我々であり、我々がここを支配するのだ」と言うことさえできるほどであった。

しかし、フランドルを統治することは栄誉ではあるが、骨の折れることであったのは間違いない。職人が《ガンの名士 Messieurs de Gand》という名誉を手に入れるには高いカネを払う必要があり、その権限を維持する代価には何日もの労賃を要した。その間、町の鐘の音に応えて集会に出席し、選挙に参加し、頻繁に戦争に駆り出された。武装して集まることを「ヴァペニング wapening」といい、これは、ゲルマン人たちが誇りをもって維持してきた美しい権利であったが、だからといって、ひどく厄介なものであることに変わりはなかった。仕事をする時間は減り、そのくせ、人口稠密な都市では、食糧を入手するのに高いカネがかかった。このため、権利を持つ多くの労働者たちは、生活費が安上がりの近くの町で生活するほうを望むようになったことから、都市は近郊での労働を禁止する命令を出したり、新興の小都市の産業に圧迫を加えるようになる。そこから憎悪が生まれ、トロイ戦争やエルサレム戦争を思わせる暴力の応酬が生じた。

主要都市は、小都市やフランドル伯と確執を起こしてでも周辺の町や村に対する支配権を維持しようとした。そうした抗争の原因はさまざまであったが、その大きなものが河川の流路を巡る争いであった。イープルは、ガンからダメへ、ダメからニューポールトへ迂回してゆく古い運河のコースを端折ってイーペルレ運河を航行できるよう掘削して輸送距離を縮めようと計画した。他方、ブリュージュは、ガンの利益を無視してリュス川の流れを変えようと企てた。

ガンは、もともとの自然条件からいって、さまざまな河川が近くを通る恵まれた地で、あらゆる新しいものが集まってくる中心であった。ブリュージュ側はフランドル伯やフランス王から支援を引き出し、ローゼベケの戦いではガンのほうが敗れたにもかかわらず、ガンの優位は変わらず、リュス川の古くからの水路は維持された。イープルの企みは、もっと簡単に破られ、せっかく掘削したイーペルレ運河は埋め戻された。

十四世紀を彩ったこの水路を巡る争いは都市同士の間で繰り広げられたもので、フランドル伯は脇役を演じたにすぎなかった。ところが、十五世紀になると、都市と伯の間の抗争が主役となる。しかし、都市同士は十四世紀から引き継がれた亀裂のために協力が成立せず、これが諸都市の敗北を招く。一四三六年、ブリュージュはガンの支援を得ることができないため、自力で苦難を乗り越えなければならなかった。一四五三年には、こんどはガンが危機に直面し、ブリュージュから支援を得られず、敗れ去らなければならなかった。

〔訳注・一四三五年にアラス条約でブルゴーニュ公と和解したフランス王シャルル七世は一四三六年、パリをイギリスから奪還して国内を統合。ブルゴーニュ公もフランドル諸都市の鎮定に乗り出し、一四五三

年にはガン市の反乱を鎮圧した。〕
一四三六年にブリュージュが反乱を起こすきっかけになったのはカレー包囲戦〔訳注・イギリス軍からカレーを奪還するためにブルゴーニュ公フィリップ・ル・ボンが行った〕であった。このときフランドルの人々は、イギリス自身が織物製造に力点を移しフランドル商品を排斥しはじめたことから、イギリスに対し反感を募らせていたので、このイギリスの唯一残った拠点であるカレーの攻囲に喝采を送り、市民軍を出した。フランドル市民軍は教区旗を連ね、長期戦を覚悟して家財道具や家禽類まで携えて出撃した。
ところが、その彼らが突然、引き返したのである。その言い訳として彼らが言ったことは、フランドル伯の他の家来たちが全く支援しようとせず、海上からのホラントの援軍も陸上でのワロン地方の貴族軍の援軍もなかったからだということで、この言い分には根拠がないわけではなかった。彼らは、この遠征の失敗が援軍の欠如にあったことから、自分たちで正規軍を編成する権利を要求したが、この要求は無視された。
フランドル人たちは憤りと恥辱に囚われ、あらゆるものに非難の矛先を向けた。ガンは退却を命じた同業組合の長老を死刑にした。ブリュージュは、自分たちの家来と見ていたエクリューズ（スロイス）の人々がブリュージュの旗のもとに従わなかったこと、また、海を守り海賊を駆逐してもらうべく海岸地方の貴族に手当を支払ったのに、その責務が果たされなかったことを非難した。この問題では、とくに農民たちは、イギリスの海賊たちによって田園を荒らされたうえに、五千人もの子供をさらわれており、海賊行為を働くイギリス人たちの駆逐に港湾都市の貴族たちが取り組まないばかりか、彼らに食糧を売却していたことが判明し、激怒して、ホーンの提督とゼーランドの財務官を殺している。ゼーランドとホラントは、明らかにイギリスと気脈を通じており、カレー包囲戦でも全く動こうとしなかったのである。

ブリュージュでは鍛冶屋たちは「裏切り者連中を殺さないかぎり、すべてが悪くなるばかりだ。ガンの人々がやったことに倣う必要がある！」と叫んだ。ブリュージュ市民は、リュス川の件以来、ガンを嫌っていたから、この後半の言葉は反発を買うところであったが、ブリュージュで絶対的な権力を握りハンザ同盟を推進していた商人たちが、この反乱に同調した。ブルゴーニュ公フィリップがホラントとフリージアでハンザ同盟に対し戦いをしかけていたことが、ブリュージュとガンを反ブルゴーニュ公で結束させたのであった。いずれにせよ、ブリュージュに対し、ハンザ都市から小麦五千袋が援助として送られたことは確かである。

ガンはブリュージュより先に反抗を始めたが、終息するのも早かった。外部世界とのつながりが濃厚な商人の町であったブリュージュに比べて、職人の町であるガンの市民たちは、収入も少なく、少しの間でも仕事が停まると、たちまち困窮しはじめ、海岸地方の支配権をブリュージュから奪取するどころではなくなった。もしブリュージュのほうが先に事を起こして失敗していたら、小心翼々たる形式主義者のガン市民たちは、ブリュージュの失敗を教訓に、もっと慎重に行動していたに違いない。

封建的誓約では、臣下は主君の生命と身体、その奥方を尊重しなければならなかった。ブルゴーニュ公フィリップは、その点を計算してブリュージュに入ったのであったが、あやうく一命を取り留めた。というのは、勇気において夫に引けを取らなかった公妃イザベルは、徹底的に威圧を加えようと考えてガンに残り、一四四四年には、『カベリオー cabéliau の乱』〔訳注・『カビロー cabilau』ともいう。「鱈」の意〕を鎮めようと努力したのであったが、このとき公妃は、代官ラノワを殺そうと殺気立った群衆のために、もしかして公妃が匿っているのではないかと、ローブの下まで探索される事態に直面している。

ある日、鍛冶屋たちの長老が「平和を回復して商売を再開しようとする者が誰もいない以上、わしが、それをやる以外にない」と言って市場に組合の旗を立てた。この動きに多くの労働者たちが同調することが心配されたが、事態は逆の方向に動いた。鍛冶屋たちの味方をしたのは、これによって貴族政への反動を企んだ貴族を顧客に持つ金銀細工師や「肝臓喰らい mangeurs de foie」と渾名された裕福なブルジョワたちだけであった。織工たちでさえ、ひどい分裂状態に陥っていた。しかし、最終的には彼らも、イギリスから原材料の羊毛がもはや入ってこなくなり、しかもイギリス自身が織物産業を始めていたので、このままでは自分たちは餓死するほかはなく、なんとしても平和を回復する道を支持した。

一人の尊敬すべき市民が指揮官に指名された。この指揮官がフランドル伯の承認を得てフランドルに樹立したのは一種の独裁制であったが、彼が市民軍を率いてブリュージュに向かったことは、

ある日、鍛冶屋たちの長老が……市場に組合の旗を立てた

ガン市民を満足させた。彼は、ブリュージュに対して、フランドル伯の調停に従うよう、そしてエクリューズとルフランの独立を認めるよう通告した。怒ったブリュージュ市は、その報復として、クルトレなどガンに従属している町に密使を送り、ガンからの離反を唆したが、この使節は捕まって斬首されてしまう。ガン市民軍の指揮官は、周辺諸都市にブリュージュへの食糧供給を禁止し、ブリュージュの人間が現れたら警戒の鐘を鳴らすよう命令するなど封じ込めを強化した。これで、ブリュージュは譲歩を余儀なくされ、ルフランをフランドルの第四のメンバーとして認めた。

こうして、フランドル都市の三位一体体制が壊れたことは、フランドル伯にしてみると、歓迎すべき成果であった。しかも、それをガンにやらせることによってガンを憎まれ者にし孤立させることができたのである。この悲しい勝利のあと、ガンの立場はさらに弱くなったのであったが、ガンは、自分たちを抜きにしてはフランドル伯はフランドルを平定できないという思い上がりに囚われた。

では、これ以後、フランドルの旗はガンのそれになるか、それとも伯のそれになるのか？　このことはいずれ、一つの戦いが決着をつけることとなろう。

ブルゴーニュ家お雇いの年代記者たちがなんと言おうと、ガン市民が大きな役割を演じるに値しなかったとは見えない。たしかに、ガンの職人たちはひどく閉鎖的で、とくにブリュージュの商人たちに比べると世界について無知で、そのうえ、目先の利益に夢中になる癖があった。だが、だからといって、彼らが政治的直観を示さなかったわけではなく、勇敢で精神的一貫性があり、ときには節度を見せた。

結局、ガンがフランドルの中心であり原動力になったのは、この町を幾つもの河川が通過しており、人々が集まってくる中心であったからである。多くの河川が集まってきているおかげで、二十六もの町が一つの都市さながらに塊り合い、「裁きの橋 pont de Jugement」において結婚するにいたったのは、理由のないことではなかった。

東部フランドルの上級裁判所は、事実上ガンの助役が牛耳っていた。近隣の町も、それなりに上級裁判所を擁していた（たとえばアロスト（アールスト）県だけで小郡百七十、公国二つ、多くの男爵領から成っていた）が、すべてガンの管轄に属していた。大きな町で実力ももっていたクルトレとオードナルドも、ドイツ帝国領で「太陽の封地 fiefs du soleil」と称されたアロストとデンデルモンド（テルモンド）も、ガンに上訴しに行き、ガンの法律に従い、ガンを審判者として認めざるをえなかった。ドイツの古い格言が言っているように、この審判者は、しばしば「怒れる獅子 lion courroucé」ぶりを示した。

奇妙なことに（そして、これは、フランドル人たちの家門と慣習への極度の固執によってしか説明できないことだが）、中世フランドルの工業都市は、今日の大都市のような人口の流動性をもっておらず、人々は工業や商業による生き方とはおよそ無縁なゲルマン法の精神に忠実であった。したがって、ここで重要なのは、フランドル伯とある町との個別の抗争ではなく、二つの法律と精神の間の根深い戦いであった。

低地ドイツだけでなくドイツ人全般的にいえることだが、彼らは、わたしたちのような他のどこかの人間（autres Welches）とくに成文法しか頼りにしない疑り深い南国人には、あまり敬意を抱かない。彼らにとって法律は人間の良心と誠意への確固たる信頼に基づくもので、耳で聴くものであった。フランドルで重要な裁判集会は、自由な人間が真理を共有するための集いであり、あくまで「真理の率直で平和的な解明」をめざすものであった。各人は、たとえ自分にとって不利であっても、ほんとうのことを話さなければならなかった。被告人は自身の証言によって正当性と無実を主張することができた。実際は必ずしもそのとおりでなかったにしても、これがゲルマン法の理想であった。

共同体メンバー全員がいつも集まるわけにはいかなかったから、裁判は「法 loi」〔訳注・「法律家」「代訴人」の意味もある〕と呼ばれた何人かによって行われた。この選ばれた人々が審議した結果として宣告された刑は、議長であり《正義の剣》を帯した「vorst」（原注・フランス人たちは、これをたまたま発音が同じ「フォレスティエ forestier」と訳した。フォレスティエは森林監視人のこと）によって執行された。「vorst」とは「伯 comte」のフランドル本来の呼称で、裁判は彼が必ず主宰した。代理人にゆだねた場合も、この代理人は伯本人とみなされた。同様にして審判団である「loi」も、メンバーの数は少なかったが、民衆全体であった。上告は認められず、下された判決は直ちに執行された。そもそも、上告するといっても、誰に上訴するのか？　伯にか、それとも民衆にか？　裁判はこの両者が臨んで行われたのであるから、不可謬であった。人民の声は神の声であった。

しかし、フランドル伯とブルゴーニュ人やフランシュ＝コンテ人の法律家たち（レジスト légistes）は、こうしたフランドル人の原初的規範を理解しようとは全くせず、これらの言葉のフランドル的意味を無視して、あくまでローマ法的に解釈し、行政官（magistrats）を任命し、そこから「loi」を選べば充分であると考えた。

この二つの法体系は全く相反するもので、形態に現れたものも、それに劣らず対照的であった。フランドル人たちの手続きは口頭での申請で、簡素でカネもかからなかった。時間の価値にシビアな労働者たちにとっては、これが適していた。加えて、無味乾燥なくせに煩雑で散文的な文書による手続きとは反対に、古くからのゲルマン的やり方は被告と原告、証人、判事たちを俳優とする演劇性と詩的象徴性に溢れていた。

普遍的でほとんどどこでも共通に用いられたシンボルが幾つかあった。たとえば、契約の際の折られた藁しべ、教会に預けられる証拠の土塊、正義の剣、鐘などで、とくに鐘は共同体の全員の心が共鳴する偉大なシンボルであった。それに加えて、たとえばリエージュの場合は赤い扉の環、イープルの場合は猫という具合に、町ごとに独自の表象があった。

こうした古いフランドルの慣習は、現代の知恵の高みから見ると、まじめなことのなかに挿入された遊びであり、この芸術的な民衆が裁判に持ち込んだ娯楽、滑稽味を加えた「動く絵 tableau en action」であり「法律のテニールス Teniers」〔訳注・テニールスは十七世紀フランドルの画家で、このテニールスのやり方で人物や風景を描いたフランドルのタペストリー」としか思えないかもしれない。他方、もっと理性的に見る人は、過去の宗教の名残であり、地方的精神による中央への抗議の表れと見るであろう。彼らにとってこれらの表象やシンボルは、身体で実感できる解放であり、そうした自由が消滅しつつあっただけになおさら、彼らは、それを守ろうとしたのである。

「ああ、自由こそは尊きかな！　Ah! Freedom is a noble thing!」

（原注・シャトーブリアンが『英文学試論』のなかで挙げているバーバー John Barbour（1316?-1395）の詩の一句。ペトラルカの「Libertà dolce e desiato bene」と比せられよう。）

上訴は、村から町へ、町から都市へ、都市から伯へ、伯から国王へ、というすべての段階で異議を申し立てることができたが、みんなにとって不愉快なことであった。なぜなら、裁判の段階があがるにつれて、地方の法廷から遠ざかり、土地の慣習や古い裁判上の慣習も次第に無視され、抽象的・一般的・散文的・反象徴的性格を帯びていったからである。合理的性格を強めると、ときとして納得性は弱まった。というのは、この国では他のどこよりも、さまざまな事件に地方的事情が反映しており、そうした事情を考慮してこそ真実を明らかにできるにもかかわらず、上級裁判官たちは、そんなことには配慮を示さなかったからである。

裁判権をめぐる戦争は、一三八五年に武器による戦争が終わるや始まった。〔訳注・フィリップ・

ファン・アルテフェルデに率いられたフランドルの反乱軍がフランス軍によって鎮圧されたのは一三八二年で、一三八五年にブルゴーニュ公フィリップとの間でトゥルネの和約が結ばれた〕このローゼベケの勝利によって、フランドルを納得のうえで服従させるよりも力ずくで打倒するほうが容易だと見て取ったフィリップ豪胆公は、自由権を与えると誓約しながら、それをじわじわと侵害するやり方を採用した。彼は、フランス側のリールに裁判所を設置したが、これは、裁判について相談に応じる人と会計士が二人ずついるだけのごく小さな裁判所であった。その職務は、「教会と未亡人、貧しい労働者そのほかかわいそうな人々」を貴族や騎士たちから保護し、必要とあれば、伯の役人たちの罪状も調べ、「真相が明らかにされえない不正を暴く」ことにあった。加えて、拷問などの設備はなく、手続きは簡単で、検事もいなかった。

この小さな裁判所にみんなが詰めかけるようになったので、あらゆる事件が「真相が明らかにされえない事件」に属することになっていった。だが、フランドル人たちも、やられっぱなしにはなっていなかった。彼らは、このフランス側の裁判所に対抗して争うよりも、自分たちがブルゴーニュ公以上にフランス人になってパリ高等法院の直接の管轄に委ねることにより、ブルゴーニュ公を困惑させるやり方を選んだ。

しかし、フランドル人たちは、腹の底では、フランスにも神聖帝国にも依存したくはなかった。シャルル六世の時代には、フランスも神聖帝国もほとんど崩壊状態で、ブルゴーニュのフィリップ豪胆（一四〇四年没）のあと、息子のジャン無畏公（1404-1419）さらにその息子のフィリップ善良公（1419-1467）がいるため、フランス王がフランドル人に対する宗主権を主張できる状態ではなかった。その間、ジャン無畏公は、リエージュとオルレアン公を倒したときから、フランドル人たちの自由に対し介入を始め、ガンに上級法廷を設け、そこで上告を受け付けた。そこでは、普通にフランドル人を裁くのにはフラマン語が用いられたが、非公開の審理ではフランス語が使われた。

このときガンに設置された上級裁判所は、民衆の反発を買い、大したことはできないまま、ジャン無畏公の死とともに自然消滅した。しかし、それに代わったフィリップ善良公は、エノーとホラントを掌握し、フランドルを左右から抑えると、再び裁判所を設置した。とはいえ、この裁判所にあえて訴え出る人は少ししかいなかった。このころすっかり力を失っていたイープルでさえ、支配下のある小さな町がここへ上訴したことで厳しく罰している。

フランドル人たちは、むしろ、最も遠い存在であるフランス国王に上訴するほうを好んだ。たとえばイープルと抗争状態にあった村々は、リールにいたフランス王の役人のもとに問題を持ち込んでいる。別の件になるが、イープルとカッセルは、直接パリへ上訴に行っている。こうした風潮のため、フランス王と神聖ローマ帝国皇帝という二人の宗主を持つブルゴーニュ公は、ますます複雑な訴訟の錯綜に巻き込まれていった。

神聖ローマ皇帝がブルゴーニュ公に求めたのは《臣従誓約》であったのに対し、フランス王が求めたのは《臣従誓約》ではなく自らが裁判権を行使することであった。一四三五年のアラス和約では、フランドルからの上告はパリ高等法院が受理する義務を負うことが定められている。かつては、マコンからの上告はリヨンの高等法院が、オセールからは上訴はサンスが受け付けた。〔訳注・マコンもオセールもブルゴーニュ公領にあったが、フランス王が設けたリヨンやサンスの裁判所に裁きを求めなければならなかったのである。〕これらの司法上の要求にはそのうしろに税務上の従属関係が付随したので、簡単に容認するわけにいかなかった。

国王は、ブルゴーニュ公支配下のフランス諸州にあっても、貨幣鋳造権や人頭税・塩税・ある種のワイン税の徴収権、称号の授与権は、一度たりとも放棄したことはないと主張した。それに対しブルゴーニュ公も、譲歩する気はなく、境界線を越えて入ってきた王政府の執達吏を殺させるため、商人に変装した家臣を養っていたといわれる。他方、王の役人たちも、ブルゴーニュ公支配下のフランシュ＝コンテ人がローヌ川のこちら岸にある所有地に草刈りにくるのを認めようとしなかった。ローヌ川を渡るには税を支払わなければならず、この境界線付近では常に争いが続いた。

すでに述べたように、フィリップ善良公はイギリスに捕らえられていたオルレアン公を請け戻し、ヌヴェールで貴族たちの集会を行わせることによって国王を困惑させようと考えた。この貴族たちの集会は、力の裏づけに欠けるため、陳情書を出すことしかできなかったが、ブルゴーニュ公は、こうした策謀だけでなく、神聖帝国においては、ただ策謀をめぐらしただけでなく、実際に軍事行動を起こすことによってルクセンブルクを手に入れている。そのため、一四四四年、一方ではホラントで内戦が勃発し、他方で、王太子（のちのルイ十一世）の旗を掲げたフランス人とイギリス人から成る部隊がスイスをめざしブルゴーニュを横断したとき、事態はどうしようもないほど複雑化した。

アンジュー家は、この部隊がスイスまで到着しないうちに、国王シャルル七世を焚き付けて戦争をさせようとした。しかし、王にしてみると、イギリスとの戦いが決着しないうちにブルゴーニュに戦いを仕掛けるのは狂気の沙汰であった。アンジュー家は、この仇敵に対して行動を起こせないので、オルレアン公やブルボン公がやってきたように、また、このあとブルターニュ公がやるように、ブルゴーニュ公に対し融和策を採ることにした。これを勝ち取った功績は、フィリップ善良公の妃（イザベル・ド・ポルテュガル）に帰する。

彼女は、国王に頼んで、フランドルの上訴を受け付けるのを九年間先延ばししてもらった。この先延ばしを歓迎したのはフランドル伯の顧問会議であり、フランドル伯と敵対していたフランドル人たちにとっては喜ぶべきことではなかった。彼らにとっては、自分たちの権利を侵害してくる敵ということでは、遠方にあるパリ高等法院よりも、近くにあるフランドル伯のそれのほうが、ずっと厄介かつ危険な存在であった。

そもそも、フランドル伯がフランスと神聖帝国に対して保持していた独立性は、武力と策謀によって獲得したものであって、その費用の負担は、基本的にはフランドル人にのしかかった。裁判権とその延長線上にあるすべての問題は、ますます援助金（subside）の問題を深刻化したうえ、フランドル伯領の独立性と自尊心を支えるために都市は日々に苦しみ、個人は自分の利害、カネの問題、つまり仕事で苦しんだ。なぜなら、戦争や祭、貴族たちの贅沢を支えるために、労働者は何時間も余計に働かなければならなかったからである。

税は、ただ重いだけでなく、その種類も異様なほど多かった。州による不平等もがまんできないほどであった。というのは、もともとフランスの一部であるブルゴーニュとフランス系のワロン地域であるエノーは、ブルゴーニュ軍騎兵隊の人員の補給源になっていて（「aides nobles」と呼ばれていた）経済的負担は押しつけられなかったのに対し、フラマン人の職人たちに求められたのは「農奴の貢租 aide servile」と呼ばれた経済的負担で、しかも、そのカネは、提供した人々を抑圧するために使われたから、その不平等はフランドル人たち（Flamands）を深く傷つけていた。

一四三九年は戦争のない平和な年であったが、オルレアン公（シャルル）の身柄を買い戻すために莫大な税が徴収された。自分たちの領主の身代金のために領民に貢租が課せられるのは、よくあることであったが、領主の再従兄弟《はとこ》〔訳注・フランドルの領主、ブルゴーニュ公フィリップ善良とオルレアン公シャルルとは祖父同士が兄弟〕の身代金のために負担を課せられるというのは前例のないことであった。しかも、徴収されたカネの大部分は、ブリュージュの商人と外国人のための祭に使われたのだった。このあとも、フィリップは、二年近くブルゴーニュで祭と騎馬槍試合に明け暮れ、それからルクセンブルクへ戦争に出かけたが、これらの贅沢代と戦費だけでなく、遠く離れた南仏の地でアルマニャック軍との戦費もフランドルが払わされたのである。

最後に、ブルゴーニュ公フィリップは、不満の温床であったガンにやってきて、フランドル人たちに自分が如何に恐るべき君主であるかを見せつけるために、《金羊毛騎士団 Toison d'or》の集会を麗々しく挙行し、自分を支持している諸侯のいわばレビューを行った。ガンの市場広場では古式にのっとった槍試合を行い、ブリュージュの転落、ついでガン失墜の機縁となったカレー攻囲戦挫折の「功労者」になったゼーランド人たちの一人に黄金の羊毛を授けるなど、困窮生活を強いられている民衆の前で、これ見よがしに豪勢な催しを繰り広げた。このようなことが民衆の心を静めるものでありえないのは当然で、自分たちから搾り取られた貴重な税がこのようにして浪費されていることに、いつ怒りが爆発するか知れなかった。

しかし、これで危険を冒しても大丈夫だと自信を強めたブルゴーニュ公フィリップは、同じ一四四八年、塩税をかけることにした。塩税が嫌われた理由はたくさんあるが、とりわけ大きい理由が、塩税はすべての特権を無視して、あらゆる人に重荷としてのしかかったことである。貴族や金持ちのブルジョワも例外ではなく、彼らはこれを、自分たちのメンツを潰すやり方だと受け取った。

ここで重要なのは、ブルゴーニュ公がフランドルでこのように大胆な試みをしても国王側は動かないと確信したのは何故だったか？という点である。彼は、この国を混乱させるためによい友人を一人フランス国内に持っていた。現在国を治めている王シャルル七世の後継候補でありながら対抗している王太子ルイである。

彼は、若々しさも子供っぽさもなく、生まれながらに並外れた心配症で腹黒く、その治世に行うことになる「大貴族狩り」を、十四歳にしてジル・ド・レ相手にブルターニュで、ついではアルマニャックでやってのけた。十六歳のとき（一四三九年）には、父王を王座から引きずり下ろそうとしたが、逆に武力を取り上げられてドーフィネに追い払われた。その後、ディエップ、ギュイエンヌ、スイスに姿を現し、ルエルグ地方の一部とコマンジュ、シャトー＝ティエリを手に入れた。これらは、足場としてはかなりのものであったが、分散しており脆弱だったので、どこか一つ、大きな州、たとえばノルマンディーとかギュイエンヌ、あるいはラングドックを手に入れ、それを基盤に残りの全国をものにしようと考えた。

父のシャルル七世は、もしブレゼ〔訳注・ブレゼ家は多くの有力者を輩出しているが、シャルル七世に仕えたのはピエール二世で、ミシュレは彼を「当時最も完璧な人物」と称賛している〕という賢明で勇敢な人物を側近にもっていなかったら、息子のルイにしてやられていたであろう。ブレゼは、老いたヨランド妃の政策を踏襲し、アニェス・ソレルによってシャルル七世を牛耳り、王国をよい方向に治めるよう仕向けた。

王太子は、この人物をなんとか排除しようと、一四四六年には殺害を企んだが、失敗し、ドーフィネに押し込められたが、その後、足元を固めるとともに、キリスト教会やスイス、サヴォワ、ジェノヴァと親交を結び、力を養った。ジェノヴァにいたっては、王太子を自分たちの統治者にしてくれるようフランス王に要請したほどであった。

王太子はとりわけブルゴーニュ公と親交を深め、一四四八年（二十五歳のとき）には、父王とフランス王国を打倒するためにブルゴーニュ人と行動を起こす計画まで立てていたようである。

一四五〇年、アニェス・ソレルが死んだとき、王太子が毒殺したという噂が広まった。この同じ年、ノルマンディーがフランスの手に戻ったが、王太子はノルマンディーを自分に与えるよう、国王ではなくアニェスとノルマンディーの高位聖職者および貴族たちに要求していたし、この要求は支持されると信じていた節がある。翌年、彼は、父王の反対を押し切ってサヴォワ公の娘（シャルロット）と結婚したが、もし、ブルゴーニュ公の支持を確信していなかったら、サヴォワ公も王太子自身も、そのような危険は冒さなかったであろう。

だが、ブルゴーニュ公の支持は充分なものではなかった。ブルゴーニュ公フィリップ・ル・ボンは国王に戦いをしかけるどころか、ガンで塩税にからんで起きた反乱事件に関して支援を嘆願している（一四五一年七月二十九日）。この事件は戦争に発展し、フランドル全体を巻き込んだ。彼は塩税を諦めないばかりか、もっと評判の悪い税を次々とかけようとした。その一つが羊毛税で、これは、フランドル人たちの仕事を直撃した。さらに人々の懐を痛めつけたのがパンやニシンなど日常消費物資への消費税である。また、運河の航行にも税をかけたが、これは交通を逼塞させ、この地方全体を低迷させた。乗り物を牽かせる動物にも税をかけたが、これは、直接的には農民たちに降りかかったもので、その結果、田園地帯を都会と同じ反対陣営に押しやった。

このときになってはじめて、愚かさに気づいたブルゴーニュ公フィリップは、塩税を撤廃し、調子の良い言葉でブリュージュの懐柔を始めた。いつものように、裕福なブルジョワたちは、庶民を静める手助けをした。職人の町ガンは孤立した。ブルゴーニュ公は、ガンの抵抗を終わらせるには、職業組合の支配権を粉砕する必要がある、それには、かつてフィリップ四世美男王が侵入したときのレベルに戻して、コミューンを解体し、同業者信心会には、贋の会員や田舎の職人を入れ、この都市の精神だけでなく住民自体まで変質させようと考えた。

この企みは、一四四九年にはフランスとイギリスの戦争が再発したので、実現できそうに思われた。ブルゴーニュ公フィリップは、フランス王に関しては心配ないと考え、運河を遮断して、ガンのまわりに駐留部隊を配備し、司法委員会（loi）を罷免した。抵抗するガンに対しては、かつて一四三六年にブリュージュを攻めたときにガンを利用したように、今度はガンを攻めるためにブリュージュそのほかガンと対立している都市を利用しようとした。

仲裁を頼まれたフランドル三部会は、ガンが主張している特権を検討し、同市に与えられた特許状（privilèges）を精査し、ガンの司法委員会がフランドル伯（ブルゴーニュ公）によって任命されたものであることを認め、任命された（nommée）ということは「創設された créée」ということであると結論した。しかし、この決定では何一つ決着がつかなかった。同業組合の新しい首席は、調査した結果、織工の組合のなかに幾人かの非正規の会員（buissonniers）がこっそり登録されているのを見つけ、このように、市の法律に背いて外国人を都市ブルジョワのなかに潜り込ませようとした役人たちを追放刑に処した。ブルゴーニュ公は、その報復として、この国外追放を決めた人々を追放しようとして、テルモンドに召喚した。

こうして、ガンでは、行政官たちが自分たちの下した決定の是非について審議を受けるために町の外へ引き出されたので、コミューンも機能停止してしまった。行政官たちは、いさぎよく出頭すればブルゴーニュ公は満足して罪を不問に付してくれるという約束で出向いたのだったが、ある人は十里《リュー》以遠の地に十年、ある人は二十里《リュー》以遠の地に二十年というように厳しい追放に処されてしまった。

このブルゴーニュ公の姿勢は、わざと反乱を誘発して、国王の仲裁がないかぎりこの町を破壊するつもりでいることを示していた。彼は、一方で事態を大きくしないため国王に嘆願書を出しながら、他方では、ブルターニュ公と恐らくは王太子ルイをこっそり焚き付けるといった画策をしている。王は、そのすべてを見抜いていて、この同じ瞬間に、王太子に資金を融通しているとの嫌疑がささやかれていた王政府財務官ジャック・クールを捕らえさせている（七月三十一日）。

ガンの人々は、ガンに送られていたブルゴーニュ公の使節たちが市に混乱を引き起こす準備工作をしているとして、彼らの処分をブルゴーニュ公に求めたが、公が彼らの召還を拒絶したので、ガン市として裁判にかけた末に斬首に処した。仕事もなく苛立ち苦しむ市民たちが、このように暴力的で残忍になったとしても無理はなかった。しかしながら、一人のガンの元助役がブルゴーニュ公の意向を受けて、市内への食料搬入を断ち兵糧攻めにするために運河を遮断しようとして捕らえられたとき、市民は彼の処刑を延期し、最後には身代金を払わせて釈放した事例も見られる。

フランドル伯（ブルゴーニュ公）の代官が召還され、かといって、これだけの大きい都市で裁判業務を中断したままにはできないので、石工のリーヴァン・ブーンが裁判官に任命された。この人物のもとでガン市民が進めた戦いの賢明さ、さまざまな機械の活用の巧みさから判断すると、この人は、幾つもカテドラルを建て、イタリアでもミラノ大聖堂の穹窿を仕上げるために呼ばれたフリーメーソンのライン支部の一人ではないかと考えられる。

一四五二年の聖金曜日（四月七日）、ブルゴーニュ公を翻意させるための最後の試みが行われた。しかし、公はあくまでガン市の武装解除を要求した。このとき、このガンの裁判官は、「全員武器を持って集まれ」すなわち《ヴァペニング wapening》の鐘を鳴らさせ、袋のなかの鍵を示して言った。「ここにオードナルドの鍵がある！」。オードナルド（Audenarde,Oudenaarde）は、エスコー（スヘルデ）川の上流にある町で、南部への食糧補給の要であるとともに、ガンに従属しながらもフランドル伯に忠誠を誓ってガンに敵対していた。

このブーンの言葉と仕草は、三万の男たちを熱狂させるに充分であった。それぞれに武器と食糧を取りに自宅に戻った。しかし、これだけの大勢の市民軍がすぐには動けるものではなく、手間取っている間にラレン家〔訳注・フィリップ善良公に仕えてきた騎士の一門〕の一人は、数人の騎士を連れただけでオードナルドにガン市民軍が攻めてくるのを警告することを兼ねて、四月十四日から三十日まで立てこもった。その間、彼は、戦争においてそうしたように農民たちが食糧と家畜を連れて市内に避難してくると、その食糧と家畜を取り上げ人間は追い返すという独特のやり方で食料を確保した。

彼は最終的には救出されたが、それには厳しい戦いを乗り越えなければならなかった。この戦いで騎士たちは軽率にも歩兵たちの槍ぶすまのなかに飛び込み、もしピカルディの弓兵隊が側面からガン市民軍に攻撃をかけていなかったら、全滅していたであろう。敗れた市民軍を追尾した騎士軍は、ガンの城門で迎え撃つ約八百人の市民軍に阻まれた。なかでも組合の旗を掲げた肉屋は、両足をやられて立てなくなると、膝で身体を支えながら戦い続けるという具合で、その烈々たる勇猛さで騎士たちを感嘆させた。ガンの肉屋たちは、そこいらの貴族より血統がよいというのが誇りで、彼らはフランドル伯の庶子の末裔を自称し、そこから「Prince-Kindaren」すなわち「大公の末孫」と名乗っていた。〔訳注・ただし、この「大公」とはブルゴーニュ公ではなく、シャルルマーニュの血を引く、元々のフランドル伯を指していることはいうまでもない。〕

ブルゴーニュ公はオードナルドを確保すると、ワース（Waës, Waas）地方に侵入した。ここは、リュス川とエスコー（スヘルデ）川、そして運河に囲まれた難攻不落の地で、ガンの人々はガンの町と同様に安全なところであると考えていた。事実、騎士たちは一歩ごとにぬかるみに足を取られ、生い茂った草むらの陰からは突然農民兵が襲ってきた。勇敢なジャック・ド・ラレンは、この作戦中に五頭も馬を乗りつぶして奮戦している。

しかしながら、それでも、長期的には、事態はブルゴーニュ公に有利になっていった。ガンに対する低地諸国の同情は冷たく、ブリュッセルはガンのために執り成しはしたが、あまり熱心ではなかった。リエージュはガンに対しブルゴーニュ公のご機嫌を損ねないようにと助言した。モンスとマリーヌは、ガンと仲が悪いことで知られており、ブルゴーニュ公は、これらの町に自分の戦争計画を伝え、準備のための協力まで要請していた。

昔からフランドルと敵対していたホラント人たちは、仲間同士の確執を超えて一つにまとまり、船団を組んでエスコー川を遡上してワースに入ると、部隊を上陸させて、運河と運河の間を自在に移動しながら戦いを展開した。

こうしてガンは、見放され痛めつけられながらも、挫けることなく頑強に戦った。一万二千人の兵士を各地に派遣し、ブリュージュに対しては援軍の最後の督促をした。しかし、ブリュージュ市民たちは、貴族と商人たちにがっちり抑えられていたので、誰も立ち上がらなかった。一万二千のガン市民軍は、城壁の外でいたずらに飲み食いして過ごさなければならなかった。

その一方で、ガンはフランス王に、フランドル伯の家来たちの悪政を訴え、フランス王の調停を求める書簡を送った。そこには、このような危機のなかにあっても、助けを求める文言も王の裁判権を受け入れる言葉もいっさい含まれておらず、その英雄的態度は記憶に値する。

しかしながら、深まる孤立と外からの危機の切迫は、必然的に内部に変化を生じた。権力は暴力的な下層の人々に移り、以前からあった《白頭巾党 Blancs chaperons》のほかに《緑のテント Verte tente》を名乗る結社ができた。この名前は、昔の蛮族のように、ひとたび町の外へ出ると「屋根の下に眠らない」ことを自慢して名乗ったもので、当時、下賤とされていた刃物職人を首領にしていた。この人物は背が高く力持ちで、凶暴なところがあったが、部下からは人望があり、「もし勝利した暁には、彼をフランドル伯にしよう」とまで言われていた。だが、この刃物職人の盲目的な勇敢さのため、この徒党はホラント人部隊に手痛い敗北を喫し、捕らえられてブルゴーニュ公の前に連行された。彼らは、命乞いするよりは全員、死を選んだのであった。

ワースはまたも敗北を喫し、市民の間で和平派が台頭した。人々は金曜市に集まり、七千人が和平に賛成票を投じた。戦いを支持する人々は、それでも一万二千人いたが、この七千人が主導権を握って、武器を措くことなく国王使節の調停を受け入れることを議決した。国王使節団首席のサン＝ポル伯（ルイ・ド・リュクサンブール）は、この調停で国王とガン市民の双方を欺き、その裏表のあることで有名な人生を、このときから始めたのであった。彼は、王からこの機会を捉えてソンム地方の町をブルゴーニュ公に買い戻させる密命を受けていたが、そうなった場合、ピカルディーでの自分の基盤が弱くなることを知っていた彼は、その件については頑なに話そうとしなかった。他方、ガン市民に対しては、約束していたのとは反対に、市民と話し合うことをせず、ブルゴーニュ公に有利なように、ガンは彼に任せるという調停案を出した。

当然、このような調停案がガン市民に受け入れられるはずがなかった。しかも、これ以上にブルゴーニュ公フィリップを利したことがある。それは、同じ瞬間にブルゴーニュ公の資金援助のもとイングランドのタルボットがギュイエンヌに上陸した（一四五二年十月二十一日）ことである。こうしてボルドーが寝返ったことによって、フランス王と敵対していたブルゴーニュ公、王太子、サヴォワ公が助かった。

ここで、フランス王がフランドルに送った使節団が、どれほど傲慢で愚弄的態度で扱われたかを見ておく必要がある。使節団は長時間待たされたうえ、ブルゴーニュ公からは、国王の介入を自分は少しも望んでいない旨を告げられ、ブルゴーニュの家臣たちからは、まるで用事のない召使いに対するような馬鹿にした言葉を投げつけられた。たとえば、「フランス王領地の人民が、人頭税と物品税の取立てのために食事も満足に食べられないほど困窮し、国王に対し不満を抱いているのは周知の事実である」云々と。それに対し、使節たちは、「ブルゴーニュの一つの町ではワインにかけられる税が王領地のそれの二倍である」、「王領地で人頭税をかけられているのは騎士だけで、しかも、一家庭につき十四ないし十五ソルで、大した負担ではない」とやり返した。

仲裁のためにやってきた使節だったのに、仲裁される双方が、彼らを受け入れようとしなかったことにより、その立場は悲しいものになった。そこで彼らは、一人の床屋を隠密裡に送り込んで市民たちの本音を探るとともに、ガン市からパリに使者を送って食糧の補給を要請してはどうかと勧めた。しかし、ガンの人々から「我々は自分の運命を、世界の誰にも委ねることはしない」と一蹴され、このやり方の愚かさを思い知らされた。

この誇り高い町は、自力で戦う以外にないと覚悟していた。彼らは、危機が深刻であればあるほど勇気を倍増したが、感情が高ぶり恐怖が募るなかで、市民を構成するあらゆる立場の意見が渦巻き、思考は混乱した。その一つは、鍛冶屋だの肉屋だのといった力自慢の職人たちの思い上がりから来たものである。次に、織工たちは、自分たちの数の多さに目が眩んで、大西洋がいくらでも多くの船を浮かべることができるように自分たちは無限であるという驕りに囚われていた。これらの一般的市民に加えて失業者、泥棒、子供、解雇された徒弟などの偶発的で気まぐれな要素の存在が、いっそう混乱を深めていた。

以上は、いずれの都市でも見られる構成要素であるが、この北方の町の民衆蜂起には一種の風土病に似た独特の現象が一つあった。彼ら都市労働者には神秘主義的感受性があり、そこから、天啓を受け病人を看護することで贖罪に打ち込む《ロラード派》、《幻視する織工たち》が出てきた。いつも地下蔵の暗がりで作業しているため、急に日光のなかに出ると眩暈に襲われたようになるのである。そこでは断食で意識が朦朧とし、抑えられていた激情が一挙に噴出し、男たちは、ほかに例がないほど大胆になって血なまぐさい殺戮に身を投じることもある。そうした修道士のような男たちの突然の狂熱ぶりが典型的に現れた事例を挙げるとすれば、まさに壕のなかに折り重なって転落したフランスの騎士四百余人を片っ端から虐殺したクルトレー（コルトライク）の事件（1302）であろう。

彼らが興奮に駆られたときは、組合の旗が一本、陣地のうえに翻るだけで、全員を命知らずの行動に向かわせるに充分であった。組合の旗も人々も、激しい戦いと立ちのぼる炎のなかで、一つの殷々と鳴り渡る音につれて揺れ動いた。「ローラン（Roland）！　ローラン（Roland）！　ローラン（Roland）！」と言っているように聞こえるこの鐘は、コミューンにとって恐るべき深刻な事態が迫っていることを告げていた。それは、今のわたしたちに当てはめれば、祖国、フランス帝国の危機的事態を指しているが、彼らの場合の「祖国」は、身近に目にし触れている小さな町のすべてであったから、その愛着の深さには比較にならないものがあった。

都市コミューンとともに生まれ、青銅で造られたこの鐘の音は、市民みんなにとって、生まれた日から馴染んできたいわば「母の声」であり、苦悩を訴え助けを求めて鳴り渡るそのよく透る声は、市民一人一人のなかに浸透して、意志だの理性だのを超えた魂そのものを揺り動かした。全員が巨大な眩暈に襲われ、イスラエルびとが神に言ったように「他の人たちがあなたの代わりに何と言おうと、あなたご自身は言わないで下さい。なぜなら、わたしたちは、そのために死んで行くのですから」と言いながら、二十歳から六十歳までの全ての男が武器を執った。司祭や修道士たちも例外ではなかった。ガンの場合、その数は四万五千に達した。

このようにして、敵に裏切られ欺かれるなかで、大勢の人々が英雄的な単純さをもって、死地に赴いたのだ。ガーヴルの城塞〔訳注・ガンの南方〕の防衛を市民たちから委ねられていた一人の男がガン市民軍を敵の手に売り渡すことを請け負った。彼は城塞を抜け出しガンに戻ると、「ブルゴーニュ公のまわりには兵力が四千ほどいるだけだ」と告げた。ガンに協力していた二人のイギリス人隊長も同じことを言ったので、この報告はすっかり信用された。こうして敵軍の前に到着すると、件のイギリス人たちはブルゴーニュ公のもとにやってきて「お約束したとおり、ガン市民軍を連れてきました」と言ったのだった。

市民軍は、イギリス人たちが姿を消し、自分たちは裏切られたと知ったときも驚かなかった。整列のために三度も停止して陣列をととのえて前進した。ブルゴーニュ公の砲兵隊と弓兵隊による一斉射撃にも隊列は僅かしか乱れなかった。しかし、ガン市民軍の真ん中で彼らの砲兵隊の火薬を積んだ車に火がつき、砲兵隊長が、ほんとうに注意を促してか、裏切りでかは分からないが「気をつけろ！」と叫んだとき、はじめて混乱が広がった。そのため、前列の騎馬隊は互いの槍と槍がぶつかり合い、軽武装の第二隊、さらに農民と年寄りで構成された第三隊は、慌てて逃げ出した。彼らはピカルディーの弓兵隊が射懸けてくるため、エスコー川しか逃げ道がなくなり、水に飛び込んで武器の重みで水底に沈み溺れる者が続出した。辛うじて岸に泳ぎ着いた者も、弓を棍棒に持ち替えた弓兵たちによって一人残らず撲殺された。

エスコー川の岸と壕、そして生け垣に三方を囲まれた一つの草原のなかに二千人が押し詰められた。猫を咬む窮鼠さながらの抵抗に、尻込みする配下の軍士たちを尻目にブルゴーニュ公フィリップ自ら市民軍のなかに突入していった。そのあとに息子シャルルも続いた。追い詰められた哀れな人々は、全身を金色に装った騎士が、「お命とお身体を守護し奉る」と自らが臣従誓約した相手の主君（フランドル伯でありブルゴーニュ公）であることを知ったときは愕然とした。しかし、彼らも守るべき命を持っていた。槍を低く構えて襲いかかってくる無数の敵にまわりを囲まれ、ブルゴーニュ公も乗馬は傷を負い、その運命も風前の灯火となった。

——今度も、騎士軍を救ったのは、ピカルディー人の弓兵であった。ガン市民軍の死者は二万人にのぼり、そのなかには司祭や修道士も二百人を数えた。

胸が張り裂けるような光景が見られたのは、その翌日、哀れな女たちが、夫や息子を探しに死者

槍を低く構えて襲いかかってくる無数の敵にまわりを囲まれ、ブルゴーニュ公の運命も風前の灯火となった

たちを一つ一つ見て回ったときのことである。エスコー川の中まで探す彼女たちの姿に、ブルゴーニュ公も涙を抑えることができなかった。人々が「殿下の勝利です」と言ったのに対し、「ああ！　いったい誰のための勝利か？　敗れたのはわたしだ。見よ。彼らはみんなわたしの臣下たちではないか」と答えた。

彼は、四か所も傷を負った同じ馬にまたがってガンの町に入った。市の助役やギルドの組合長たちは裸足と下着姿で、そのあとブルジョワたち二千人が黒服で、「お慈悲を Merci!」と叫びながら続いた。罪の宣告と恩赦が告げられた。《恩赦 grâce》でさえ厳しいものであった。町は賠償金を課せられ、周辺地域に対する支配権も裁判権も剝奪されて裁判官を持たない一コミューン、それも監督下に置かれるコミューンにすぎなくなった。市門の二つは、この重大な変化を永久に記憶にとどめるために壁で塞がれた。ガン市の旗も組合旗も、《金羊毛騎士団》の紋章官に委ねられ、騎士団のセレモニーのときだけ、袋に納めたまま運ばれ並べられることとなった。

第二章　ブルゴーニュ公国の栄華

フランドルでガーヴルの戦いが行われたのは一四五三年七月二十一日のことであった。他方、南仏ギュイエンヌでは十七日、カスティヨンの戦いでイギリス軍が敗れ、タルボットは殺されていたから、もし、このニュースが間に合って届けられ、ガン市民たちがフランス王軍の勝利を知っていたら、事態はまったく異なる展開を見せていたかもしれない。

だが、それはどうあれ、フランドルはブルゴーニュ公フィリップの前に屈服し、戦争は終わった。ローゼベケの戦いと違い、今度のガンの場合、自らの城壁の下で敗北したことは、まだましであった。ブルゴーニュ公は、異議を申し立てられることなく、決定的にフランドル伯となった。

彼の傲慢ぶりも限度を知らないものになった。この貴族は、自分が打ち負かしたのはガンの町ではなくフランス国王とドイツの皇帝であり、これ以後、フランドルとルクセンブルクは、この両者の介入を免れて平和になるのだから、彼らは自分のことを神に感謝して当然であると考えた。

事実、ブルゴーニュ公にとって困難なことや不可能なことがあったろうか？　東方でも西方でも、誰が抵抗するだろうか？

母親（ランカスターのフィリッパ。ジョン・オブ・ゴーントの娘で、ポルトガル王ジョアンの妃）によってランカスター家に繋がっていたブルゴーニュ公妃（イザベル・ド・ポルテュガル）は内戦でつけこみやすくなっていたイギリスに目を付け、息子（シャルル）をヨーク家のエドワード四世の妹、マーガレットと結婚させることによって、ヨーク、ランカスターという二つの分家の相続権を一本化することによって、やがて生まれてくる子供に低地諸国とイングランドを一つにして統治させることを夢見た。

この考えは、いかにも大胆で野心的であったが、まだ慎ましいものであった。霧深い北国のイングランドは、彼女の想像力を駆り立てるには不充分であった。むしろ彼女は、その夢想を、黄金に溢れ、漆黒の人々が生活し、エメラルド色の鳥が舞う、不思議と驚嘆に満ちた南国に向けた。そこにはたくさんの公国や王国があった。ブラクモン家とベタンクール家の数奇な運命については、すでに知られていた。ブラクモンはフランス北東部スダンの人でリエージュの司教の陪臣であったが、冒険を求めてスペインに行き、大西洋を探検し、フォルテュネ諸島〔訳注・現在のカナリア諸島〕に植民地を作って甥のベタンクールに譲ったのであった。――ディエップの水先案内人たちは、さらに遠くアフリカの黒人たちの世界に入り込み、そこに「新しいルーアン」や「新しいパリ」を造っていた。

ブルゴーニュ公妃の弟、ドン・エンリケ〔訳注・「航海王」〕は王子であるとともに修道士で、自分の修道院を海上に建設し、そこから水先案内人たちに、かつてノルマン人たちが進出した道をたどらせ、その基地の廃墟にポルトガルの要塞を忍耐強く建設していった。

このような粘り強い仕事は、ブルゴーニュ公のような派手好きの君主には向いておらず、このすべては彼とは無縁のところでゆっくりと進められていった。彼にふさわしいのは東方、すなわち十字軍であった。西方へ勢力を広げてくるトルコ軍からキリスト教世界を守るのに、その随一の君主であるブルゴーニュ公を抜きにして誰を考えることができたであろうか？《アンチ・クリスト》がわれらの門前にやってきているのだ！　これは、あらゆる面から見て、疑問の余地のない事実であった。黙示録に予言されている獣さながらに、トルコと、修道服を着た離教者たちの恐るべき部隊が押し寄せてこようとしているのだ！

ガーヴルの戦いの二か月前に、コンスタンティノープルはメフメット二世によって陥落し、ギリシア人たちはこの獣に敗れて身を委ねてしまっていた。これは、キリスト教徒たちにとっては、お互いの不和を終わらせよとの神の警告ではないか？　メフメットにしてみれば、コンスタンティノープルのあとは、ローマを獲得すること以外に何が残っていただろうか？　歴代スルタンは、即位するや、近衛師団の兵舎を訪れ、剣を身につけると、彼らの盃で呑んだあと、それを黄金で満たして返しながら、こう言っているというではないか？「ローマで会おうぞ！」と。

コンスタンティノープルがトルコ人手に陥落したことでイタリア人たちはすっかり震え上がって集まり討議した。法王は死なんばかりの恐怖に囚われ、全キリスト教徒に、とりわけブルゴーニュ公に助けを求めた。法王は、彼の助けを得るためなら、王にでも皇帝にでもしたであろう。――しかし、かつて(一二〇四年)フランドル伯ボードワンのもとでやったように、もし、今度もフランドル人たちがコンスタンティノープルを陥落させるなら、彼らの伯(フランドル伯すなわちブルゴーニュ公)は、法王などそっちのけで皇帝になるだろう。しかも、選挙で選ばれるドイツの皇帝と違って、この東方の皇帝は世襲制を採るから、みんなが嫉妬し、ドイツ人もフランス人もさぞかし悔しがるであろう。

いまや、ディジョンにせよブリュージュにせよ、ブルゴーニュ公のいる所がキリスト教世界の中心になっていた。彼がフランシュ=コンテの森のなかに入れば、そのテントには東方からも西方からも、君主たちやその使節がやってきた。法王の使節団も訪ねてきた。フランス王やドイツの皇帝の居場所など誰も気にしなくなっていた。おそらく、どこか田舎の館にいるのだろうぐらいにしか考えなかった。シャルル七世はムラン(パリの東南)にいた。しかし、騎士たちが集まるのはブルゴーニュ公の宮廷であり、《騎士団》といえば、ブルゴーニュ公肝煎りの典雅にして威風堂々たる「金羊毛騎士団 Toison d'or」に敵うものはなかった。

ましてドイツ皇帝が設立した節制騎士団(ordre de la Sobriété)など誰からも注目されなかった。悲しい皇帝は、雨が降ると、その古い衣装を被った。シャルル七世は、フランドル人たちから「ゴネスのシャルル」と呼ばれたように、およそ華やかさに欠けていた〔訳注・ゴネスとはパリの北北東、現在のシャルル・ドゴール空港の手前、ブールジェ空港の近く〕。彼は背の低い速歩用の馬に乗るのが習いで、何か誓約するときは聖ヨハネの名を口にした。それに対し、ブルゴーニュ公は、軍人風に英語で「セント・ジョージ」に誓った。〔訳注・聖ジョージは元々ゲオルギオスで、小アジアのカッパドキアの人とされるが、イングランド王リチャードが守護聖人と仰いでからイングランドそのものの守護聖人とされるようになった。〕

戦争に備えるため、大規模で豪奢な祭がリールで繰り広げられた。それに要した費用は、一つの戦争を遂行するのと同じくらいで、実施を命じた人々自身が震え上がったほどであった。

ブルゴーニュ家がフランドルで催したこれらの祭典には、近代の冷ややかな盛大さとは、ほとんど似通ったところがない。今日のように、結果だけを楽しませるために準備段階は隠しておくことを、当時の人々はまだ知らず、すべてが見せられた。人々は、祭の一部分ではなく、並べられたすべて、その溢れる豊饒さをそのまま味わった。おそらく、それは見せびらかしであり、重々しい壮麗さであり、野蛮な官能性であり、行き過ぎた素朴さであったろう。しかし、だからといって、そのために五感が文句をいうことはなかった。

これらの驚くべき祭典のなかでは、幾つもの宗教的儀式が行われ、その合間を埋めるように、合唱やコメディー、さまざまな見世物が行われた。人間の俳優に混じって自動人形（automates）や動物も出演した。道化と熊が絡み合ったり、小妖精に扮したこびとが猪に跨って自在に操ったり、鎖で杭につながれたライオンに守られた裸の美女像は、長い髪を後方に垂らし、前の方はギリシア文字が書かれた細い布で覆われており、この美女の乳房からは香料入りの甘いワインが流れ出していた。

「広間のなかには三つのテーブルがしつらえられ、真ん中のテーブルには、十字架を頂き、ステンド・グラスも鐘も備えた教会があり、合唱団が歌っている。——そこでは、素裸の男の子の像があって、バラ水のおしっこを絶えず噴き出していた。第二のテーブルは並外れて長く、その上では幾つもの《余興》が同時に行われていた。たとえば、一つの大きなパテがあって、そのなかで二十八人の生きた楽士がさまざまな楽器を演奏していた。」（オリヴィエ・ド・ラ・マルシュ）

とくに大きな見世物として行われたのが、牡牛たちを手なずけ、蛇を殺し、怪獣を退治して金羊毛を手に入れたイアソンの神話的物語であった。これは、ガーヴルの戦いの勝利を象徴したものでもあった。これが終わると宗教的な祭儀が挙行され、ついで、年代記者のオリヴィエ・ド・ラ・マルシュが「同情心を誘う pitoyable」と形容している幾つかの余興が続けられた。

巨大な体軀のサラセン人に操られて一頭の象が広間に入ってきた。その背中には塔の作り物が載っていて、そのなかには白と黒の繻子をまとい泣き濡れている一人の修道女がいた。これは《聖教会》そのものを表していた。年代記者のオリヴィエ自身、このときまだ若く、この見世物の登場人物の一人を演じたのだったが、この《聖教会》は、あまり詩的でもない嘆きの言葉を長々と述べたあと、騎士たちに自分を救いに来ることを《雉 faisan》に誓ってほしいと嘆願する。それに応えてブルゴーニュ公フィリップが宣誓し、みんなもそれに続いて、「自分はトルコ人どもを生死にかかわらず制圧しないうちは身体を休めることはない」とか「目的を成就しないうちは、右腕に籠手を着けることはない」だの「目的を果たさないうちは火曜日には食事をしない」「トルコ人を宙に躍らさないうちは帰ってこない」「我が想いを寄せる奥方の寵愛を出発前に得ずんば、自分は二万エキュを持つ最初の女性と結婚するであろう」などと思い思いに誓った。——この騒ぎは、ブルゴーニュ公が静粛を命じるまで収まらなかった。

舞踏会が始まり、十二徳を表す深紅の衣をまとった最も身分の高い貴婦人たちが騎士たちと踊った。翌日は、若いシャロレー伯〔訳注・ブルゴーニュ公フィリップの息子で、父亡き後ブルゴーニュ公シャルル突進公となった〕によって騎馬試合が催された。この時代には、すでに大砲が登場し、もはや槍を構えた騎士の時代ではなくなっていたが、ブルゴーニュ家は古きよき騎士道への愛着から、この無邪気なゲームを奨励していたのである。

このスペクタクルは言われるほど危険ではなかったが、感情を昂揚させる機会になったし、なによりも一種の官能的興奮を伴った。トランペットの音が止み、静まり返ったなかを馬が大地を蹴って疾走する音、そして両者が激突し、相手の鎧に槍先がぶつかったときに響く鋭い衝撃音——。騎士は、まともに衝撃を受けて転倒し落馬することもあれば、槍そのものが鈍い音とともに砕け散ることもある。運悪く槍先が鎧のつなぎ目の隙に突き込まれたときは、死につながることもあった。貴婦人たちは歓声を挙げ、どよめき、美しさを増した。

もし、双方に何事もなかった場合は、騎士は、スタート地点に戻って、もう一度攻撃態勢をとらなければならなかった。興奮のあまり失神する者まで何人か出た。貴婦人たちは、節度も忘れて贔屓する騎士を勇気づけるために手袋や腕輪を投げ込んだ。心臓さえ投げ込みかねなかった。

政治的で、より重々しいが、華やかさでも引けを取らない祭も行われた。《金羊毛騎士団》の集会である。ブルゴーニュ公もこの騎士団の集会に、キリスト教世界の貴族の首長として臨んだ。たとえば一四四六年の集会は、ファン・エイクの見事な絵が飾られ、オッケゲムの音楽が響きわたるサン・ジャン教会で行われたが、ここでは、貴族の参事が聖職者によって迎えられ、飾られている自分の旗の下へ進んで坐った。飾られた絵のなかには空白のや黒塗りのものもあり、それらは、騎士団の厳しい裁判で死刑になったり追放された人々のものである。金色に輝く天蓋は、名誉団員であるアラゴン王アルフォンソ五世の席である。

《金羊毛騎士団》の共有の絵がファン・エイクの代表作であるガンのサン・バヴォン教会にある、あの『神秘の子羊』を描いた祭壇画である。これは、いまも遠方から人々が参拝にくる宗教性の高い絵であるとともに、ファン・エイクを「絵画におけるアルベルトゥス・マグヌス」たらしめた画期的作品である。これによって彼は、「太陽の光を色彩のなかに注ぎ入れる力をもつ唯一の人」なる称号を勝ち取るとともに、ケルン大聖堂も達成できなかった最も神秘的なドイツ的夢想の主題を聖ヨハネ黙示録の聖なる羊として、自然的存在のなかに注ぎ入れるという大胆な天分を示したのであった。

この絵は偉大な詩であり、上層の部分はまだゴシックであるが、それ以外はルネサンスの近代に属している。そこに描かれたフィリップ善良公と家臣たちをはじめ、《金羊毛》に崇拝を捧げにやってきた二十の国民は、当時の全世界を包含している。祭壇上の聖なる羊の生き生きした毛は光を発し、集まった人々を照らしている。その光線は、一つの奇妙な寓喩性によって、男たちについてはその頭部に、女たちについてはその乳房に触れており、乳房はこの神聖な光によって身籠もり丸く膨らんでゆくように見える。

ファン・エイクの燃えるような色彩には、イタリア人たちさえも幻惑を覚えた。「光の国」が北国の光を見て驚嘆したのである。秘密は見破られ、盗まれた。しかし、秘密は盗むことができても天分は盗めない。メディチ家の人々は、なんとしてもこの巨匠に仕事を頼もうとしたし、また、詩的魂をもち、日々、美の純粋な探求に明け暮れたナポリのアルフォンソ寛大王〔アラゴンのアルフォンソ五世〕も、イタリア人画家たちがどうしても描くことのできない長く美しい金髪、人間の花の花というべき金髪をもつ婦人を再生して自分の喜びを倍加してくれるよう依頼した、と言われている。

《金羊毛騎士団》の設立者であり、あらゆる美しいものに優しかったこの善良なブルゴーニュ公にとって、生命をその動きのなかで捉え、それが通り過ぎるのを妨げる方法を知っている人、絶えずわれわれを欺いて逃げていってしまう虹を固定できる人を身近に抱えていられることは何と魅力的なことだったろうか！

この王の色彩と光の帝国のなかに、さまざまな人物と衣装、人種の対立が入ってきた。それは、ブルゴーニュ公家の混成的帝国自体の表れでもあった。芸術は、この融合できない諸民族が絶えず起こす争いを治める条約のようであった。ムーズ川の子であるヤン・ファン・エイクを師としてブリュージュの三百人の画家たちによって成立したのが《フランドル派》であった。それとは反対に、フランドル人のシャストラン〔訳注・年代記者。1405-1475〕は、スタイルにおいてはファン・エイクやルーベンスの激しさを保持しながらも、それまでは地味で純粋であったフランス語を飼い慣らして、あらゆる言葉と思想を受け入れさせ、好むと否とにかかわらずルネサンスの泉で酩酊させたのだった。

第三章　シャルル七世とフィリップ善良公（一四五二～一四五六年）

ブルゴーニュ家の豪勢で官能的な祭りはたんなる遊びのためではなく、そこには、真剣な一面があった。そこには、キリスト教世界のあらゆる大領主たちがやってきて何週間とか何か月とか大公のもとに自発的家臣として滞在し、その食卓に列なって、一つの役割を演じた。彼らにとって、この宮廷に滞在することに重要な意味があった。ブルゴーニュとフランドルの貴婦人たちは、彼らを惹きつけ引きとめておくコツをよく心得ていた。ブルボン司令官〔訳注・ブルボン公ジャン二世。姉イザベルがブルゴーニュ公になる前のシャルルの妻。父シャルル一世の死によって一四五六年にブルボン公となった〕に国王からの離反を決意させ、あやうくフランスを分裂させるところまでいったのも、クルイ〔訳注・原書では「Croy」となっているが正しくは「Croÿ」または「Crouy」でピカルディ地方の貴族〕の貴婦人の手練の技の結果であったといわれている。

ブルゴーニュ公フィリップは国王シャルル七世に対し一つの危険な戦争を秘密に仕掛けたが、そのために自身がことさら動く必要はなかった。大貴族たちのなかで国王に対して不満を抱く人々は、ブルゴーニュ公が国王との決裂を念頭に暗々裏に策略を巡らしていることを知って盛んにブルゴーニュ公に連携を求めた。

このように、シャルル七世にとっては、さまざまなところに隠れた棘があったが、とりわけ彼を生涯苦しめ、ついには死にいたらしめることとなるのが、息子の王太子〔訳注・のちのルイ十一世〕である。王太子ルイの名前は、シャルル七世の治世を最後まで混乱させた大小さまざまな事件すべてのなかで顔を出す。

ルイは、すべてについて有罪でありながら、決して罰せられることはなく、ある歴史家にとっては「世界で最も無垢な王子」であった。もっとも、この歴史家も、のちには王としての彼を酷評することになるのであるが。たしかに王太子はきわめて復讐心が強かったが、自分をフランスから放逐したブレゼだのダマルタンだのといった人々については、自分をそのように扱ったのは王の忠実な臣下としてであったことを納得していたから、即位後は、自分に忠誠を尽くすよう説得し身辺に侍らせている。〔訳注・ブレゼ家のピエール二世は、シャルル七世の寵臣。ルイ十一世によって一時、牢獄に放り込まれたが、モンレリの戦いではルイ十一世のために戦死している。ダマルタンはシャバンヌともいい、百年戦争でシャルル七世のもとイギリス人を放逐することに貢献し、ルイ十一世からは一時不興を買ったが、のちにパリ総督がこのシャバンヌ家から出ている。〕

善良なシャルル七世は女性を愛し、何人かの女性を家来として重用した。その一人の英雄的女性〔訳注・ジャンヌ・ダルク〕は、彼の王国を救ってくれたし、別の一人（アニェス・ド・ソレル）は、善良で優しく、彼も彼女を二十年間にわたって愛し、彼女も彼を愛するゆえに数々の有益な助言をし、彼女が王に推奨した何人かの男は、貧しいフランスを立ち直らせることとなる最も賢い大臣となった。この《美の貴婦人 Dame de beauté》は存命中は民衆から悪く見られ嫌われたが、彼女の影響力は最後には感謝されたし、彼女については幾つか優しい思い出が残されている。

ブルゴーニュ人たちは、自分たちの公が二十人も愛人をかこっていたのを棚にあげて、シャルル七世が二十年間アニェス・ソレルに誠実を貫いたことをスキャンダルとして言い立てた。たしかに、そこにはスキャンダラスなものもあったが、アニェスは、王妃の母親（ヨランド）と、おそらくは王妃自身がシャルル七世に愛人として薦めた女性であった。したがって王太子ルイは、別に嫉妬もしていない母親のためにアニェスに嫉妬心を起こし、平手打ちを食らわせるほどに彼女にきつく当たったのだった。

この「美の貴婦人」が死んだとき（あるいは、何度か床についたとき）、人々は、王太子ルイが毒を盛ったのだと噂し合った。そのうえ、彼の気に食わない人々は、次々謎の死を遂げていった。その一人に彼の最初の妻、スコットランドのマルグリットがおり、彼女は学問もあり才気煥発な女性だったが、眠っている詩人（アラン・シャルティエ）に通りすがりにキスしたことで有名である。

国王シャルル七世とうまくいかなくなった人は、間違いなく王太子にすり寄った。その点で特に顕著なのがアルマニャック党の人々である。もともと王太子は彼らを嫌い、王太子の最初の軍事行動は彼らを捕らえるためであり、最終的には全滅させることをめざした。このため、アルマニャック党の人々は、彼の父親（シャルル七世）と対立することによって彼に気に入られるよう努力したので、その結果、王太子は彼らを懐柔することにし、アルマニャック伯の私生児を執事として採用し自らの右腕にしたのだった。

さまざまなことが今も謎に包まれたままだが、分かる範囲でいうと、アルマニャック党とアランソン公の数々の陰謀は、国王とブルゴーニュ公の敵対関係に関係しているとともに、その間で企まれた王太子の策謀とも結びついている。ジャック・クール（1395-1456）の事件自体、部分的には、これと繋がっている。ジャック・クールは、アニェスに毒を盛った張本人であり、アニェスの敵（王太子）にカネを貸したとされているからである。しかし、この財政家については、ひとこと言っておく必要がある。

彼について知るには、ブールジュの彼の家を訪ねてみるべきである。この家は、この謎に包まれた人物にふさわしく謎めいている。そこには表れているものと隠されているものとがある。成り上がり者に特有の大胆さと猜疑心、オリエント貿易の商人の傲岸さと同時に国王の財務を預かる人の慎重さ……といった相反するものがいたるところに感知されるが、全体としては大胆さのほうが勝っており、これが観る人に謎を投げかけてくる。

しかし、この家はほとんど完璧に閉ざされていて、やってくる人を監視するためのように通りに迫り出しており、その偽窓には、通行人を見張るかのように石像の召使いが二体、据え付けられている。中庭には、糸を紡ぐ女や掃除をする女、ワイン造りや行商人など慎ましい労働者の姿を浅浮彫で描いた何枚かの石板が飾られていて、いかにも主人の謙虚さを表しているようである。しかし、これが偽装であることは、彼らを傲然と見下ろしているこの銀行家の騎馬像がよく示している。この偉大な金融家は、こうした閉ざされた空間での凱旋式のなかで、自らが幸運を摑んだ秘密を二つの格言をもって教えてくれる。

その一つは「A vaillans riens impossibles（雄々しい者に不可能はない）」という勇ましいもの。ここには、彼の傲岸さが表れている。もう一つは「Bouche close. Neutre. Entendre dire. Faire. Taire（口を閉ざし、平静であれ。人の言葉に耳を傾け、黙って実行せよ）」で、ここには、万事について賢明で控えめであれという中世のささやかな商人の知恵が表明されている。ジャック・クールは、上階の広間では、遠慮なく大胆さを見せつけてくる。おそらく、見て楽しむためであろうが、ロバに跨っての滑稽な騎馬試合の光景が描かれている。これは明らかに、騎士階級を嘲笑したものである。

ゴドフロワ〔訳注・十八世紀の銅版画家〕が描いているジャック・クールの肖像は、オリジナルの絵があって、それを複写したものだが、彼の実像をかなり正確に伝えていると考えられる。それによると、顔立ちは庶民的だが、けっして野卑ではなく、厳格で繊細かつ大胆な人物だったようで、いかにもサラセン人たちの国で奴隷貿易までやっていた商人らしい面影がある。彼の一生において、フランスを舞台に活動したのは中間の何年かで、始めと終わりの年月はオリエントが占めている。一四三二年、彼はシリアで商売を始め、晩年は十字軍熱に浮かされた法王のもと法王庁軍の提督となり、キプロスで亡くなった。

〔訳注・ジャック・クールがシャルル七世に財務官として仕え、対イギリス戦争の戦費を調達したのは、一四三五年から一四五〇年までの約十五年間で、反対派の策謀により追放されてからは、ローマに亡命し、法王に仕え、トルコ人との戦いのため船団を率いて東方へ遠征した。〕

ブールジュのクール家の廟は、そうした彼の生涯を思い起こさせる。ジャックは、豪華なステンド・グラスのなかでサン＝ティヤゴ巡礼の姿で描かれており、その紋章には悲しい巡礼を表すかのように黒い貝殻が三つ描かれている。しかし、それらの間には、「クール Coeur」（心臓）という家名と英雄的商人であった彼を象徴して赤いハートが三つ描かれている。

キリスト教会の記録簿が彼に付した称号は「Capitaine de l'Eglise contre infidèles（異教徒に対する戦いの教会の指揮官）」である。彼は自分が「大蔵大臣」として仕えた国王については、かくも誤解されているにもかかわらず、一言も残していない。おそらく、銀行家としての自尊心から、フランスを救ったものの最後は絞首台によって支払いをしたかもしれないあまりにも強力な人間に貸し込み過ぎた失敗を、できれば人々から忘れてもらいたかったのであろう。

しかしながら、彼がやったことのなかに、思い起こされてしかるべきことが一つある。それは、この知的人物が通貨制度を再建し、財政のなかに正義という前代未聞の新機軸を編み出したことである。彼は、王のためにもみんなのためにも、豊かになる方法は支払うことだと信じたということである。

だからといって、彼が自身のために金儲けする場合にもきわめて良心的だったというわけではない。王の債権者にして大蔵大臣であるという彼の二重の立場、一人の人間が一方の手でカネを貸し、他方の手で支払いを受けるという奇妙な役回りは、当然、彼を危険にさらした。彼がラングドックから厳しく搾取し、国王とも国王のライバル（王太子）とも差別なく高利で取引したことは、かなりありうることのようである。

この分野の仕事では、フィレンツェ人たちが先輩であり競争相手であった。わたしたちは、公使であるとともに金融業者であり賭事師であったピッティ〔訳注・メディチ家とも張り合った。そのブオナコルソは日記を遺した〕の記録によって、彼らがどんな人であったかを知っている。彼らがちまちまと人々から奪ってちまちまと蓄えたものを、王は、ときどき、ごっそりと取り上げた。バルディ家やペルッツィ家といった大物は、エドワード三世に対フランス戦の戦費として一億二千万（エキュ？）を貸したが踏み倒されて倒産している。十五世紀、メディチ家は、リスクの少ない小切手や為替手形の交換を業務とし、法王庁と結びついて聖職禄の裏取引などをした。

ジャック・クールを破滅させ、そのあと取って代わったトゥールーズの財務官、オットー・カステラーニも、このメディチ家の親戚だったようである。この件では、イタリア人商人と領主たちが共同戦線を張り、利益を得た。彼らは、ジャック・クールは王国のカネをくすね、サラセン人たちに武器を売り、キリスト教徒を奴隷として売ったなどと喧伝して民衆を煽動した。もとより、王太子ルイにカネを貸して王国の混乱を助長したことは、間違いなく彼の罪である。確かなことは、王太子がルイ十一世として即位するや、ジャック・クールは名誉を回復されていることである。

王太子のもう一人の危険な友人がアランソン公（ジャン五世）で、この人物の没落と同時あるいは直後に王太子にも危機が訪れている。すなわち、一四五六年五月二十七日にアランソン公が捕えられると、八月三十一日には、王太子はドーフィネにもフランス王国内にも居場所を失って逃げ出している。

王家の血を引くアランソン公〔訳注・ジャン四世はアザンクールで戦死し、その息子のジャン五世はジャンヌ・ダルクとともに戦って一四七六年に没〕は、対イギリス戦でシャルル七世を支えたにもかかわらず、「少ししか酬われなかった」ことから、軽率にもロンドンやブリュージュと交渉したり王太子とも連絡をとったりしていた。これらは、否定しようのないほど確かなことである。彼がノルマンディーに有していた砲兵隊は、彼にいわせると、国王のそれよりずっと強力だったようで、彼はヨーク公リチャードに「目下のところは内戦に忙殺されておられるが、少しゆとりができれば海峡を越えてこちらに来て、たとえばグランヴィル、アランソン、ドンフロン、ル・マンを占領すれば、人々はヨーク公の力強い味方になり、王冠を手に入れるために内戦などするまでもなく、イギリス全体が喜んで王冠をのせてくれるようになるでありましょう」と提言している。

王太子ルイは、このアランソン事件のあとも、ドーフィネでの自分の立場は盤石だと信じていた。彼は、叔父のブルゴーニュ公フィリップと緊密に連携を保っていたし、サヴォワ公（ルドヴィーコ）を頼りにし、スイス人たちをも当てにしていた。法王にも名前を売り込み、ヴァラティノワとディオワ〔訳注・いずれもアルプス山地のドローム県〕の伯領を法王に寄進していた。最後に、兵力を増強するために十八歳以上六十歳までの全員の徴兵を命じた。

しかし、これは彼にとって悪い方向に展開した。ドーフィネは疲弊した。あまり豊かでないこの地方にとって、このように活動的な人物のもとで政治的影響力の偉大な中心になることは、重荷であった。税は二倍に増やされ、多くの改良事業が行われた。貴族階級はカネは出さないまでも王太子を支えようという気はあったが、「Noblesse du dauphin Louis（王太子ルイの貴族）」などという格言が生まれたほど安易に商人や農民を貴族に任命したり廃止したりした（たとえば、王太子は、グルノーブルの近くのサスナージュの貴婦人の邸に忍び込むのに生垣を乗り越えるための梯子を調達した男に貴族の称号を与えている）ため、貴族たちは反発を強めた。

ブルゴーニュ公とブルターニュ公が執りなしたことで、のちにアランソン公は助けられたが、王太子の立場は彼らの仲介では不十分であった。カスティリヤ王も彼のために手紙を書いて仲介し、国境の近くまでやってきたが、王太子を救うのには役に立たなかった。法王も、時間があれば仲介のために口利きをしたであろうが、もし動いてくれたとしてもおそらく無駄だったであろう。王太子はノルマンディーの司教たちのところを奔走したし、聖職者たちにも働きかけた。

彼は、最後の危機のなかで、各地を巡礼してまわるとともに、みずから訪れることのできなかったモン＝サン＝ミシェル、クレリー、サン＝クロード、コンポステラのサン＝ティヤゴへは、寄進の品を添えて祈願のために人を送った。そして、ブルゴーニュ公のもとに身を寄せるや、フランスじゅうの高位聖職者に書簡を送った。

だが、これは、少し遅すぎた。すでに教会関係者は、彼がドーフィネの司教たちの権利を侵害したことで不信感を抱いていた。王太子を敵視するデュノワやシャバンヌたちは、王太子の叔父であるブルゴーニュ公も義父であるサヴォワ公も、ドーフィネの臣下たちも、さらにはフランス各地の隠れた味方たちも、彼のために剣を抜くことはしないだろうと踏み、迅速に行動に移していった。

まず第一撃として、前述のように一四五六年五月二十七日にはアランソン公が（イギリスのヨーク公リチャードと通じているとして）デュノワによって捕らえられた。英仏海峡の港は、ヨーク公の侵入に備えて、いちはやく閉鎖された。

第二撃（七月七日）は、《オルレアンの乙女》の名誉回復が行われたことである。これは、彼女を焼き殺した人々（イギリス人）はもとより彼女を敵に売り渡した人々（ブルゴーニュ人）に対する言外の有罪宣告でもあった。法王を連れてきて、あの裁判を再検討してもらい、教会の裁判官たちに裁判をやり直させた。こうしたブルゴーニュ公にとってあまり名誉あることではない思い出を再現し、公をイギリス人どもの友として民衆の恨みの標的にすることは、並々ならぬ忍耐と巧みな作業を必要とした。

この大きな変化の影響は、全キリスト教世界に波及した。アルマニャックとルエルグの貴族たちは、もう王太子の巧い言葉には乗せられないぞと、自分たちは王の忠実な臣下であることを宣言した。王太子の義父であるサヴォワ公（ルドヴィーコ）は、フランス王の軍勢が迫ってくるのにブルゴーニュ公の軍勢が救援に来ないのを見て、シャバンヌの言葉に耳を傾けた。シャバンヌは、王太子を処罰することを強く主張し、自分がその執行人になると宣言して、サヴォワ公には、婿を見捨てること、その保証としてクレルモン・アン・ジュヌボワ〔訳注・オート・サヴォワ地方〕の伯領を抵当として差し出すよう要求した。

こうして、王太子は孤立化に追い込まれるなかで、父王シャルル七世がリヨンにまで進軍してきているのを知った。この期に及んでも、彼には抵抗の意志が不足してはいなかった。この息子は「もし、神あるいは運命が父王の軍勢の半分の軍勢を与えてくれるなら、リヨンで迎え撃ち、王の軍勢をこの地に入れはしないだろう」と漏らしたと言われる。

彼は、父王に刃向かうために立ち上がるよう民衆に呼びかけたが、誰も事を起こさなかったし、貴族たちも動かなかったので、逃げ出す道しか残されていなかった。シャバンヌは王太子を捕らえなければドーフィネを取っても意味はないと考え、一つの罠を仕掛けた。しかし、王太子は、義父の領地であるビュジェ〔訳注・アン川とローヌ川に挟まれたジュラ山地の南部地域〕を通って逃げ出した。彼は、狩を口実に家来たちを渡河させ、自分は速歩でビュジェとヴァル＝ロメを横切り、三十里《リュー》ほど進んでフランシュ＝コンテのサン＝クロードへ行き、ブルゴーニュ公フィリップのもとに身を寄せたのだった。

第四章　シャルル七世とフィリップ善良公（続）

シャルル七世は、ブルゴーニュ公フィリップが王太子ルイを迎え入れたことを聞くと、「公は狐を匿ったのだ。飼っている鶏をいまに食い尽くされてしまうだろう」と言った。事実、これはあの古い『狐物語 Roman de Renard』に付け加えられるべき一つの興味深いエピソードとなる。この中世の偉大な笑劇は、数えきれないほどの詩を生み出しながら、歴史のなかで生き続けているように思われる。この場合の王太子も、狼のイザングラン（イセングリヌス）の館に客人とし相棒として居候し、改心して謙虚で優しくなった振りをしながら、こっそりその内情を観察している狐であった。

まず、この「善良な人物」（王太子）は、自分の臣下たちには父王に対しあくまで抵抗を続けるよう命じながら、その一方で、自らは、丁重で恭しげな手紙を父親に送っている。

「わが主君にして父上のお許しによって、聖なる教会の守護者であるからには、法王の要請に従って、カトリック信仰を守るためトルコ人との戦いに赴かんとしているブルゴーニュの叔父君に同行しないわけにいかなかったのであります。」

それとともに彼は、フランスの全司教宛てに、この神聖な企ての成功を祈ってほしいとの書簡を送った。

彼がブルゴーニュの宮廷に到着すると、彼とブルゴーニュ公、そして公妃の間で、大仰な謙遜合戦が始まった。フィリップ善良公と公妃イザベル・ド・ポルテュガルは、王太子に遠慮を示し、ほとんど王であるかのようにもてなした。それに対し、王太子のほうも、いかにも世界で最も惨めな人間であるかのように振る舞い、これまでに如何に多くの迫害を堪え忍んできたかを語って涙を誘った。ブルゴーニュ公は王太子に「わたしのことも、家来たちも財産も、あなたの思うようになされよ」と言ったが、王太子が望んでいたこと、すなわちフランス王国に戻り、父王を監督下に置くために軍勢を貸してほしいという要請については、折れなかった。

ブルゴーニュ公フィリップは、そのことでは少しも急ぎたくなかった。彼は老いていたし、彼の公国は広大で図体は堂々としていたが、内実はあまりよくなかった。フランドルはずっと悩みの種であり、とくにホラントには手を焼かされた。加えて、彼の家臣たち、とりわけクロワ殿〔訳注・クルーイ Crouy ともいい、ブルゴーニュ公の家令を務めた〕は彼の主人のようで、戦争に反対であった。もし、戦争になったら、膨大な負担が懸かってくるうえ、公国内で反乱を誘発する危険性もあった

王太子のほうも、自分がいかにも最も惨めな人間であるかのように振る舞い、
涙を誘った

からである。しかも、戦うとなった場合、いったい誰が指揮を執るのか？　ブルゴーニュ公の跡継ぎで、若く荒っぽいシャロレー伯〔訳注・のちのシャルル突進公〕が指揮するとなれば、その母親イザベルが主導権を握り、クロワ一族は追放される恐れがあった。

シャルル七世の顧問たちは、すべてを知りつくしていた。彼らはブルゴーニュ公があえて戦争をすることはないと確信していたので、もし王が許してくれるなら、王太子を捕らえるためにブラバントの奥にまで戦争を仕掛けていたであろう。すでに彼らは、ルクセンブルクの生まれでボヘミアとハンガリーの若き王ラディスラス（ワディスワフ）に王女（マドレーヌ）を嫁がせることを王にも決意させていた。そうなれば、ルクセンブルクは娘婿の相続財産としてランス王の支配下に入るからで、王はすでにティオンヴィル〔訳注・メッスの北で、ルクセンブルク伯の古城がある〕とその保護下にある領地を自分のものにすることを宣言していた。しかし、パリ入りしたハンガリーの使節が王女を伴って出発しようとしていたそのときに、ラディスラスの死去が伝えられ、この縁組は消えた。

それとともに、シャルル七世とフィリップ・ル・ボンの戦争も先延ばしされた。王もブルゴーニュ公もすでに老いており、戦争よりは、裁判や文書によって決着をつけるほうがよいと考えていた。それが、どのように行われたか詳細を述べる前に、まず何よりも、ブルゴーニュ家の力とは何であったかを説明し、この時代の封建制度の全般的性格を知っていただく必要がある。

ブルゴーニュ公は、その公国においても、フランスにおいても、あくまで政治的封建体制の首長であり、ほんとうの意味での封建領主ではまったくなかった。本来の封建制度の法を作り上げていたもの、領民をして自分たちに重荷をかけてくる人々に尊敬心と敬愛の気持ちを抱かせていたもの、それは、領主が根底的に土着の人だったということである。すなわち、領主一家がその土地で生まれ、その土地に根を下ろし、みんなと同じ生活をしている人、いうなれば『ゲニウス・ロキ genius loci』〔訳注・土地の神霊、氏神〕だったからである。ところが、その全てが、十五世紀には、結婚や相続、王からの贈与などのために覆されてしまっていた。

領主にとっては、封地は集中化し固定されていることが有利であったが、結婚などによっていまや各地に分散し、歴史的経緯のなかで生まれた憎しみ合いでバラバラになったうえ、隣人とは滅多に同盟しなかった。領主たちにとって、隣人はむしろ敵であり、安心できる同盟者は、王国の涯どころか、さらに遠く外国にまで求めなければならなくなっていた。ブーローニュとオーヴェルニュのように、奇妙で不思議な封地の合併が行われたのは、そのためである。

通常、近隣同士の間にあったのは、激しい憎悪であった。たとえば北フランスでは、アルマニャック派の領主たちは、その残虐ぶりから無数の恐るべき思い出を遺しており、彼らの名前自体が侮蔑語になっているほどである。そうしたアルマニャック派の連中が定着し打ち立てたのがヌムール公領であった。

ブルゴーニュ家が築いていた不思議な帝国は、このように、互いに敵対している多様な住民が同じ一つの名称のもとにまとめられていた最も顕著な事例の一つであった。ブルゴーニュ公は、その本領地においてさえ、「土着の領主」（seigneur naturelle）では全くなかった。中世には人々の尊敬心を呼び起こす強力な響きをもっていたこの「seigneur naturelle」という言葉は、ここでは明らかに一つの嘘になっていた。ブルゴーニュ家の家臣たちは、ブルゴーニュ一門の凋落を惜しみながらも、まだ倒れないでいる間は、その多様な地方のぎくしゃくした集合体、この未消化の要素の組み合わせを無理矢理にでも維持するほかはなかった。

また、低地地方には二つの言語があり、そのそれぞれに二十を超える方言があり、さらにすぐ近くに住んでいる人でも聞き取れないくらいの《訛り》とドイツ人たちにも理解できないような《ドイツ語の卑語》があった。それは、あたかも、一人が「石 pierre」をほしいと言っているのに、他方は《石膏 plâtre》と勘違いしてしまうため作業がつづけられなくなったあの『創世記 Genése』のバベルの塔の話のようであった。そのため、さまざまな難問が生じ、裁判においても、フランドル語からワロン語やフランス語に通訳されたものの、原告も被告も裁判官もよく理解できず、間違えて判決を下し、無実の人が絞首刑や車裂きの刑に処されるなどといった事態が起きた。

それだけではない。州ごと、町ごと、村ごとに、自分の国訛りや慣習を誇って近隣のそれを嘲ったので、絶えず町同士の憎み合いや争い、祭のときなど乱闘騒ぎが繰り広げられた。ワロン人だけを見ても、たとえばメジエールやジヴェからディナンまで、そこには、なんという多様性があったことだろう！　また、封建的なナミュールと共和的なリエージュでは全てが異なっていた。ホラント人たちは、同じフランドルでも自分たちと同じドイツ語系の言葉を話す人々への親近感から、何かというと、武器を執ってフランドルに攻め込んだ。奇妙なことだが、起伏のない単調な低地であるためあらゆる違いが和らげられ、地理的区切りがないため物憂げな河川の流れも忘れられてしまいそうなこの地方では、それだけ、社会的対立が強く現れるのだ。

しかし、ブルゴーニュ公フィリップ善良公の悩みの種は、低地地方だけではなかった。彼の祖父（フィリップ豪胆公）の資産を作り出したマルグリット・ド・フランドルとの結婚は、ソーヌ川とムーズ川、エスコー（スヘルデ）川に障壁を造り、この三重の障碍がさらに無数の障壁を生み出していた。豪胆公は一つの帝国を手に入れたが、それと一緒に何百という未決の裁判、これから起きる訴訟、あらゆる人々との関わり合いと論争、もっと獲得しようという誘惑、何百年も尾を引く戦争の契機をも取り込んでしまったのだった。いうなれば、彼は、この結婚で、まったく性格の合わない女性を妻にし、果てしない諍いに巻き込まれたのである。

しかも、それだけではなかった。その後も、代々のブルゴーニュ公は、それをさらに複雑にし、《アンブロリオ imbroglio》〔訳注・「複雑に筋の込んだ劇」をさすイタリア語由来の言葉〕にしていった。

「それは、ますます複雑に絡み合い、もつれ合っていった。」

彼らは、ルクセンブルクとフリースランドとホラントを手に入れたが、そのため神聖ローマ帝国すなわち鈍重で広漠としたドイツ諸邦との際限のない訴訟沙汰に巻き込まれた。それは長期にわたるゲームであったが、あらゆる無限のものとの抗争がそうであるように、最後には敗北せざるをえない。

フランス側では、事態はさらに輪をかけて複雑であった。ムーズ川とリエージュ、ラ・マルク家〔訳注・アルデンヌ地方のブイヨン公領を領していた〕を通じて、ブラバントとルクセンブルクの間の《小フランス》〔ワロン地方〕には、さまざまな形でフランスからの揺さぶりがかかった。フランスの高等法院は、フランドルに対しても裁判権をもっており、実際に行使することは稀であったが、行使したときは苛酷さを思い知らせた。

フランスは、ブルゴーニュ公に対し、さらに直接的影響力を及ぼした。このフランス王家の次男坊がフランスと戦うのにどんな手段があったろうか？　戦いとなれば、結局は、本領地のフランス人を使う以外になかった。彼は、フランドル人にはカネを要求したが、自分に助言したり、自分のために剣を振るってもらうことについては、ワロン人とフランス人に求めるほかなかった。彼の顧問のなかでも、ローラン〔Raulin〕、ユゴネ、ウンベルクール、グランヴェルといった人々は、いずれも二つのブルゴーニュ〔訳注・ローヌ右岸に広がるフランス領内の「ブルゴーニュ公領」とローヌ左岸の神聖ローマ帝国領内の「ブルゴーニュ伯領」〕の生まれである。フィリップ善良公の腹心の家臣、トゥスタンはブルゴーニュ人であり、カール大帝にとってのローラン〔Roland〕に相当する忠実で勇敢な騎士、ジャック・ド・ラレンはエノーの人であった。

ブルゴーニュ公がフランス人しか用いなかったため、造られた「帝国」もフランスの小型版であった。フランスが会計院（Chambre des comptes）をもっていたのに倣って、彼らも会計院を作った。フランスの高等法院（Parlement）に倣って自分たちの高等法院を、そして《最高枢密院 Conseil supérieur》を設けた。フランスが慣習法（coutumes）の見直しを宣言する（一四五三年）と、彼らも直ちに自分たちの慣習法の改定に着手（一四五九年）している。

貧弱で色あせ、涸渇したフランスが、傲慢なブルゴーニュと肥満なフランドルを自分の渦巻きのなかに引き込むなどということがどうしてできたのだろうか？　それは、おそらく王国としての偉大さによってであったが、それ以上に、その中央集権化の才能、遙か遠く離れた世界もフランスを模倣したくなるような「文化の普及者」としての本能による。

フランスでは、早い時期から言葉と法律の統一化が進められてきた。一三〇〇年ごろには、何百というたくさんの方言のなかから、ジョワンヴィルやボーマノワールが使っているような一つの標準語が引き出されていた。それと同時に、ドイツや低地諸国がその夢想癖の赴くままに神秘主義の小径に迷い込んでいったのに対し、フランスは、パリで発展を遂げたスコラ学のなかに哲学を中央集権化したのであった。

各地の多様な慣習も、立法によってではないにしても、少なくとも法解釈によって、ゆっくりとだが確実に中央集権化されていった。高等法院は、早い時期から、地方的しきたり（usage locaux）や古い裁判方式、物質的シンボルに対する戦いを宣言し、《公正 équité》と《道理 raison》より上位にいかなる権威も認めないことを明言していた。

このようなのが、何ものも抗えないフランスの吸引力であった。ブルゴーニュ公は、なんとかこのフランスの吸引力から脱出してドイツ人やイギリス人になろうと努力したが、意に反して、ますますフランス的になっていった。フィリップ善良公は、晩年、ユトレヒトとリエージュの帝国司教区が自分たちの司教に圧力をかけ、フリースラント全体が皇帝寄りに傾いていったとき、決定的にフランスに頼らざるをえなかった。すなわち、ピカルディーのクロワ家に権力の主要部分だけでなく、いわば我が家の鍵である国境の要衝まで委ね、彼らがその門をフランス王のために開けるのを許し、最後には、いわばフランスそのものを我が家に受け入れ、その危険な近代的精神の悪魔に身を委ねたのであった。

フィリップ善良公のもと、その食卓の残り物で養われた「謙虚で優しい王太子ルイ」は、ブルゴーニュ家の栄華の足元にある弱点をよく見抜くことのできる人間であった。彼には、惨めな生活のなかにあって、観察し考える時間があった。彼は、ブリュッセルの近くのジュナップで忍耐強く待った。宿泊代は主人（hôte）が払ってくれたものの、たくさんの家臣がいるので、妻シャルロットがサヴォワからもたらした持参金と商人たちからの借金で生き延びるのがやっとであった。ブルターニュ公など親族の公子たちに助けを求めたが、にべもなく断られた。

このため、ホストたちを喜ばせなければならず、小咄を次々作ったが、悲劇好みの従兄弟シャロレーのために作った小咄を集めたのが『新百物語 Cent Nouvelles nouvelles』である。〔訳注・『新百物語』はボッカッチョの『デカメロン』に倣ったもので、伝統的にルイ十一世の作とされていた。十九世紀末になって、アントワーヌ・ド・ラ・サル（1389-1469）の作という説が有力になったが、これも今は否定され、作者不詳というのが通説である。〕古い寓話を仕立て直したこの小咄集はエスプリが利いていて、フィリップ善良公のために騎士道物語を翻案したとされる『アマディス Amadis, le Chevalier du lion』〔訳注・半分はスペイン語、半分はフランスで書かれた何人かによる合作で、のちにセルバンテスは、この主人公を戯画化してドン・キホーテを生み出したとされている〕などのような物語よりずっと、王太子ルイのような明快で活発な精神の人にはふさわしいように思われる。

このブルゴーニュの宮廷では、すべてが重々しく修辞学的であった。様式だけでなく典礼やエチケットにさえ、ばかばかしいほどの華美と誇張が好まれた。諸都市もこれに倣い、ブルジョワの同業者信心会が各都市に作られ、そこで演説する人は、無邪気に『修辞家組合 Chambre de rhétrique』を名乗った。

形式だけで中身がなく空疎な象徴主義的思いつきは、近代的精神が印刷所のなかで輝きを放つようになっていたときには、外皮の表象を剝がされ象徴は投げ捨てられて、すっかり色褪せ、時代に合わなくなっていた。こんな物語がある。──一人の夢想家が、ホラントの生彩のない森のなかを彷徨っているとき、楢の木の皺だらけの外皮が北風に煽られて剝がれ、そこから動く文字が現れて話しかけてくる幻想を見た。ついで、ライン地方のある探求者は、一つの本物の秘儀を見つけた。

このドイツの天才（グーテンベルク）は、文字に生命の豊穣さをもたらす力を見出したのである。彼は、文字が男から女へ授精するように、鑿から活字の鋳型へと受胎させる方法を考えついた。こうして世界は無限のなかに入っていったのであった。——

これは、無限の検証にかけられるということでもある。形も装いもない、この控え目で慎ましい芸術は、どこにでも動き回り、迅速で恐るべき力をもって全てを動かし破壊した。あらゆる国が壊れた。教会も同じであった。あらゆるものが、自らを根底から見つめ、自らを知るためには、壊される必要があった。大麦の穀粒は粉になるには、臼にかけられなければならなかった。

われらの王太子ルイは、飽くことを知らない読書家で、ドーフィネからブラバントへ、自分の蔵書を移させていた。このなかには、印刷が始まった最初期の本も入っていたに違いない。もしも、言われていることが本当なら、彼は、誰よりもこの新しい技術の重要性を感じていて、即位するやシュトラスブルクに人を送り、印刷業者たちをパリに呼び寄せた。少なくとも、印刷を魔術だと信じていた人々から印刷業者たちをルイが保護したのは確かである。

この不安定な天才は、生まれながらにあらゆる近代的直観を（善悪ともに）身につけていたが、それ以上に、あらゆる過去への軽蔑心と破壊への焦燥を抱いていた。彼の精神は散文的に干涸らびており、で、多分、一人の人物を除いては誰にも畏怖心というものを抱かなかった。それは、莫大な資産をもった「剣と策略の士」フランチェスコ・スフォルツァ〔訳注・婚姻によってヴィスコンティ家に代わったミラノ公で、南フランスにも勢力を拡大してきていた〕である。また、ルイは、ブルゴーニュ家の騎士道に関する拘りには、王太子のころは、外面上はまだしも同調していたが、王になるや露骨に無視していった。

ブルゴーニュ公フィリップがパリで催した騎馬槍試合には、大領主たち全員が参加し、試合に出場したりパレードに参加したが、一人の身元不詳の男が競技場に現れ、次々と相手を地面に突き落として負かし、優勝し賞金を手に入れると姿を消してしまった。このときも、ルイは場内の隅からこっそりと、この光景を楽しんだ。

さて、彼は、ブリュッセル南方のジュナップで閑居している時期、退屈な時間を二つのことに費やした。一つは父王シャルル七世を絶望の淵に追い込むことであり、もう一つは自分を受け入れてくれたブルゴーニュ家をじわじわ蝕むことである。

哀れなシャルル七世は、自分が次第に不安で不吉な力に取り巻かれていくのを感じていた。彼には安心できる確かなものは何も見出せなかった。このため、精神は衰弱し、ついには自暴自棄になった。そして、毒殺されることへの恐怖から飢え死にしたのだった。

ブルゴーニュ公フィリップのほうは、まだ死ななかったが、王に較べてましというわけでもなかった。彼も心身ともにますます病的になり、息子および妻とクロワ一族を折り合わせることに精力を費やした。

王太子は、このブルゴーニュ家の相対立する両派と巧みに付き合い、息子のシャロレー伯のもとには、信頼できる人物を一人持っていた。彼は、口で唆しはしなかったが、その行動によって、ブルゴーニュ公に息子シャルルに対する猜疑心を増幅させた。親子は不仲となり、血気に逸る息子は危うく王太子に倣って父親に反旗をひるがえしそうなところまでいく。彼は、シャルル七世のもとに人を送り、自分をフランス王国に受け入れてもらえるかどうか、探りを入れさせた。

したがって、ブルゴーニュ公とフランス王の争いは、まだ終わりそうになかった。仮にシャルル七世が亡くなり、王太子ルイがブルゴーニュ公の先導でランスに赴き、聖油を受けて即位したとしても、今度は、この二人の間で抗争が続いたに違いない。なぜなら、これは、フランス王家の長兄が引き継いだ均質的な《大フランス》に対する、ドイツと混じり合った弟の《フランス》の戦いだったからである。フランス王は、知ると知らざるとにかかわらず、ブルジョワ階級と小貴族、農民から成る「生まれつつある国民」の王であり、さらにいえば、ジャンヌ・ダルクの、ブレゼの、ビュローの、そしてジャック・クールの王である。対するブルゴーニュ公は、フランスおよび低地諸国の貴族によって担がれた封建君主であり、直接の臣下でない人々からも頼りにされる「騎士的名誉の審判者」であった。

王がブルゴーニュ公に対抗するのに持っていたのが《高等法院》という法的手段であったのに対し、ブルゴーニュ公のほうが持っていたのは《金羊毛騎士団》で、その法廷を通して、フランスの大貴族たちの上に強力な支配力を発揮した。この騎士団では、メンバーの立場は建前上は平等で、過ちを犯せばブルゴーニュ公といえども、他のメンバーと同じように全員の前で叱責されることになっていたが、しかしながら、実質的には、騎士団評議会は、ブルゴーニュ公を裁判官とする一種の法廷であり、ブルゴーニュ公は、評議会の決議によって、好きなように騎士たちに賞罰を与えることができた。

ガンのサン゠ジャン教会には、騎士たちの盾型紋章が掲げられていたが、騎士自身の功罪によっては、黒く塗りつぶされたり抹消されることもあった。たとえばヌーシャテル殿とヌヴェール伯は、卑劣な振舞いがあったとして除名され、オランジュ公とデンマーク王は、入団を拒否されている。その反対にアランソン公は、高等法院からは有罪宣告を受けたが、《金羊毛騎士団》では栄誉をもって遇されている。大貴族たちは、パリでは検事たちによって名誉を剝奪されても、各国の王侯が列なるブルゴーニュ公の《騎士道の法廷》で称えられることに、より一層の慰めを見出した。

《金羊毛騎士団》の歴史でも、絶頂期を示す最も栄光に満ちた一章は、おそらく一四四六年のそれである。フランスは、すべてが平和で、イギリスについては、何も恐れることはなかった。ブルゴーニュ公は、長年のライバルであったオルレアン公シャルルの身柄をイギリスから買い戻し、騎士団本部の自分の傍らに坐らせた。ふたりの間に確執があったことなど、想像もできないほどであった。ブルターニュには、まだイギリス軍がいたが、ブルターニュ公も金羊毛騎士団に入り、あえて平定するまでもなく平和であった。低地諸国も、ブリュージュとガンの二つの噴火口の間にあって静かであった。低地地域を二分してきたゼーラントとフランドルの争いは、ブルゴーニュ公から軍事力を託されたゼーラントの提督によって終息して両者の結合が成り、ブルゴーニュ公の北海沿岸における力は強化されたように見えた。

当時まだ若く、小姓に過ぎなかったオリヴィエ・ド・ラ・マルシュ〔訳注・年代記者〕は、この騎士団の儀式に参列し、騎士団の老いた王から秘儀の一つ一つについて説明を受けながら、見聞した有様を感嘆をまじえて語っている。騎士たちは、それぞれに〔欠席者や死者さえも代理人を立てて〕競って献金にやってきていた。

最初にブルゴーニュ公が祭壇の前に呼ばれた。そこには、四角い金色のクッションが待っていた。

「王の使者の補佐官は、騎士団の創設者にして首長であるブルゴーニュ公の大ローソクを執り、それに口づけをすると、騎士団の指揮官に渡した。指揮官は三度跪いて受け取り、ブルゴーニュ公の前にやってきて言った。『金羊毛騎士団の首領にして創設者たるブルゴーニュおよびロトリッヒ、ブラバント、リンブルク、ルクセンブルクの公爵、フランドル、アルトワ、ブルゴーニュの伯爵、ホラント、ゼーラント、ナミュールの宮中伯、神聖帝国、フリースラント、サラン、マリーヌの領主よ、献金台に進みたまえ！』」〔訳注・ロトリッヒはロレーヌ、サランは、ジュラ地方の領地、マリーヌはアントワープの近くにあった領地と思われる。〕

この同じ日、騎士団の饗宴が催され、全員が宝石を散りばめ、威厳と栄光を表すビロードのマントを着てテーブルに着き、ブルゴーニュ公が公爵というより皇帝という様子で貴族の一人の手から水とナプキンを受け取ったとき、黒い裾長の胴着を着た小柄の男がどこからともなく現れ、跪いて一通の書状を差し出した。

それは、嘆願書ではなく、ブルゴーニュ公およびその甥エタンプ伯、この場にいるあらゆる貴族に対するパリ高等法院の召喚状であった。――この執達吏は、「これは、あなたがたののぼせあがりに対する天罰であり、あなたがたに立場を思い知らせようがためなのだ」と言うためにやってきたかのようであった。

それ以前にも、ブルゴーニュ公がリールに滞在しているとき、一人の執達吏がやってきて鉄のハンマーで牢獄の錠前を壊し、ある囚人を連行しようとしたことがあった。その騒ぎを聞いて、ブルゴーニュ公も姿を見せた。


「件の執達吏は、なおも、ハンマーを振るって錠前を壊し、鉄柵を撃ち続けていた。」


しかし、ブルゴーニュ公は何も言わず、部下たちが、この男を川に放り込もうとするのを遮ったのであった。

金羊毛騎士団の饗宴のときのあの黒衣の男の出現は、衰弱した封建制の偽りの復活に対する《メメント・モリ memento mori》〔訳注・「死を忘れるな」の意〕の警告でないとしたら、何だっただろうか？　そして、高等法院から送られた男がハンマーで壊したものとは、バラバラで対立する二十

件の執達吏は、なおもハンマーを振るって……

以上の断片から成る、人工的で脆く、本来存立不能なブルゴーニュの《帝国》そのものでないとしたら、何だったであろうか？

訳者あとがき

ミシュレ『フランス史』（中世編）第五巻は、ジャンヌ・ダルクの生と死に捧げられた第十部と、勢いを取り戻したフランスが、いかにしてイギリス軍をフランスの国土から追い返したかを述べた第十一部、そして、ブルゴーニュ公国の盛衰を扱った第十二部とから成っている。第十一部のイングランドの急激な凋落の根底にあったランカスター家とヨーク家の抗争は、シェイクスピア史劇でも扱われている。第十二部のブルゴーニュ公国の栄華は、ホイジンガの『中世の秋』で論じられているところなので、興味をそそられるという読者が多いであろう。

しかし、なんといっても、おそらく著者のミシュレ自身が最も力を入れ、愛着をもって取り組んだのがジャンヌ・ダルクを扱った第十部であることは明白である。この第五巻にあたる部分が刊行されたのは一八四一年であるが、ミシュレは、その十二年後の一八五三年、短い序文と若干の手直しを加え、単行本『ジャンヌ・ダルク』として世に出している。この一事にも、ミシュレの思い入れの深さが窺われる。

わたしは、この『フランス史』第一巻の「訳者あとがき」のなかで、「一八六九年の序文」に関連し、ミシュレにとってフランスの国自体が女神の姿で映っていたのではないか、という意味のことを書いたが、ジャンヌ・ダルクは、その《女神》の化身あるいは使いというイメージで現れていたのではないか、とも推察される。

人民史家ミシュレが、その四十年以上に及んだ労作『フランス史』を執筆し、刊行していた時期は、フランスにとってナポレオン三世による帝政時代と古くからの隣国でありながら新興国でもあったプロイセンが圧力を増し、ついに普仏戦争が勃発し、パリがプロイセンの軍靴によって蹂躙されるにいたった暗澹たる時代であったろう。そのなかで、かつて祖国フランスがイギリス人たちによって軍事的に侵略されたときに、これを追い返した「救国の乙女」ジャンヌ・ダルクは、フランスのナショナリズムを掻きたてる偶像として担がれる恐れはあったし、事実、多くのフランス人たちにとって、ジャンヌはそのような存在であったことが容易に想像される。

しかし、ミシュレは、偏狭なナショナリズムには警戒というよりも以上に嫌悪を懐いたようである。ジャンヌがそのような狭い感情で捉えるべき乙女ではなかったことを、彼は、戦った相手のイギリス兵たちに対して彼女が示した思いやりを指摘することによって明らかにしている。さらに、古い教会の祭壇の奥から彼女自身が見つけた「聖女カテリナの剣」が軍隊について歩いている売春婦をこの剣で打ったところ折れてしまったと述べたり、このような乙女ジャンヌにしてなお、現実の戦いにあっては、敵を殺すことに喜びを覚えさせる「悪魔の誘惑」に抗することがいかに難しかったかも指摘している（本書96〜97頁）。ミシュレの記述を綿密に読むと、彼女が燃えさかる炎のなかに最期を迎えなければならなかったことを、ある面では一時的にせよ、そうした誘惑に迷ったことの「報い」としているように思われるところもある。

しかし、だからといって人間とは愚かなものだと言うのではない。ジャンヌ・ダルクについての結びの段でミシュレは「彼女を際立って特徴づけていたのは、善意と慈愛、魂の優しさである」とし、彼女は、現実の厳しい試練のなかにあって「この内なる宝を損なわないで」守り通したからこそ「神の子ら」として選ばれし人なのだと言う。むしろミシュレは、人は誰でも、この「選ばれし人」になる可能性をもっていると言いたかったに違いない。

二〇一七年七月

【ヤ行】

ヤン・フス Jean Huss　184-185
ユゴネ Hugonet　371
ユディト Judith　52, 158
ヨーク公リチャード York, duc d'　231, 260, 263, 269-272, 279, 281-282, 284-285, 287, 360, 362
ヨハネス・フォン・ミュラー Jean de Müller　240
ヨーハン（ボヘミア王）Jean de Bohême　107
ヨランド（アンジュー家首長。シチリア王妃）Yolande　24, 26, 37, 61, 66, 102, 113, 190, 220-221, 223, 227, 329, 355

【ラ行】

ラ・イール（エティエンヌ・ド・ヴィニョール）La Hire　30, 34-35, 37, 68-70, 75, 115-116, 205
ラ・トレムイユ La Trémouille　27, 80, 190, 223, 225, 228
ラ・プール La Poule　65
ラ・マルク La Marck　371
ラディスラス（ハンガリー王ワディスワフ）Ladislas　367
ラノワ（フランドルの代官）Lannoy　316
ラレン家 Lalaing, les　333
リーヴァン・ブーン Lievin Boone　332
リシャール（修道士）Richard　45
リシュモン伯アルチュール（ブルターニュ公の弟）Richemont, comte de　26, 37, 197, 213
リチャード（獅子心王）Richard le Coeur du Lion　116, 292, 347
リチャード二世 Richard　227, 258, 265, 270, 294
ル・サングリエ Le Sanglier　225
ルイ十一世（王太子）Louis　37, 114, 213, 225, 228-229, 236-237, 244, 247, 325, 328, 332, 354-355, 359-361, 364, 373-375, 377
ルーカス・ファン・レイデン Lucas Van Leyden　309
ルースブルーク（ロイスブロック）Rusbrock　8
ルードルフス（ザクセンの）Ludolph　7
ルネ・ダンジュー（バール公。ナポリ王。プロヴァンス伯）René d'Anjou　26, 31, 38, 53, 113, 190, 198, 274, 276-277
ルノー・ド・シャルトル（ランス大司教）Renauld de Chartres　63, 72
ルーベンス Rubens　103, 106, 352
レノラ・コッバム Lenora Cobham　186
ローラン Roland　371
ローラン Raulin　371
ロワズルール Loyseleur　140-141, 150-151, 165

260
ホロフェルネス（アッシリアの将軍）Holopherne　52

【マ行】

マーガレット（エドワード四世の妹。突進公の妻）Marguerite d' York　303, 344
マクシミリアン Maximilien　303
マージェリー（魔女）Margery　187, 259
マシュー（ジャンヌ・ダルクの死刑執行人）Massieu　165, 169, 173
マソン（アルマニャック派の長老）Maçon　83
マチュー・ド・クーシィ Mathieu de Coucy　250-251, 279
マティアス Mathias　30
マリー（アヴィニョンの）Marie d'Avignon　45
マリー（クレーヴ公アドルフの娘）Marie　229
マリー（ロレーヌ公の娘）Marie　256
マリー・ダンジュー（シャルル七世妃）Marie d'Anjou　24, 61, 223, 244
マリー・ド・ブルゴーニュ（突進公の娘）Marie　303
マリー・ド・ブルボン Marie de Bourbon　198
マリア（聖母）Marie　92, 132, 236
マリア（マグダラの）Marie Madelaine　103
マーリン Merlin　53
マルガリータ（聖）Marguerite　52, 55, 128
マルグリット（スコットランドの）Marguerite d'Ecosse　355
マルグリット（マーガレット）・ダンジュー（ヘンリー六世妃）Marguerite d'Anjou　238, 255-259, 265, 268, 270, 278, 285, 295
マルグリット・ド・フランドル（豪胆公の妻）Marguerite de Flandre　105, 309, 370
マルタン・ラドヴニュ Martin l'Advenu　163
マレストロワ（ジル・ド・レに対抗したナントの司教）Malestroit　206
マンジェット（ジャンヌ・ダルクの友だち）Mengette　57
ミカエル（大天使）Michel　52, 55, 78, 125, 137, 168
ミシェル・ド・フランス（シャルル六世の娘。フィリップ善良公の妻）Michelle de France　22, 230
ミルトン Milton　155
メアリー・スチュアート Marie Stuart　256
メディチ家 Médicis, les　351, 359
メフメット二世 Mahomet　345
メフレ Meffraie　207
モーゼ Moïse　15
モーティマー（ロジャー）Mortimer, Roger　281-283
モンストルレ Monstrelet　230, 279

96, 129
フランソワ一世 François　221, 252, 274
フランチェスコ（聖）François　7
ブラントーム Brantôme　221
ブルクハルト・モンク Burckhard Monck　244, 246-247
ブルゴーニュ公 Bourgogne, duc de
——フィリップ豪胆（1363-1404）Philippe le Hardi　21-23, 25, 105, 323, 370
——ジャン無畏（1404-1419）Jean sans Peur　13, 25-26, 89, 106, 129, 191, 197-198, 323-324
——フィリップ善良（1419-1467）Philippe le Bon　21-23, 34, 36, 67, 89, 93, 102-106, 113, 115, 187, 189-191, 193-194, 197-199, 217, 225, 232, 247, 256, 258, 302-304, 306, 314-316, 323-328, 330-331, 333, 336, 340, 343, 349, 351, 353, 360, 363-365, 367, 370-371, 373-374, 376
——シャルル突進（あるいは軽率）（1467-1477）Charles le Téméraire　241, 349, 367
ブルターニュ公 Bretagne, duc de
——ジャン五世 Jean（1399-1442）22, 198, 206, 213
——フランソワ一世 François（1442-1450）　221, 252, 274
——ピエール二世 Pierre（1450-1457）　329, 354
ブルボン（司令官）Bourbon, duc de
——ジャン一世 Jean（1410-1434）197
——シャルル一世 Charles（1434-1450）　196, 228-229, 353
ブレゼ Brézé, Pierre de　219, 329, 354, 377
フロラン・ディリエ Florent d'Illiers　68
フロワサール Froissart　12
ベタンクール家 Béthencourt, les　344
ベドフォード公ジョン Bedford, duc de　21-24, 28, 34, 36, 38, 40, 88-91, 108, 110, 156-157, 161, 182, 187-191, 196, 262-263, 292
ベネディクトゥス（聖）Benoît　305
ペラギウス Pélage　299
ペルッツィ家 Peruzzi, les　359
ヘンリー四世 Henri　89, 294
ヘンリー五世 Henri　17, 22-23, 25, 41, 108, 154, 180, 184-186, 188, 197, 292-294, 299
ヘンリー六世 Henri　21, 40-41, 79, 85, 89-91, 100, 109, 116-118, 180-184, 188, 190, 193-194, 237-238, 259-260, 265, 268, 272, 287, 294-296
ヘンリー・ボーシャン Henri Beauchamp　154
ボッカッチョ Boccace　374
ボードリクール（ヴォークルールの守備隊長）Baudricourt　53, 57-59
ボードワン九世（フランドル伯）Baudoin　346
ボーマノワール Beaumanoir　372
ボリングブローク Bolingbroke　259-

デュゲクラン Duguesclin　26, 39
テュディ（エギディウス）Tschudi, Egidius　240
デュノワ伯 Dunois, Jean　30-31, 35-37, 62, 66, 68, 71-74, 76, 189, 219, 225, 227-228, 232, 236, 274, 362
テルナン卿 Ternant, sire de　104
トゥアール家 Thouard, les　207
トゥスタン Toustain　371
トマ・ド・ケンペン（トマス・ア・ケンピス）Thomas de Kempen　5
トマス（聖）Thomas d'Aquin　135
ドロテア Dorothea　48

【ナ行】

ニコラ・ド・フリュ Nicolas de Flue　242
ニコラ・ミディ Nicolas Midy　146, 167
ネロ（帝）Néron　210
ノーフォーク公ジョン Norfolk, duc de　281

【ハ行】

バイロン Byron　155
ハインリヒ四世 Henri　204
ハインリヒ七世 Henri　107
パコミオス（聖）Pacôme　305
パスカル Pascal　8
パスクレ（ジャンヌ・ダルクの従軍司祭）Pasqueret　67, 98
バッキンガム公ハンフリー Buckingham, duc de　281-282
パピニアヌス Papinien　134
バール公 Bar, duc de　25, 31, 38
バルディ家 Bardi, les　359
バルバザン Barbazan　116
ピエール・ダルク（ジャンヌ・ダルクの兄）Pierre d'Arc　49, 66
ピエール・ド・ロピタル Pierre de l'Hospital　207
ピエール・モリス（ジャンヌ・ダルクに付けられた説教師）Pierre Morice　149, 165
ピエレット Pierette　45
ピッティ（ブオナコルソ）Pitti, Buonacorso　359
ピラト（ポンティウス）Pilate, Ponce　155
ピロクテテス Philoctète　177
ファン・エイク Van Eyck　104
フィリッパ Philippa　103, 193, 344
フィリップ・オーギュスト Philippe Auguste　267
フィリップ・ド・ヴァロワ Philippe de Valois　40
フィリップ四世 Philippe　41, 331
フィリップ・ファン・アルテフェルデ Philippe d'Altevelde　309, 322
フォワ伯 Foix, comte de　24, 206, 234-235, 263, 274
フォルスタッフ（ジョン・フォルストルフ）Falstaff　34, 73, 75, 80-81
ブシコー（元帥）Boucicaut　101
ブラクモン家 Braquemont, les　344
ブラバント公ジャン Brabant, duc de　105
フランケ（アラスの）Franquet d'Arras

シャルル）Charles d'Orléans　30, 31, 38, 39, 62, 71, 115, 191, 213, 225, 229, 232, 304, 327, 378
シャルロット（オルレアン公の財務官の娘）Charlotte　71, 73
シャルロット・ド・サヴォワ（ルイ十一世妃）Charlotte de Savois　330, 373
シャロレー伯（のちの突進公）Charolais　349, 367, 373, 376
ジャン・シュロー Jean Sureau　223
ジャン・テュデール Jean Tudert　198
ジャン・ド・クラオン Jean de Craon　207
ジャン・ド・ブルゴーニュ（カンブレの司教）Jean de Bourgogne　102
ジャン・ド・ラ・フォンテーヌ Jean de la Fontaine　118, 133
ジャン・ド・リニー Jean de Ligny（→サン＝ポル伯ジャン・ド・リュクサンブール）
ジャン・ドーロン（ジャンヌ・ダルクの侍臣）Jean Daulon　66
ジャン・パスクレル（ジャンヌ・ダルクの告解師）Jean Pasquerel　67
ジャン・ビュロー（カルバリン砲の名手）Jean Bureau　219-220, 224, 232, 275, 285-286, 288-289, 291
ジャン・ラバトー Jean Rabateau　249
ジャン・ル・メートル（ジャンヌ・ダルクに付けられた異端審問官）Jean le Maître　140
ジャン・ロイエ Jean Lohier　134
ジャンヌ・アシェット Jeanne Hachette　43
ジャンヌ・ダルク Jeanne d'Arc　43-177, 182, 187, 202, 224, 354, 360, 377
ジャンヌ・ド・ナヴァール（フィリップ美男王の妃）Jeanne de Navare　103
ジョワンヴィル Joinville　47, 372
ジョン失地王 Jean sans Terre　258, 267
ジル・ド・レ Gilles de Retz　68-69, 206-207, 209, 212-213, 219, 226, 328
スチュアート Stuart　30
スフォルツァ（フランチェスコ）Sforza, Francesco　375
セイ卿（イングランド財務官）Say, lord　282
セガン（修道士。ポワティエ大学神学教授）Séguin　64
セルバンテス Cervantes　374
ソールズベリー伯（トマス・オブ・モンタギュ）Salisbury, comte de　29, 67

【タ行】

タウラー Tauler　8
タルボット伯ジョン Talbot, John　29, 68, 231
ダレイオス（ダリウス）Darius　195
タンギ・デュ・シャテル Tanneguy du Châtel　230
ダマルタン Dammartin（→シャバンヌ Chabannes）　354
チチェスター Chichester　264, 269, 295-296
テニールス（十七世紀の画家）Téniers　321-322

サフォーク公（ウィリアム・デラポール）Suffolk　263-265, 268-269, 271-273, 275-277, 279-281, 295
サマーセット（公）Somerset
——ジョン・ボーフォート John Beaufort（1409-1444）　237, 260
——エドマンド（弟）Edmund（1455没）　271-276, 279, 284-285, 287-288, 293
——ヘンリー Henry（1464没）　295
サン＝セヴェール（将軍）Saint-Sévère　68
サン＝テニャン Saint-Aignan　78
サン＝フランソワ・ド・サール Saint-François de Sales　5
サン＝ポル伯 Saint-Pol, comte de
——ジャン・ド・リュクサンブール Jean de Luxembourg（1391-1441）　94, 100, 106, 107, 109, 111, 113, 114, 189, 206
——ルイ・ド・リュクサンブール Louis de Luxembourg（1418-1475）　114, 230, 258, 336
——ジャック・ド・リュクサンブール Jacques de Luxembourg（1426-1487）　206
サントライユ Xaintraille　30, 36, 45, 68, 115, 161, 219
ジェルセン（ベネディクト会士）Gersen　5
ジェルソン（ジャン）Gerson, Jean　5, 79, 110, 158
ジギスムント Sigismond　184, 185, 244
シビュラ Sibylles　66
ジャクリーヌ（ホラントとエノーの女伯。グロスター公妃）Jacqueline　21-24, 102
ジャック・クール Jacques Coeur　219-220, 224, 250, 332, 356-359, 377
ジャック・ダルク Jacques d'Arc　47, 49
ジャック・ド・ラレン Jacques de Lalaing　334, 371
シャティヨン（ジャンヌ・ダルクに付けられた説教師）Chatillon　147, 148, 150
シャストラン Chastellain　226, 258, 352
シャバンヌ（ヴォーリュの）Chabannes　205, 225, 286, 354, 362-363
シャルル二世豪胆（ロレーヌ公）Charles　25, 31, 59, 61, 113
シャルル六世 Charles　20, 22, 26, 41, 181-182, 193, 195, 213, 230, 258, 323
シャルル七世 Charles　20-21, 23-27, 33, 37-38, 41, 43, 47, 60-61, 66, 72, 79-80, 83-85, 88-89, 91-94, 102, 110, 112-113, 116-140, 158, 180, 183, 188, 190, 193-195, 197-198, 201, 203, 215-221, 223-224, 226-228, 230-231, 234-235, 237, 244, 249, 252, 265, 274-275, 277, 285, 302-304, 313, 326, 328-329, 346, 353-356, 358, 360, 363-364, 367, 376, 377
シャルル・ド・ヴァロワ Charles de Valois　194
シャルル・ドルレアン（オルレアン公

Catherine de La Rochelle　45
カトルピエ Quatrepieds　191
ガブリエル（大天使）Gabriel　137, 148
カラカラ（帝）Calacalla　134
カール五世 Charles Quint　45, 303
カール・マルテル Charles Martel　67
カルマニョーラ（イタリア人将軍）Carmagnola（本名・Francesco Bussone）　246
カロ（画家）Callot, Jacques　46
ギィ・ブテイエ Gui Bouteiller　40
ギーズ公 Guise, duc de　45
ギデオン Gédéon　52, 104
キュラン Culan　68
ギヨーム・エラール Guillaume Erard　150
キリエル（トマス）Kyriel, Thomas　278
キリスト Christ, Jésus　4-8, 11, 18, 45, 69, 74, 101, 138, 141, 155, 175
クラシダス Clasidas　65
クリスティーヌ・ド・ピザン Christine de Pisan　79
クリフォード卿 Clifford　231
クレーヴ（クレーフェ）伯 Clèves　102
グレゴリウス（聖）Grégoire　136
グレゴリウス七世 Grégoire　204
クレマンジ Clémengis　110
グロスター公 Gloucester, duc de
——トマス・オヴ・ウッドストック Thomas of Woodstock（1355-1397）　270-271
——ハンフリー Humphrey（1391-1449）　21-24, 28, 89-91, 102, 108, 185-188, 196, 237, 259-263, 268, 269, 271
クレルモン伯 Clermont, comte de　34, 35, 197, 278
クロワ Croy（クルーイ Crouy）　365, 367, 373, 376
グンドルフィンゲン Gundolphingen, Gindolfingen　241
ケイド Cade（→モーティマー Mortimer）　281-283
ゲーテ Geothe　48
コアラゼ Coaraze　30, 68
ゴークール Gaucourt　68, 76
コーション（ピエール）Cauchon, Pierre　110-113, 117-120, 126-127, 133-136, 140, 145, 147, 148, 151-153, 161-164, 168-169, 171, 175, 182, 191, 202
ゴドフロワ（十八世紀の銅版画家）Godefroi　357
ゴドフロワ・ド・ブイヨン Godefroi de Bouillon　204
コネクタ Conecta　45
コマンジュ伯 Comminges, comte de　234
コルベール Colbert　250
コルンバヌス（聖）Colomban　46, 299

【サ行】

サヴォワ公（ルドヴィーコ）Savois, duc de, Louis　330, 336, 360, 362, 363

の母）Isabelle Romée　49
イザボー・ド・バヴィエール Isabeau de Bavière　41, 53, 182
イザングラン（狼イセングリヌス）Isengrin　364
イザンバール（ジャンヌ・ダルク処刑に立ち会ったアウグスティヌス会士）Isambart　165, 169, 172, 173
ヴァルペルガ Valperga　30
ヴァンドーム伯 Vendôme, comte de　232
ウィリアム（征服王）Guillaume le Conquéreur　299
ウィリアム・グラスデール William Glasdale　29, 65
ウィンチェスター枢機卿（ヘンリー・ボーフォート）Winchester　22, 28, 89-91, 108-111, 116-119, 140, 147, 150-152, 161, 168, 182, 186, 187, 189, 193, 194, 196, 238, 260, 264, 265, 269-271, 295
ヴォードモン（ブルゴーニュ公の弟）Vaudemont　190
ウォリック卿 Warwick, earl of
——リチャード・ボーシャン Richard Beauchamp（1382-1439）　145, 153, 162, 165, 180, 181, 189
——リチャード・ネヴィル Richard Neville（1439-1471）　109
ウベルティーノ・ディ・カサーレ Ubertine de Casal　7
ウンベルクール Humbercourt　371
エクセター公トマス・ボーフォート Exeter, duc d', Thomas Beaufort　281
エスティヴェ Estivet　118
エステル（クセルクセスの妃）Esther　158
エタンプ伯 Etampes, comte d'　232, 380
エドワード三世 Edouard　28, 40, 271, 281, 294, 359
エレオノール・コッバム（グロスター公ハンフリーの妃）Eléonore Cobham　23, 186, 259
エンリケ（ポルトガル王子。航海王）Henri　344
オッケゲム（音楽家）Ockegheim　350
オットー・カステラーニ Otto Castellani　359
オメット（ジャンヌ・ダルクの幼な友達）Haumette　49, 57
オリヴィエ・ド・ラ・マルシュ Olivier de la Marche　221, 348, 379
オールドカースル Oldcastle　184-186
オルレアン公 Orléans, duc d'
——ルイ Louis（1372-1407）　13, 35, 62, 219, 225, 324
——シャルル Charles（1391-1465）　30, 31, 33, 38, 39, 41, 71, 115, 225, 229, 232, 304, 325-327, 378

【カ行】

カテリナ（聖）Catherine　55, 67, 96, 125, 128, 168
カトリーヌ（シャルル六世の娘）Catherine　26, 41, 181
カトリーヌ（ラ・ロシェルの）

人名索引

※欧文表記は原著に従った。

【ア行】

アダム Adam　9
アドルフ（ゲルドル伯）Adolfe de Gueldre　206, 229
アニェス・ソレル Agnès Sorel　102, 221, 329, 330, 355
アハシュエロス（ダレイオス王の息子）Assuérus　195
アラン・シャルティエ Alain Chartier　355
アランソン公ジャン五世 Alençon, duc d', Jean　61, 80, 96, 221, 225, 227, 228, 356, 360-362, 378
アリエノール・ダクィテーヌ Eléonore d'Aquitaine　292, 299
アリソン・ド・メイ Arizon de May　25
アルフォンソ（アラゴン王）Alphonse　256
アルフォンソ寛大（ナポリ王）Alfonse le Magnanime　350-351
アルブレ（伯）Albret, comte d'　30, 234
アルベルトゥス・マグヌス Albert le Grand　350
アルマニャック伯リシュモン Richemont（アザンクールで英軍の捕虜となる）　97, 234, 237-238, 356
アン（女王）Anne　299
アングレーム伯 Angoulême, comte d'　232
アンジュー公 Anjou , duc d'
——ルイ二世（1384-1417）　24
——ルイ三世（1417-1434）　61
アントニオス（聖）Antoine　305
アントワーヌ・ド・ラ・サル Antoine de la Sale　374
イアソン（金羊毛の英雄）Jason　104, 348
イザベル（シャルル六世の娘）Isabelle　258
イザベル・ダラゴン（フィリップ四世の母）Isabelle d'Aragon　41
イザベル・ド・ブルボン（ブルボン公ジャン二世の姉、突進公の妻）Isabelle de Bourbon　303, 353
イザベル・ド・ポルテュガル（ブルゴーニュの善良公の妻）Isabelle de Portugal　303, 316, 326, 344, 365
イザベル・ド・ロレーヌ（ルネ王の妃）Isabelle de Lorraine　25, 53, 223, 239, 256-257
イザベル・ロメー（ジャンヌ・ダルク

ジュール・ミシュレ（Jules Michelet）
フランス革命末期の1798年８月にパリで生まれ、父親の印刷業を手伝いながら、まだ中世の面影を色濃く残すパリで育ち勉学に励んだ。1827年、高等師範の歴史学教授。1831年、国立古文書館の部長、1838年からコレージュ・ド・フランス教授。復古的王制やナポレオン三世の帝政下、抑圧を受けながら人民を主役とする立場を貫いた。1874年２月没。

桐村泰次（きりむら・やすじ）
1938年、京都府福知山市生まれ。1960年、東京大学文学部卒（社会学科）。欧米知識人らとの対話をまとめた『明日の文明を求めて』のほか、『仏法と人間の生き方』等の著書、訳書にジャック・ル・ゴフ『中世西欧文明』、ピエール・グリマル『ローマ文明』、フランソワ・シャムー『ギリシア文明』『ヘレニズム文明』、ジャン・ドリュモー『ルネサンス文明』、ヴァディム＆ダニエル・エリセーエフ『日本文明』、ジャック・ル・ゴフ他『フランス文化史』、アンドレ・モロワ『ドイツ史』、ロベール・ドロール『中世ヨーロッパ生活誌』、フェルナン・ブローデル『フランスのアイデンティティⅠ・Ⅱ』、ミシェル・ソ他『中世フランスの文化』、ジュール・ミシュレ『フランス史』［中世］Ⅰ～Ⅳ（以上、論創社）がある。

フランス史［中世］Ⅴ
HISTOIRE DE FRANCE: LE MOYEN AGE

2017年９月１日　初版第１刷印刷
2017年９月10日　初版第１刷発行

著　者　ジュール・ミシュレ
訳　者　桐村泰次
発行者　森下紀夫
発行所　論 創 社
東京都千代田区神田神保町 2-23　北井ビル
tel. 03（3264）5254　fax. 03（3264）5232
振替口座 00160-1-155266
http://www.ronso.co.jp/
装　幀　野村　浩
印刷・製本　中央精版印刷

ISBN978-4-8460-1637-1